书山有路勤为泾，优质资源伴你行
注册世纪波学院会员，享精品图书增值服务

项目场景管理技能

交付项目经理 12场景 40项技能

徐俊峰 著

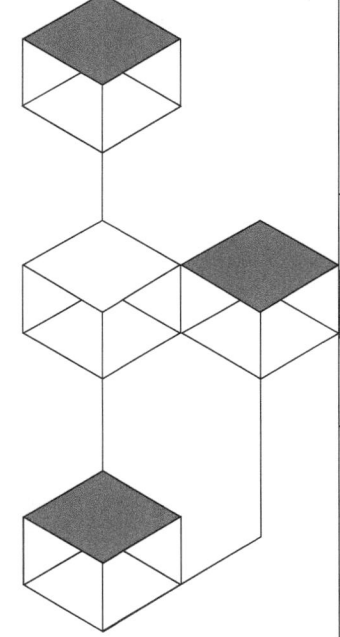

Project Management Scene Skills -12 Scenes & 40 Skills for Delivery Project Managers

电子工业出版社
Publishing House of Electronics Industry
北京·BEIJING

未经许可，不得以任何方式复制或抄袭本书之部分或全部内容。
版权所有，侵权必究。

图书在版编目（CIP）数据

项目管理场景技能 ： 交付项目经理 12 场景 40 项技能 ／ 徐俊峰著. -- 北京 ： 电子工业出版社，2025.1（2025.9重印）. ISBN 978-7-121-49277-8

Ⅰ.F224.5

中国国家版本馆 CIP 数据核字第 20240V2Q29 号

责任编辑：刘淑丽
文字编辑：刘淑敏
印　　刷：河北虎彩印刷有限公司
装　　订：河北虎彩印刷有限公司
出版发行：电子工业出版社
　　　　　北京市海淀区万寿路 173 信箱　邮编 100036
开　　本：720×1000　1/16　印张：20　字数：359 千字
版　　次：2025 年 1 月第 1 版
印　　次：2025 年 9 月第 3 次印刷
定　　价：89.00 元

凡所购买电子工业出版社图书有缺损问题，请向购买书店调换。若书店售缺，请与本社发行部联系，联系及邮购电话：(010) 88254888，88258888。
质量投诉请发邮件至 zlts@phei.com.cn，盗版侵权举报请发邮件至 dbqq@phei.com.cn。
本书咨询联系方式：(010) 88254199，sjb@phei.com.cn。

献给天上的父亲

自序
缘由、初心和发心

我一直有写书的想法，但是迟迟没有落笔，其中既有时间、精力不允许的原因，也有对自身底蕴不足、文笔欠佳的担忧。近年来，我尝试将知识付费与市场推广结合起来，并将短视频、直播作为主要市场宣传途径。在直播中，我结识了更多的项目管理同人，思想碰撞常有，观点交流频频。在与大家的交流过程中，我不断梳理、验证和修订自己的想法。我以场景技能为主题，在视频号"PMO实践""PM徐俊峰"上陆续开播，受到大家的欢迎、支持和好评。大家对我所阐述的项目经理角色定位、工作策略、心得体会深有同感，觉得难得有人能将项目管理中的人与事讲透彻、说明白，让他们少踩坑、少走弯路，关键是他们听得懂、用得上。但是因为短视频和直播方式偏重传播、互动，缺少文字的体系性和穿透力，大家总是感觉意犹未尽，就鼓励我把所讲的内容整理成书。机缘巧合下，我有幸遇到电子工业出版社的刘淑丽编辑，她看到我的直播和短视频后，从专业人士的角度鼓励我将直播中所述的思想、理念和观点整理成书。在她的鼓励下，我下定决心写一本书，这便是本书的缘起。

为什么要写场景技能？因为当前项目管理体系是从西方引进的，以西方文化和逻辑为背景，但是东西方的文化差异在现实中是确实存在的。管理是实践科学，对于在中国从事项目管理的项目经理、PMO，需要结合中国实际去运用西方项目管理思想和工具，需要完成实践上的中国化、本地化。我年轻时对清末洋务派提出的"中学为体、西学为用"不以为然，以为这是洋务派的守旧，但是经过多年在项目管理领域的摸爬滚打，现在我深觉这才是老练、成熟的主张。我住在合肥，亲身经历了这座被称为"最牛风投"的城市的跨越式发展，从原来默默无闻的"三个五"大县城发展成汇聚"芯屏汽合、集终生智"产业集群的湖畔名城和创新高地。合肥的发展是中国近20年蓬勃发展的缩影。作为中国人，我们更应珍惜盛世

自序
缘由、初心和发心

的机遇，不仅要仰望星空，还要脚踏实地践行中国梦。对我个人来说，就是扎实地走在项目管理实践和探索这条路上，用自己的微薄之力为从事项目管理的同人提供微不足道的借鉴和参考，这便是本人的初心。

对于本书，我力求写得不那么枯燥、乏味，因此采用了一个不同的视角。我的想法很简单，就是借鉴电影的手法。每部电影都有叙事视角、故事结构、桥段或情节。项目经理在项目管理过程中遇到的场景就像电影中的桥段，项目管理场景切换如同电影转场，因此我以场景为桥段，在场景中谈项目经理对项目事务的应对和处理，即场景技能的训练和应用。另外，在每个场景中，我都以场景案例开篇，用故事将大家快速带入相应项目场景，使大家作为故事中的角色来经历遇到问题、分析问题、解决问题的过程。虽说是故事，但妙在真实，因为这些故事都是项目实践的现实投影，其中蕴含着思想、策略和工具。本书虽然按照事情的发展脉络来搭建结构，却以角色的视角展开，尽可能地深入浅出，就是为了让大家愿意读下去，能身临其境、感同身受。如果能引发大家哪怕一丝的感触、思考和触类旁通，我觉得本书的意义和价值就体现出来了。

我是项目经理出身，前后深耕项目管理领域十余年，"踩坑"无数次。随着经验的积累，交的"学费"足够多，我逐渐学会了"避坑"，进而"识坑"并成功"跳坑"。项目经理的开心、喜悦、高兴、委屈、苦闷、焦虑，凡此种种，我都亲身经历过，个中艰辛唯有亲历，才能解其中味。我对项目管理不仅有"理性认识"，还有"感性认知"，这些都是我在实践中吃亏、碰壁、走弯路等经验教训的总结，也是我从业多年的宝贵财富。因此，从某种意义上说，本书也从一个侧面反映出项目经理成长的心路历程。项目管理的底层逻辑是"人—事—场"，在本书中，事和人的要素平分秋色，并在鲜活场景中融合在一起。

我的发心就是要写更懂中国项目经理的书，既接纳西方管理科学，又切合中国传统文化，为在中国现代化过程中砥砺前行的项目经理提供一本有用的工具书。当然，本人能力有限，书中不足之处或观点偏颇之处，敬请读者海涵。在阅读过程中，读者如有任何建议、想法、意见，欢迎交流和指正。

徐俊峰
2024年于合肥

目录

导读　项目经理在鲜活的项目场景中练技、修心 1
　　0.1　人—事—场：项目管理的底层逻辑及项目经理的核心价值 6
　　0.2　具象：项目旅程及映射的场景和技能点 9
　　0.3　实用为上：场景技能分阶、串联及穿插式学习策略 16

第1篇　养兵蓄势：接棒、谋划、动员，准备投入战斗

第1章　"避坑""填坑"：项目经理与销售的交接、交底 22
　　1.1　"识坑""避坑"：项目交底中的销售交棒与项目经理接棒 22
　　1.2　"跳坑""填坑"：项目经理需主导重点项目交底 36
　　1.3　同舟共济：用机制保障交付前置和销售后延 46
　　本章小结 53

第2章　选对人、成就事：项目经理培养核心班底和选配外围成员 54
　　2.1　点将：项目经理的甄选与请命 54
　　2.2　底气：项目经理培养和稳固核心班底 63
　　2.3　扩圈：项目经理选配外围成员组建项目团队 71
　　本章小结 78

第3章　谋定而后动：项目经理以计划和预算面对评审，直指目标 79
　　3.1　严丝合缝：项目经理以合同为标尺制订项目计划 80
　　3.2　以终为始：项目经理紧紧围绕项目目标编制项目预算 87
　　3.3　万物相互效力：项目经理要以开放的心态面对立项评审 95
　　3.4　纲举目张：项目经理锚定关键节点，将其转化为路标 104

3.5　立靶：一切围绕项目毛利目标 109
　　本章小结 113

第 4 章　兵马未动，粮草先行：项目经理务必将激励定在前面 114
　　4.1　公之于众：项目经理协商并确定项目激励标准 117
　　4.2　有的放矢：项目经理明确项目考核指标及评价标准 120
　　4.3　命令如山：项目经理代表项目团队签订绩效协议 123
　　4.4　整装待发：项目经理将项目启动会当成战前动员会 125
　　本章小结 131

第 2 篇　奔赴战场：打呆仗、结硬寨，获取项目成功

第 5 章　先发制人：项目经理向项目干系人主动出击 134
　　5.1　心明眼亮：项目经理识别和判断项目干系人 138
　　5.2　另辟蹊径：项目经理发挥技术交流特长，维护项目干系人 145
　　5.3　因人制宜：项目经理的"脸谱"及多方位沟通技巧 150
　　本章小结 155

第 6 章　掌握主动权：项目经理沉着应对项目变更和风险 156
　　6.1　慎之又慎：项目经理谨防项目合同随意变更 157
　　6.2　变则通：项目经理应对需求变更的有效策略 159
　　6.3　万变守其本：计划和预算的变与不变 168
　　6.4　月之背面：项目经理极易忽视的项目风险 172
　　6.5　水来土掩：项目风险将至的预警及应对 181
　　本章小结 190

第 7 章　审时度势：项目经理要学会利用项目过程考核契机 191
　　7.1　应节合拍：利用项目过程考核调整节奏 196
　　7.2　一体同心：运用考核结果调整团队状态 201
　　7.3　恰如其分：掌握项目激励预发的时机和分寸 205
　　本章小结 207

第8章 "承担呼唤炮火的成本"：项目经理要对项目经营心中有数 208

    8.1 精打细算：项目经理对成本核算的"认账"与"算账" 213

    8.2 了然于心：项目经理要像 CEO 看财务报表一样看项目报表 216

    8.3 条分缕析：项目经理能掌握的项目经营分析预警高阶技能 221

    8.4 言之凿凿：项目经理在项目经营中用数据和事实说话 231

    本章小结 233

第 3 篇　用胜利迎接胜利：总结、复盘，准备下一场战斗

第 9 章 回款才是硬道理：客户验收、回款才是对项目经理的真正肯定 236

    9.1 理所应当：确保客户顺利验收是项目经理的职责 240

    9.2 胜券在握：项目经理要使客户回款顺理成章 245

    本章小结 251

第 10 章 好树结好果：核算项目利润同步检验项目经理经营能力 252

    10.1 烈火见真金：项目经营考核是对项目经理经营能力的绝对考验 ... 255

    10.2 出类拔萃：超额利润才是项目经理创造经营价值的显著体现 262

    本章小结 264

第 11 章 力出一孔：项目整体考核贯穿于项目人员考核 265

    11.1 集体高于个体：项目整体考核决定项目经理及项目人员考核 266

    11.2 让数据得罪人：项目经理在项目人员考核中的理性和人情 274

    11.3 积水成渊：项目经理总结、复盘、贡献经验，以沉淀组织
　　　　知识库 280

    本章小结 285

第 12 章 利出一孔：项目经理善用项目激励杠杆效应 286

    12.1 酬功给效：项目经理兑现项目激励并主导结构化分配 287

    12.2 推而广之：项目激励数据在调岗、晋升方面的拓展应用 296

    本章小结 303

结语：路虽远行则将至，事虽难做则必成 304

致谢暨展望 310

项目经理在鲜活的项目场景中练技、修心

场景案例 1 项目经理培训引发项目管理变革

背景：H 公司今年一直强调对项目经理赋能，总经理要求职能部门应考虑如何切实为项目经理提供支撑和服务，帮助项目经理成长。因此，项目管理办公室（Project Management Office，PMO）和人力资源部共同制订了项目经理能力提升的培训计划，感觉项目经理一定会喜欢和满意。可是事与愿违，成效不显。

角色：洪经理（H 公司项目经理）、曹主任（H 公司 PMO 主任）、吴经理（H 公司 HR 经理）、丁经理（H 公司财务部经理）、徐总（H 公司总经理）。

第一幕：PMO 邀请项目经理参加培训，被项目经理拒绝

曹主任　洪经理，这周六公司要组织开展一次项目经理领导力培训，挺适合你的，你一定要参加，好好学习。我们为了这次培训可是花了不少心思和成本的。

洪经理　项目经理领导力？项目经理又不是领导，培训领导力有什么用？我刚接了两个项目，事情太多，项目团队都在加班加点、没日没夜地干活，我真没时间参加。你把名额给其他人吧。

曹主任　你怎么又不去？这次培训质量很高，对你们项目经理的能力提升大有帮助，你去参加一定收获满满。

洪经理　到时候再说吧。

曹主任　别到时候再说，时间总是挤出来的，你一定要参加，就这么定了。

项目管理场景技能

> 📋 **第二幕：项目出了问题，项目经理被总经理约谈**

徐总　　小洪，最近你手上的这几个项目总是出问题，客户都打电话投诉了，怎么回事？

洪经理　徐总，公司今年的项目比往年多很多，项目经理人手不够，一个人要扛好几个项目。不少项目经理年轻、经验不足，有的还是"赶鸭子上架"，对项目的整体管控能力比较弱。他们缺乏项目管理系统培训和实践经验，导致项目中小问题不断。

徐总　　这点我理解，出了问题我们就解决问题。你对此有什么想法？

洪经理　我觉得公司需要针对项目经理，尤其是新上任的项目经理做一些系统性的培训，至少让大家掌握基本的项目管理技能。现在很多项目经理都是"小白"，出问题是必然的。

徐总　　说到培训，我给小曹打电话。

　　　　（电话：小曹，你到我办公室来，叫吴经理一起过来。）

> 📋 **第三幕：项目经理和 PMO、HR 人员现场对峙**

徐总　　小曹、小吴，现在项目经理水平参差不齐，不少项目经理是临时提拔上来的，PMO 和 HR 最好开展一些项目经理的赋能培训，帮助项目经理提升能力。

曹主任　徐总，我们一直在推进这件事。我们已经制订了项目经理的系列培训计划，有内训也有外训，也请了专业讲师来授课。上周六就有项目经理领导力培训，但是有的项目经理不愿意参加，压根就不重视。

吴经理　是的，不是我们不想赋能，我们也在努力地开展工作。不组织培训，项目经理说没有培训；组织培训，项目经理又说没时间参加培训。徐总，我们真的太难了。

洪经理　两位别这么说，我没有不重视培训，真的是工作很忙，上周六我还在客户现场加班调试，怎么参加培训？还有，可否安排实战方面的培训？培训项目经理领导力，你觉得我们项目经理到了培养领导力的时候吗？就公司项目经理的实际水平来说，最好安排实际的、实操的技能培训，让我们学了就能用。领导力段位太高了，可否让我们项目经理先学走，再学跑？

曹主任　项目经理怎么就不需要培养领导力？我认为项目经理的领导力非常重要，没有领导力怎么带团队？

洪经理　曹主任，你应该多到项目一线看看，多听听一线的声音。这样组织培训，对我们项目经理来说没有意义，只是负担。

曹主任　徐总，你看，洪经理就这样否定我们的工作。

第四幕：碰撞产生项目经理场景技能想法

徐总　好了，你们不要吵了。小吴，培训的时间安排要错峰，要闲时练兵。培训也要看时机、讲节奏，不能在业务忙的时候搞培训，那样项目经理肯定没时间来参加，他们不配合是有原因的。客户为大，业务第一。

吴经理　好的，徐总，我后面会改正。

徐总　刚刚小洪说得有道理，我们不能把培训当成一项任务。要跟项目经理多沟通，问问他们到底需要什么，而不能列了一个计划，做几场培训，完成培训任务就了事。培训要真正提高项目经理的能力。我也知道现在公司项目经理的整体水平不高，正因为这样，才要切切实实地给他们赋能，让他们学了就能用，用了就能得到好处，这样的培训他们肯定会参加。

曹主任　徐总，洪经理，我想请教一下，什么培训才是有用、有效的？

洪经理　培训内容要接地气，要有系统性的内容，但重点是实用、实战的技能。

徐总　项目经理赋能要想务实，就要深入项目管理的真实场景，总结提炼项目经理的技能。你们别小看这件事，要做好并不容易，既要熟悉项目管理场景，又要总结提炼，把经验转化为课程，需要项目经理、PMO、HR互相配合，一起来做。你们愿意吗？

曹主任　我们当然愿意，还要看洪经理的意见。

洪经理　只要有用，我肯定支持，全力配合。

徐总　好，那我说下大概思路和想法，具体细节你们再完善。我们把这件事当成一个项目，就叫"项目经理场景技能训练营"，在公司内部正式立项，小吴担任项目经理，小洪、小曹做项目成员，还需要哪些人参加，你们自己商量。项目目标是梳理和确定交付项目管理的必要场景，看这些场景中项目经理需要具备哪些技能，然后按场景总结典型经验，有针对性地开展技能训练，一个场景映射几个技能，每个技能给出工具模板。你们觉得如何？

洪经理　　徐总，场景技能好，实用，我听了就有代入感。

吴经理　　典型经验和案例总结是我们 HR 的强项。

徐总　　好，那就这么定了。

📋 第五幕：领导决定启动项目管理变革

徐总　　我这次把你们几位叫过来，是想商议一下项目管理变革的事情。项目经理对当前的培训有很多意见，我也从侧面了解了现在项目管理的情况，问题很多，到了必须推进项目管理变革的时候了。现在我们虽然在项目管理上有些动作，但都是小打小闹，不成体系，头疼医头、脚疼医脚，这样下去不是办法。你们都谈一谈自己的想法。

吴经理　　徐总，我先谈人力资源方面。项目经理培训和项目经理队伍阶梯建设一直是难点，因为项目经理其实很难从外面直接招聘，所以大部分项目经理还是要靠公司内部培养。项目经理队伍阶梯建设势在必行、刻不容缓。对于项目管理变革，从人力资源角度来说，必须和项目经理赋能结合起来，否则按照当前的业务发展趋势，可以预想未来项目经理缺口肯定很大，那时项目经理就会成为制约公司发展的短板。

徐总　　上次不是说了做项目经理场景技能训练营吗？该请外援就请外援。当然，内部提炼必须跟上，不能完全指望外部。人才培养没那么快，项目经理队伍阶梯需要在实践中建设，你们应该像组织部一样储备一些人才。小曹，你在项目管理方面有没有什么新的想法？

曹主任　　徐总，我有不少想法。如果按照段位来划分，我们 PMO 现在是最低的段位。PMO 至少应是业务伙伴型的，最好是战略型的。我不好高骛远，先做到业务伙伴型。

对于公司目前项目管理棘手的问题，我认为项目管理变革有三个重点。第一是项目管理体系进一步精简，那些关键的环节要强化，同时非关键的环节要裁剪、简化。第二是项目管理与人力资源、财务拉通，业财一体化、业人一体化。项目管理周边必须打通，否则效果肯定大打折扣。第三是上线项目管理数字化系统，公司已经开发出"WORKBRAIN"系统，这是专业级的项目管理系统，我们自己却不用。徐总，我申请在公司内部上线"WORKBRAIN"系统。

徐总　　有想法就好。上线系统没问题，我们自己开发出来的系统，自己都不用，凭什么让客户用？我们自己都没有信心，怎么好意思给客户信心？小丁在这方面有没有什么想法？

丁经理　　徐总，对财务来说，项目管理变革就是要做好项目级的预算和核算。如果不上线数字化系统，像现在这样靠 Excel 软件，靠我们财务部这几个人，是远远不够的。上线了"WORKBRAIN"系统，我们就能快速进行项目级的核算，这是前提条件。如果不满足，项目级核算就很难做到，没办法保证项目核算准确、及时。

徐总　　好，大家都表达了自己的意见，下面我来总结一下。公司要推动项目管理变革，就要扎扎实实地把它当成一个项目来做，重视起来，必须明确目标和方向。这个项目是联合项目，由 PMO 牵头，财务部和人力资源部参与。

曹主任　　好的。

徐总　　我想通过项目管理变革项目达成三个目的。第一，推进项目管理一体化，与财务、人力资源等部门联动，然后着手推进项目经营。第二，建设项目管理数字化系统，现在的"WORKBRAIN"系统基本上能满足需求。自己的产品，我们自己一定要用。第三，培养出一定规模的项目经理团队，要保障项目经理的供给，不要总是为缺少项目经理发愁。

吴经理　　项目经理场景技能训练营项目方案已经确定了，正在有序推进，计划下个月首期开营。

曹主任　　不仅是训练营，我们还要通过典型案例、知识库推进项目管理的

5

徐总	组织能力建设。
	好，大家回去以后再好好琢磨这件事。要把这个变革项目作为你们三个部门今年的重点工作。小曹作为项目经理，小丁和小吴作为项目副经理，成立一个项目组，拟订项目方案、计划和预算，然后立项评审。
曹主任	好的。

🎯 小贴士

角色界定及说明

- 项目经理。如无特别说明，特指交付项目的项目经理，而非研发、产品开发等项目的项目经理。本书中项目经理、交付项目经理两个名词通用。
- 销售。对销售角色的统称，指包括客户经理、区域经理、销售总监、销售副总裁等在内的具体承担销售任务的人员。本书中销售、销售人员两个名词通用，强调与交付角色对比时用销售一词，突出销售主体时则用销售人员一词，交付角色界定同样如此。
- 交付。对交付角色的统称，包括项目经理、项目总监、项目成员及承担交付任务的人员。本书中交付、交付人员两个名词通用。
- 解决方案。指在前期销售过程中承担技术交流、技术方案响应、编制项目建议书（投标文件）等任务的售前工程师、解决方案经理等人员。
- PMO。指项目管理部门、项目管理人员，是 Project Management Office 的简称。本书中 PMO、项目管理部两个名词通用。
- HR。指人力资源管理部门、人力资源管理人员，是 Human Resources 的简称。本书中 HR、人力资源、人力资源部三个名词通用。

0.1
人—事—场：项目管理的底层逻辑及项目经理的核心价值

项目经理在开始学习场景技能之前，要明白项目管理的底层逻辑，否则就是稀里糊涂地学，效果肯定不好。只有清楚项目管理的底层逻辑，明白项目经理的核心价值，项目经理才能触及项目管理的奥妙，掌握项目管理的精髓。

0.1.1 项目管理的底层逻辑：掌控人与事构成的场

项目经理要清楚，项目管理的底层逻辑是"人—事—场"（见图 0-1）。项目管理是沿着项目推进的环节展开的，项目因事而起、事了关闭，但项目在进展过程中需要调动人力资源来完成各项任务，因事选人、因人成事，在项目中实现人事匹配。

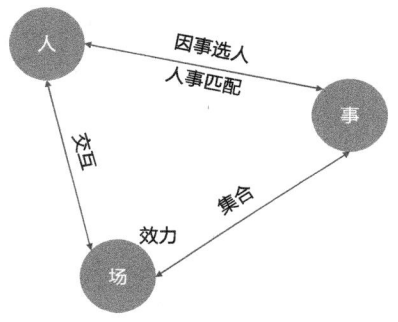

图 0-1 项目管理的底层逻辑

项目的场就是人与事的交互和相互效力，场既是项目事项和任务的集合，也是项目中人与人、人与事的交互场地。而项目经理是项目这个场的主角，带领项目团队在场中作业并达成项目目标。这里的项目目标是指客户和公司双方的目标，缺一不可。

项目经理必须掌控项目管理的场，就像舞台上的"角"一样，要控场、能控场、不丢场，在项目的场中掌方向、把节奏、谈管理，围绕项目的场来训练技能。

0.1.2 项目经理的核心价值：经营穿透下的项目毛利实现

项目经理仿佛天然地认定项目管理是必需的，一开始就进入管理项目的话题，并没有思考和弄明白为什么要做项目管理。项目常常时间紧、任务重、压力大，很多项目经理本身还承担项目具体工作。我们不禁要问，为什么还要在项目经理身上增加项目管理职责？项目经理可以仅完成项目任务，不做项目管理吗？

答案是当然不行。**项目管理本质上不是项目的需求，而是公司经营的需要。** 客户和公司对项目管理的诉求有相同点，也有不同点。完成项目任务是双方的基本诉求，但是对客户来说，项目只是其所借助的外力，客户对项目管理的诉求是

项目管理场景技能

"干活",即帮助他解决问题和完成交付。客户非常关注项目进度,却可能并不太关心项目成本,因为在前期合同谈判中客户的成本已经基本锁定了。但项目的成本和毛利恰恰是公司非常关心的,公司对项目管理的**最重要诉求**,通俗来说就是"**拿钱**"和"**赚钱**",拿钱是指验收回款,赚钱是指项目毛利。

所以项目经理要清楚自身的价值定位,就是实现公司经营在项目上的穿透,在具体项目上履行合同约定,确保如期交付,进而获得项目毛利。这样的认识才是对项目经理价值的深度理解。项目经理的价值不是体现在表面上的干活、项目管理及开玩笑的"背锅""顶雷"上,而是体现在获得项目收入和毛利上。如果公司对项目经理的定位局限于管理项目任务和项目成员,就无形中限制了项目经理发挥真正价值。如果项目经理对自己的定位只是干活的"包工头",就是自我贬低和画地为牢,怨不得别人。

0.1.3 在项目具体、鲜活的场景中练习技能

"实干兴邦,空谈误国"。我们不能就技能谈技能,空谈技能是闭门造车和空洞臆想。在项目管理实践中,绝不能想当然地用演绎的思路来推导项目经理应该具备哪些技能,而**要深入项目具体、鲜活的场景,在场景中训练项目经理场景技能**。了解了项目管理场景需要项目经理执行哪些活动,这些活动的开展又需要项目经理具备哪些技能,我们就有针对性地训练这些场景技能,让技能支撑活动,活动导向产出,建立场景技能与项目结果的直接关联,解决技能与结果脱节的问题。

项目经理的技能要场景化,因为只有场景化才有代入感,才能让项目经理身临其境地联想到实际工作,就像仿真实验那样突出"真",所以场景绝不能抽象化,而要具象化,像虚拟现实一样沉浸其中。

对项目来说,项目管理应该是自然而然的,既不应脱离项目背景而变得抽象,也不应因专业隔阂而变得复杂,而应简洁明了、直接有效。项目现场需要项目经理掌握哪些技能,项目经理就学习、训练和培养这些技能。项目需要数据,我们就挖掘数据;项目要求经营导向,我们就让项目经理学会经营;项目要求项目经理懂业务,我们就给项目经理培训业务和行业知识……诸事以实用为上。

项目现场的外在展现就是一个个鲜活的、具体的场景,项目经理在项目管理上的主要工作,如需求、计划、预算、人岗匹配、验收、结项、回款、考核、激

励等都是在场景中完成的。**项目场景就是沿着项目进度的时间轴依次展开的"切片"**，这些场景对项目经理都有实在、具体、清晰的技能要求，这就是我们要就场景谈技能的缘由。

0.2
具象：项目旅程及映射的场景和技能点

项目旅程把项目在公司中的历程比作人的旅游过程，项目阶段就是景区，场景就是主题景点。项目阶段包含场景如同景区包含主题景点，不同的项目阶段有不同的场景，同时每个项目阶段都有相关且独特的场景，而且每个场景都要求项目经理具备相应的技能。

项目旅程大致可分为 2 个状态和 7 个阶段。2 个状态即营销和交付（如同景区）；营销状态分为机会发现、策划、招投标、合同 4 个阶段（如同主题景点），交付状态分为项目准备、项目实施、项目收尾 3 个阶段，其中合同阶段跨越并连接营销和交付 2 个状态。

项目状态是以合同为界线来划分的（见图 0-2）。**合同既是项目营销状态的终点和成果，又是项目交付状态的起点**，后续一系列的交付活动都围绕合同履行来展开，因此合同环节存在项目状态转变和交接棒事宜，项目经理要从销售人员转为交付人员。

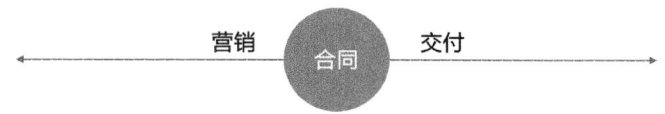

营销的成果，交付的起点

图 0-2 项目状态以合同为界线划分

项目从营销状态转变为交付状态，就正式进入交付旅程。整个项目交付旅程就像一场局部战役，包括战前动员、冲锋陷阵和稳固阵地，分别对应项目准备、实施、收尾 3 个阶段。项目经理的角色就是一线指挥官，执行上级作战命令，制订作战计划，带领作战部队（项目团队）拿下山头、占领高地、守住阵地，并收获战斗成果。

项目经理在项目交付阶段需要面对 12 个场景，掌握 40 项实战技能。战前动

项目管理场景技能

员（项目准备阶段）包括 4 个场景、15 项技能，冲锋陷阵（项目实施阶段）包括 4 个场景、15 项技能，稳固阵地（项目收尾阶段）包括 4 个场景、10 项技能，如图 0-3 所示。

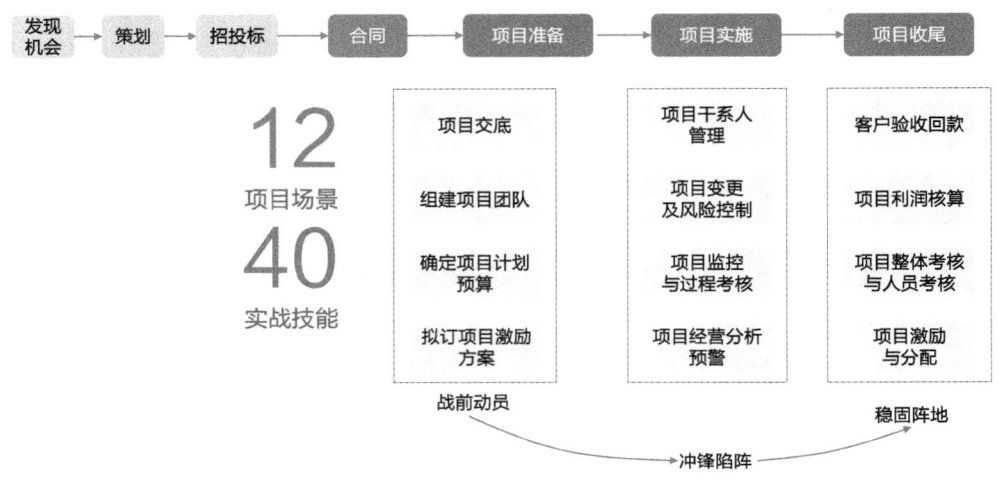

图 0-3　项目交付阶段场景总览

这 12 个场景都是交付项目经理必须面对且避不开的。一般来说，具体活动可以裁剪，但场景不宜裁剪。笔者尽量在通用性和特殊性之间取得平衡，既考虑到行业、产品、服务等差异，选取其中相通的部分，又考虑到交付项目的独特诉求。从场景衍生技能要求的角度看，场景技能是提供给项目经理的武器和弹药，项目经理在不同的场景使用不同的武器，用灵活机动的打法攻克山头。

0.2.1　战前动员：项目交接棒与排兵布阵

项目准备如同战前准备，为后续的项目实施进行策划、动员和后勤准备等工作。项目准备阶段有 4 个场景（见表 0-1），即项目交底、组建项目团队、确定项目计划预算（包括制订与评审）、拟订项目激励方案。

表 0-1　项目准备阶段的场景及技能

场　　景	目的/效果	技　　能
项目交底	- 拉通前后端信息，消除信息差 - 项目交接棒及项目团队延续、传承	- 项目交接棒及交底常态化 - 主导重大项目交底会 - 项目经理前置、销售后延机制

续表

场　景	目的/效果	技　能
组建项目团队	- 项目团队（核心成员）全部到位	- 甄选项目经理 - 培养核心班底 - 选配及调动外围项目成员
确定项目计划预算	- 合同理解到位 - 计划满足合同约定且合理、可行 - 审查确保合同履行的项目计划 - 评估项目资源投入的合理性 - 确定项目毛利	- 以合同为尺度制订项目计划 - 以项目目标为导向编制项目预算 - 借助专业意见面对项目立项评审 - 锚定项目关键节点 - 设定项目毛利目标
拟订项目激励方案	- 明示项目要求与考核指标 - 明确项目激励	- 明确项目激励标准 - 确定项目关键考核指标 - 签订项目绩效协议 - 组织项目启动会（内外部）

1. 项目交底（场景1）

项目交底场景经常被项目经理和 PMO 忽视。项目交底的目的是前端销售和后端交付之间拉通信息，消除两者信息差，包括项目背景、干系人、隐含事项及需特别交代的事项，这些信息往往是交付项目经理和项目成员应该且必须知道的。

在项目交底过程中应实现销售交棒和交付接棒。前期营销阶段同样可以按照项目的方式进行管理，该阶段的项目经理角色其实是销售人员担任的，交付项目经理是作为项目成员参与的。项目交底以后，项目经理角色要从销售转换成交付来担任，销售人员转为项目成员，这样可以保证项目团队的延续和传承。

需要注意，项目交底是内部行为，因此这种场景并不涉及外部客户，人员变化绝不能影响以往的约定、承诺及沟通的顺畅度，这就要求项目组织及项目成员应有所延续。在交付阶段，项目前期的市场、销售、解决方案人员要继续参与到交付环节中，以项目成员的身份继续为客户提供服务。

2. 组建项目团队（场景2）

在项目交底的同时组建项目团队，两者可以同步进行。组建项目团队包括甄选项目经理、培养核心班底和选配及调动外围项目成员等，要确保项目团队具备交付能力，提前规避用人不当及人岗不匹配的风险。另外，组建项目团队可以与项目计划、预算、评审错时进行，因为只有确定了交付团队的核心人员，人工成

项目管理场景技能

本预算才能相对精确，人工成本预算评审才有依据和针对性。

组建项目团队包括项目经理核心班底培养事宜，这涉及项目经理的组织权限，因为有的公司不允许也不鼓励项目经理培养自己的小班底。俗话说"铁打的营盘流水的兵"，这非常切合项目团队的现状。这是由项目组织的临时性特性决定的，并不为项目经理所左右。对项目经理来说，"流水的兵"是肯定的，"营盘"还不是"铁打的"，而是"临时建筑"。从某种意义上说，这体现了项目经理的选人、用人困局，让项目经理左右为难。因此，培养有限的核心班底就成为项目经理的现实诉求。

3. 确定项目计划预算（场景3）

具体来说，项目计划预算包括计划与预算2项内容、制订与评审2个小场景。从项目经营和管理的角度，我们希望两者能紧密结合，这样就不会变成"两张皮"。因此这里将计划与预算结合在一起，将制订与评审当作一个活动中的前后脚工作。

4. 拟订项目激励方案（场景4）

拟订项目激励方案的目的是确定项目的关键考核指标和明确项目的激励标准。项目考核指标和激励标准都要讲清楚、讲在前面，项目经理对此千万不能含糊其词或跳过，因为项目激励是项目团队最关心的内容，也是项目经理进行项目管理非常有效的抓手。

0.2.2 冲锋陷阵：项目经理带头勇往直前

从项目实施阶段开始，项目管理涉及客户，不再是完全的内部行为。项目实施阶段包括项目干系人管理、项目变更及风险控制、项目监控与过程考核、项目经营分析预警4个场景（见表0-2）。

表0-2 项目实施阶段的场景及技能

场　景	目的/效果	技　能
项目干系人管理	- 了解项目多方干系人及关键决策人 - 项目多方沟通到位	- 识别项目干系人 - 维护与项目干系人的关系 - 多方位沟通机制及技巧
项目变更及风险控制	- 评估项目变更的合理性，减少项目变更的随意性 - 放行合理的变更，并关联项目计划及预算	- 管理项目合同变更及履行 - 管理项目需求变更 - 调整及变更项目计划预算

续表

场　　景	目的/效果	技　　能
	- 预防及规避项目风险 - 辅助项目经理有效应对项目风险	- 识别与判断项目风险 - 项目风险预警及应对
项目监控与过程考核	- 确保落实合同关键节点 - 减少进度、成本、质量等偏差	- 确定过程考核指标及标准 - 运用过程考核结果 - 控制项目激励预发
项目经营分析预警	- 项目成本归集合理、核算准确 - 项目总体经营状况扫描及分析 - 项目问题标识、预警及跟进	- 确认项目成本 - 使用项目报表 - 汇集项目数据 - 项目经营分析预警

1. 项目干系人管理（场景5）

项目干系人管理是交付项目管理中非常隐晦的内容，项目经理一般对此知晓但不重视。项目经理常常下意识地认为项目干系人管理就是客情关系维护，从而习惯性地将客情关系维护当成销售的事情而非自己的事情。这其实是一个很大的认识误区，项目干系人管理并不是纯粹的客情关系维护，两者在内容上有所重合，但并不是一回事。

大家要知道，项目经理在确保合同履行的过程中，不仅要负责事与事的对接，还要和客户组织中多个部门、各种角色和人打交道，这就要求项目经理必须承担项目干系人的识别、沟通和管理职责，而这种偏向与人打交道的事情恰恰是项目经理不太擅长也不太愿意面对的，因为项目经理大部分都是技术出身的，技术人员的脾气是更愿意和机器打交道，而不愿意和人打交道，所以项目干系人管理对项目经理来说也是一种挑战。

2. 项目变更及风险控制（场景6）

项目变更场景涉及合同、需求、计划、预算等多方面。变更场景要实现两个目的：第一，评估项目变更的合理性，减少项目变更的随意性。不是不允许变更，而是要规范项目变更。第二，放行合理的变更，并关联项目计划及预算，与计划及预算变更联动。

项目风险控制的目的是预防、规避项目风险及减少可能的损失。在风险规避之前，需要对项目的具体风险进行相应分析，这需要借助专业人士的意见和经验丰富者的预判。当然，项目经理不仅要预判风险，还要思考如何应对那些不能规避的风险，制定相应对策、替代方案，以及提前埋下伏笔。

3. 项目监控与过程考核（场景7）

项目过程考核自始至终伴随项目监控，就是利用过程考核将项目的进度、成本、质量与合同进行比对。这是项目监控最重要的功能，也是公司极为关注的地方。

项目经理经常有抵触项目监控与过程考核的心理，感觉项目过程考核就是监控项目经理和干涉项目作业。这是认识偏差，项目经理要学会利用项目过程考核来调整项目节拍和整顿队伍，而非抵触和抗拒。

4. 项目经营分析预警（场景8）

项目经营分析预警包括项目成本核算、项目经营分析、问题预警及改进等内容，这对项目经理提出了更高层次的要求。项目经营分析预警虽然运用了财务知识和工具，但并不是财务部门的事情，而是项目经理要面对的场景，这也是项目经理职业发展的突破口。

无论是项目成本核算、经营分析还是预警，都是公司级经营分析在项目中的应用，是公司经营能力的向下兼容，但对项目经理来说就是升维打法。

0.2.3 稳固阵地：战后奖惩及战役复盘

项目收尾阶段有4个场景（见表0-3），即客户验收回款、项目利润核算、项目整体考核与人员考核、项目激励与分配。

表0-3 项目收尾阶段的场景及技能

场　景	目的/效果	技　能
客户验收回款	- 客户验收通过 - 客户全部回款 - 项目关闭（成本截至及人员释放）	- 确保客户验收 - 督促客户回款
项目利润核算	- 项目结算准确 - 审定项目毛利	- 复查项目成本结算 - 审定项目毛利
项目整体考核与人员考核	- 围绕非经营项的综合评价 - 解决例外事件影响 - 与项目激励强关联 - 组织考核与个人考核关联 - 输出个人考核结果	- 参与项目整体考核 - 组织项目人员考核 - 组织项目复盘

续表

场　　景	目的/效果	技　　能
项目激励与分配	- 项目考核与项目激励强关联 - 项目激励兑现 - 项目考核结果与职级职等评定、晋级、岗位调整等关联	- 兑现项目激励 - 结构化分配项目激励 - 输出项目管理数据及延展应用

1. 客户验收回款（场景9）

客户验收回款是项目收尾的首要场景，这是项目经理必须搞定的事情。无论前期项目经理怎么努力、如何辛苦，如果客户不验收、不回款，那么一切都是白费力气，这样的交付就是无价值交付，会带来极高的项目亏损风险。低水平的项目经理讲苦劳，高水平的项目经理讲功劳，这点在客户验收回款场景中体现得特别明显。

2. 项目利润核算（场景10）

项目利润核算也是对项目经理经营能力的检验。项目利润核算的目的有二，其一是准确核算与结算，并被项目经理和项目团队接受和认可，至少不能被诟病不准确。如果项目利润核算没有规则，想怎么核算就怎么核算，成本想怎么摊划就怎么摊划，那么大家都不会接受这个结果。其二是审定项目最终实现的毛利，看是否达成了毛利目标，是否创造出超额利润。

3. 项目整体考核与人员考核（场景11）

项目考核包括公司对项目团队的整体考核和项目经理对项目成员的人员考核两部分。前者是组织考核，由 PMO 负责；后者是个人考核，由项目经理负责，归人力资源部管理，需要分开执行。

需要注意的是，项目整体考核应在前，项目人员考核应在后，项目人员考核受到项目整体考核的影响。只有这样，才能促进项目团队心往一处想、劲往一处使。

4. 项目激励与分配（场景12）

项目激励与分配是项目经理面临的最后一个场景，也是项目结束、项目经理和项目团队收获劳动成果的时候。这本应是大家期待和喜欢的场景，但是在实践中，往往因为分配不均而引起纷争和冲突，使不少公司在项目激励上非常纠结和犹豫，推动的时候也有畏难情绪。没有项目激励，大家还没有那么多矛盾，有了

项目管理场景技能

项目激励，大家可能为如何分配吵得不可开交，感觉多一事不如少一事。

0.3 实用为上：场景技能分阶、串联及穿插式学习策略

项目管理中的场景相对来说是固定的，对于预备的、刚入门的、资深的项目经理都是通用的，无非是项目场景的广度和深度有所不同，项目经理掌握技能的程度有所区分。

0.3.1 分阶：项目经理段位与技能类型要求

项目经理大致段位划分如下：合格的项目经理为 0 段，若能熟练应对需求和变更，则上升至 1 段；有目标感，则上升至 2 段；如果从项目管理走上项目经营，则上升至 3 段（见图 0-4）。形象地说，项目经理的 0 段对应及格，1 段对应良好，2 段对应优秀，3 段对应卓越。反之，越是没有目标感或无法掌握基本技能（如计划、预算）越是丢分，降至 –1 或 –2 段，这样的项目经理可能就是不能胜任，要被淘汰的。

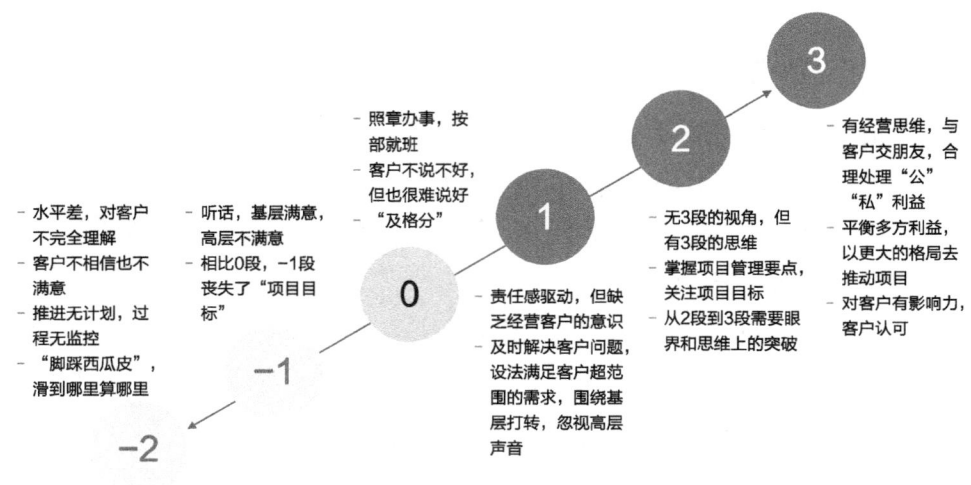

图 0-4　项目经理段位划分

概括来说，基础技能是所有项目经理必学、必会的，对应项目经理的 0 段。拓展技能满足项目经理的职业升级要求，对应项目经理的 1、2 段。联合技能满足

项目经理的转型要求，对应项目经理的 3 段。

0.3.2 串联：场景技能分类与主题

笔者对场景技能进行了分类，以便项目经理对照和掌握。一共 40 项技能，其中基础技能 12 项、拓展技能 17 项、联合技能 11 项，这些技能对应的是不同项目阶段的管理需求，如表 0-4 所示。

表 0-4 项目经理场景技能分类

场景（12）	基础技能（12）	拓展技能（17）	联合技能（11）
项目交底（3）	——	- 主导重大项目交底会	- 项目交接棒及交底常态化 - 项目经理前置、销售后延机制
组建项目团队（3）	- 选配及调动外围项目成员	- 甄选项目经理 - 培养核心班底	——
确定项目计划预算（5）	- 以合同为尺度制订项目计划[a] - 借助专业意见面对项目立项评审 - 锚定项目关键节点	- 以项目目标为导向编制项目预算[a] - 设定项目毛利目标	
拟订项目激励方案（4）	- 组织项目启动会（内外部）	- 确定项目关键考核指标[b] - 签订项目绩效协议	- 明确项目激励标准[c]
项目干系人管理（3）	- 识别项目干系人	- 维护与项目干系人的关系 - 多方位沟通机制及技巧	
项目变更及风险控制（5）	- 调整及变更项目计划预算[a]	- 管理项目合同变更及履行 - 管理项目需求变更 - 识别与判断项目风险	- 项目风险预警及应对
项目监控与过程考核（3）	——	- 确定过程考核指标及标准[b]	- 运用过程考核结果 - 控制项目激励预发[c]
项目经营分析预警（4）	- 确认项目成本[a]	- 使用项目报表	- 汇集项目数据 - 项目经营分析预警
客户验收回款（2）	- 确保客户验收 - 督促客户回款	——	
项目利润核算（2）	- 复查项目成本结算[a]	——	- 审定项目毛利[a]

项目管理场景技能

续表

场景（12）	基础技能（12）	拓展技能（17）	联合技能（11）
项目整体考核与人员考核（3）	——	- 组织项目人员考核 [b] - 组织项目复盘	- 参与项目整体考核 [b]
项目激励与分配（3）	- 兑现项目激励 [c]	- 结构化分配项目激励 [c]	- 输出项目管理数据及延展应用

项目经理场景技能还可以按照技能主题来串联，主要有以下三条线。第一条是经营线（a），包括项目预算、核算、经营分析、结算及项目毛利目标设定、项目利润核算等经营方面的内容。第二条是考核线（b），包括项目考核指标确定、过程考核、经营考核、项目整体考核、项目人员考核等考核方面的内容。第三条是激励线（c），包括激励方案、预发、兑现、结构化分配等激励方面的内容。

可以把项目经理的场景技能看作图谱，按图索骥，在场景中匹配技能，用技能贯穿场景，两种方式相互验证，殊途同归。

0.3.3　穿插：索引式查找和穿插式学习策略

随着人们阅读习惯和学习方式的变化，学习变得越来越"碎片化"。从实用的角度，笔者赞同也迎合这种方式。技能学习的目标就是"学了就会、会了能用"，因此**项目经理场景技能的底色是实战与实用。本书可作为项目经理的"案头书""工具箱"，就像索引式的"字典"**。项目经理在工作中遇到某个场景，能够快速在本书中找到对应的技能，并实际运用本书提供的策略、方法、模板和工具。

但是，过于强调应用会加剧碎片化，削弱项目管理的知识架构和系统性，因此笔者倡导**"系统性学习、模块化应用"**，在"工具箱"的基础上，用系统的、成体系的思想将各种场景和技能串联起来，做到"点""线""面"有机结合（技能是点、场景是线、场景地图是面），兼顾理论的高度和实践的深度。

因此，关于本书的学习策略，项目经理既可以沿着项目时间轴按照从前向后的场景顺序学习，也可以就当前面临的问题和疑惑直接找到具体的场景学习，还可以按照技能主题线（如经营、考核、激励）或主题点（如干系人、变更、验收等）学习，更可以按照"故事""金句"方式学习。"条条大路通罗马"，无论哪种学习策略都可行，读者可根据自身情况和实际需求选择。下面提几点阅读建议，供读者参考。

- 如果你是准备入行或刚入行的项目经理，建议你从头到尾循序渐进地阅读，不宜跳跃式阅读，从而了解项目管理的全部场景，快速扫除知识盲点，建立起项目管理的基本框架。
- 如果你已担任项目经理多年，对项目管理有了基本的认识，积累了一定经验，建议你挑选尚未涉及的场景、没有掌握的技能（重点是拓展、联合技能）阅读，从而有针对性地弥补短板。
- 如果你是 PMO，负责项目管理的某种专项工作，建议你先泛读全书，然后根据技能点的关联性精读，必要时再做一些拓展阅读，从而在了解项目管理全域的前提下实现专业精通。
- 如果你更喜欢看故事，完全可以从"场景案例"入手。这些场景案例都是故事化的每章技能，目的就是让你身临其境，只是在某些章节采用倒叙和插叙的方式。案例看懂了、故事明白了，场景技能也就大致学会了。
- 如果你更喜欢"金句"式的点读，则可以先扫描下文中的二维码查看观点摘选，一旦发现感兴趣、有共鸣的观点，就可以切回具体章节，阅读上下文以了解详情。这种方式比较适合对项目管理有自己的观点和心得体会的项目经理或 PMO。

项目即道场，练技且修心。项目管理既关乎事，又涉及人，有人的地方就有江湖、就有纷争、就有人情世故，这是人性使然，无可厚非。项目经理不仅要练习技能，还要修炼内心，把项目当作道场，在项目中不断地用事和人来磨炼、重塑自己，让自己的内心更加通透、强大。

人教人百言无益，事教人一次入心。**任何说教、劝阻都难以让我们醒悟，真正能让我们如梦初醒、看透世情的只有"南墙"，就是所经历的吃亏、误解、内斗、伤心、懊恼、背叛、困局等苦难，这些在项目里比比皆是、不胜枚举。本书没有单独阐述修心的内容，而是将其嵌入具体的技能部分叙述。如果说技能是拳法，那么修心就是心法，两者可配合使用。

"行之明觉精察处便是知，知之真切笃实处便是行"。**希望项目经理都成为知行合一的长期主义者，不投机取巧，不做机会主义者，不求一战定乾坤，不再一盘定输赢，而是步步为营、持续推进，找准自己的优势并不断叠加，凭借信念最终得胜，重塑一个既平凡又非凡的自己。

项目管理场景技能

观点摘选

养兵蓄势：
接棒、谋划、动员，准备投入战斗

第 1 篇主要阐述项目准备阶段。在这个阶段，项目经理要养兵蓄势，做好战前准备，整装待发。谋事在人，如果将项目经理比作领兵打仗的将军，那么此时项目经理就要将一切准备工作做到位，否则就会临阵磨枪、延误战事。这里的养兵既指项目经理的选人和用人，也指核心班底的打造和培养。蓄势是指项目经理统筹安排实施项目所需的资源，并谋划、获得所需的高层支持和多方支撑，借势、借力。

项目经理在项目准备阶段要完成以下关键任务：从销售手中接棒，开始负责项目的选人、计划、预算、考核、激励，组建项目团队，并将士气拉满，时刻准备赶赴项目一线投入战斗。

"避坑""填坑"：项目经理与销售的交接、交底

交付本来就难，销售还经常给交付"挖坑"。在项目实施过程中，项目经理总是不断地"踩坑""跳坑""填坑"，这就导致交付对销售的意见特别大，双方经常起冲突。其实，销售并不是故意给交付"挖坑"，而往往是由于疏忽，或者出于急于拿单的心情，或者受到客户的"压迫"。因此，项目经理要有宽容心，换位思考，不必总是愤愤不平。

做单确实不易，但是拿单又谈何容易？项目经理面对的不确定性低于销售，销售的工作难度从某种意义上说是大于交付的，对于那些把项目做砸的项目经理，销售也是异常气愤的。化解销售和交付的矛盾，不能指望这两个角色的个人胸怀和格局，而要从机制层面去解决。

既然销售"挖坑"是不可避免的，交付就应想着怎么"识坑""避坑""跳坑""填坑"，这也是本章的目的所在。我们需要考虑的是如何从机制上降低项目经理"掉坑"的概率和成本损失，提高项目经理的"跳坑"意识和"填坑"能力，而这恰恰是项目交底的目的。

需要说明的是，**项目交底不是销售交底给公司、公司再交底给项目经理（交付团队），而是销售和项目经理直接交底、交接**。公司应该提供的是项目交底机制，而不是当传声筒、中介。项目交底要有具体对象，销售第一手的交底信息要交给明确的人，这就意味着项目交底和项目经理甄选需要并行。

1.1 "识坑""避坑"：项目交底中的销售交棒与项目经理接棒

🏠 **场景案例2　项目团队内部"炸锅"，与销售的矛盾一触即发**

背景：H公司承接客户"WORKBRAIN"系统项目，洪经理认真负责，项目

第1章 "避坑""填坑"：项目经理与销售的交接、交底

总体进展顺利，没有出现大的问题，客户也基本满意，但突然有一天，客户陈总让洪经理来见他。

角色：洪经理、客户陈总（客户公司总经理）、客户李总（客户对接部门总监）、郑经理（H公司销售经理）、项目成员A、项目成员B。

> **第一幕**：项目经理拒绝客户的项目经理培训要求，导致客户发飙

客户陈总	洪经理，最近"WORKBRAIN"系统项目开展顺利吗？过程中有没有遇到什么问题？我们公司配合得怎么样？与对接部门的李总合作得还顺利吧？
洪经理	（受宠若惊）陈总，大家配合得都挺好的，李总全力以赴地支持，项目进展也比较顺利，多谢领导关心。
客户陈总	那就好，有什么需要我支持的直接找我，不要客气。我们是一家人，把项目做好是我们共同的目标。但是有件事你们可能忙忘记了，一直没做，我想问下原因。
洪经理	（诧异）陈总，什么事？
客户陈总	洪经理，"WORKBRAIN"系统部分功能已经上线运行了，我们公司现在有几百人在用。大家在使用过程中有不少问题，当然这不全是系统的问题，主要是我们公司不少项目经理缺少项目管理体系性知识。我们前面说的项目经理培训是否可以尽快开展起来，特别是项目经营这块，这样不仅能更好地应用系统，大家也能学习更全面、更系统的项目管理理念。
洪经理	陈总，培训的事情我第一次听说。给项目经理培训，我真的办不到。
客户陈总	（耐住性子）你们前期答应得好好的，怎么现在又说办不到？合同谈判时我特意和你们销售小郑强调了好几次，他都说没问题，还承诺一定落实。怎么现在单子拿下来就不认账了？
洪经理	（急于解释）陈总，不是我们不认账，我真不知道这件事，合同里也没写这个培训条款。培训需要做策划、找讲师，还需要针对公司的实际情况开发课程，既耗时又复杂。
客户陈总	（声调提高）就是因为我们自己没有这个能力，所以才要你们

项目管理场景技能

做。洪经理,我一直对你们项目团队非常支持,希望你也要支持我们。合同没写,你们难道就不做了?培训又用不了你们多少成本,怎么就不能做?

洪经理	陈总,我们真做不到。
客户陈总	(气愤)答应的事情都不算数,项目还怎么做?你做不到就换人!你不要讲了,让你们徐总和小郑来找我。
洪经理	(委屈)陈总,您消消气,我和郑经理联系下,问问情况,然后向您汇报,可以吗?
客户陈总	好吧。
洪经理	(垂头丧气)陈总,那我先走了。
客户李总	陈总,其实洪经理一直兢兢业业地工作,你怎么发这么大火?
客户陈总	我不发火,问题能解决吗?他们能重视吗?项目经理的高水平培训哪有那么容易。
客户李总	陈总,我明白了,我回头也盯着这件事。
客户陈总	好的。

> 第二幕:遭客户投诉,项目团队内部"炸锅",冲突将起

(客户联系销售)

客户陈总	小郑。
郑经理	陈总好,您有什么指示?
客户陈总	没什么指示,就是你们承诺的项目经理培训为什么不兑现?你们项目经理小洪说做不到。
郑经理	陈总,绝对不会不兑现,您放心。我还不清楚什么情况,我先了解下再回复您,您看这样行吗?
客户陈总	好吧,事情就交给你,我相信你一定能解决,我等你消息。
郑经理	好的,陈总,您放心,我回头向您汇报。

(项目经理回到项目办公室)

项目成员A	洪经理,怎么啦?陈总找你什么事,你怎么被批评啦?
洪经理	陈总要我们给他们公司的项目经理做培训。

项目成员 A	（惊讶）培训？没听说过啊？合同里也没有。
洪经理	陈总说，前期都定好了，郑经理承诺过，还说我做不到就换人。
项目成员 A	销售就是"坑货"，专坑我们！不行，我们找销售说理去。
项目成员 B	对，必须找销售要个说法，我们不能天天当受气包。销售为了拿单什么都承诺，反正又不要他们交付。
项目成员 A	对，最后背锅的还是我们。我们天天在项目现场累死累活，还被客户骂，销售天天吃香喝辣，逍遥快活。大不了我们不干了，谁爱干谁干。
洪经理	嗯，必须找郑经理要个说法。

（销售给项目经理打电话）

郑经理	洪经理，陈总给我打电话投诉你们，说你们不给他们公司的项目经理做培训，怎么回事？
洪经理	什么怎么回事？谁答应做培训了？我正要找你当面算账。
郑经理	当面算账，好呀，我们赶紧公司见。

第三幕：项目经理与销售当面对质

洪经理	郑经理，客户陈总要我们给他们公司的项目经理做培训，说是你承诺的，是吗？
郑经理	（不以为然）嗯，我忘记和你说了，客户当时说要我们在部署系统的时候顺便给他们做下培训，我看要求也不过分，就答应了。
洪经理	（气愤）你答应了，为什么不和我们说，合同里也不写？结果害我们被客户骂了一顿。
郑经理	哎，被客户骂不是正常的嘛，小事情，给他们做培训不就行了。
洪经理	你说得轻巧，培训哪有那么容易！要做策划、开发课件、找讲师，你来做培训吗？你承担培训成本吗？
郑经理	我们销售辛辛苦苦拿下单子，你们不好好做单子，结果客户投诉，我没找你们，你们还好意思倒打一耙！陈总电话投诉，是我在赔礼道歉、说好话，好吗？
洪经理	真好笑，你给我们埋坑，还说我们倒打一耙，还讲不讲道理了？

项目管理场景技能

	你今天必须把话说清楚，说不清楚我们就不干了！你这么有能力、这么敢承诺，你来干好了。
郑经理	找茬是吧，你被客户投诉还有理了，和你说不清楚，我找领导去。
洪经理	去就去，谁怕谁。

1.1.1 分门别类：项目交底适用情况

开项目交底会是项目管理的必要场景，但也有适用情况（见图1-1）。不是所有项目都要进行项目交底。例如，成熟产品无须交付，或者项目链条短、销售或客服可代交付的项目，就可以考虑免去项目交底环节。

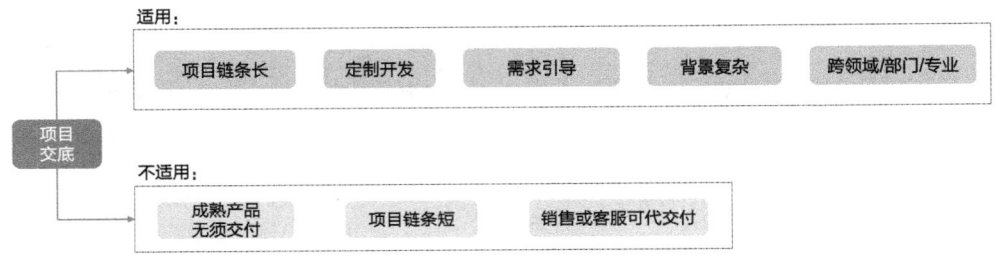

图 1-1　项目交底适用情况

以下几类项目是一定要开项目交底会的。

1. 项目链条长的项目

此类项目需要交底的原因在于项目周期长，容易忘记各种事项。签合同的时候，销售对于客户的一些特别事项还能记住，时间长了就容易忘记，但是我们忘记并不代表客户也忘记。另外，项目链条长，涉及的部门和人员多，各方需求和问题比较复杂。销售由于全程跟进，对许多信息都掌握得比较全面，但交付并未参与或间歇参与，对信息掌握得不全面，因此一定要交底，否则很容易遗漏。

2. 定制开发的项目

定制开发意味着没有成熟的产品，客户需求相对来说比较复杂，也很善变，因此定制开发项目在前期和后期沟通中经常在内容、需求、节点上出现较大的理解偏差。在项目刚开始的时候，销售和交付双方一定要认真梳理项目需求，否则就是模糊对模糊、混乱对混乱，项目交付就像脚踩西瓜皮，滑到哪儿算哪儿，效果可想而知。

3. 需求引导的项目

需求引导、解决方案型项目往往由乙方主导，因此客户对于需求范围、作业边界及具体细节并不太明确。此类项目一定要由销售、解决方案经理和交付项目经理做好充分对接。

4. 背景复杂的项目

背景复杂的项目，尤其是抢单的、在竞争中险胜的项目，客户关系、技术需求等都是比较复杂的。销售必须将与交付实施相关的项目背景交代清楚，让交付心里有数，避免在项目交付过程中站错队、碰禁忌。

5. 跨领域、跨部门、跨专业的项目

此类项目的难点不在客户，而在公司，项目涉及的部门、人员比较多，协调难度大。项目交底的重点是明确各部门的分工内容和责任人。如果交底时没有把相关的人员聚集起来讲明白，那么在后面的交付过程中，项目经理一定会为跨部门协调头疼。

1.1.2 以目的推动作：紧抓项目交底关键动作

项目交底关键动作有 4 个：项目交接棒、确认需求和关键节点、消除信息差和交代背景、项目风险提醒。

1. 项目交接棒

项目交底即项目交接棒，销售交棒，项目经理接棒，像接力赛一样完成项目接力。项目在营销阶段时由销售主导，所有人听从销售的安排和调度，但是到了交付阶段，项目就转由交付主导，所有人都要听从项目经理的安排和调度，其中涉及了项目团队的延承及项目成员的转换事宜。

需要注意的是，**项目交接棒不是切割**。接力赛是团体比赛，不是个体比赛，完成交棒只是完成了部分任务，并不是完成了全部任务。运动员交完棒并不能退场，要等待接棒的运动员跑完全程。因此项目成员一定要保持延续，不能项目交棒后销售就退场，什么都不管了，而应转为项目成员，持续为客户服务。这也体

项目管理场景技能

现了以客户为中心的经营理念,在实践中真正实现端到端打通项目管理流程。

> **快问快答**
>
> Q:销售能做项目经理吗?
> A:销售当然能做项目经理。销售本身就是项目营销阶段的项目经理,项目就是从线索、机会、订单这一步步形成的。营销过程本质上也是营销项目管理过程。虽然大家习惯把项目分为营销和交付两个阶段,但是项目管理是贯通的。另外,某些特殊的项目可以考虑由销售担任交付项目经理,只是这样的情况比较少见。

2. 确认需求和关键节点

确认需求和关键节点的主要内容为解读合同、明确合同外需求和时间节点。项目经理需要仔细解读合同。合同内容是相对明确的,需求可能以技术文档的方式作为合同附件。销售向交付交底的首要动作是确认合同内容和需求,要认真比对客户需求和解决方案的差异,特别是对于客户合同中明确而公司方提交的终版项目建议书(响应文件)中缺失的内容,一定要高度重视。

项目经理一般不会忽视合同及技术文档等书面需求,忽视的往往是那些不成文的需求。例如,客户提出但没有写入合同的那些需求,其实都是真实的客户需求。对于那些客户提出但销售明确拒绝的需求,销售要向项目经理明确说明这类需求不在项目范围内,如果客户后面再提出,项目经理就要予以拒绝。要防止客户"打信息差",让项目经理误认为公司答应了,从而去做了。

另外,销售承诺的不在合同中的作业内容,也要向项目经理特意说明。**销售和交付是内部分工,对客户来说都代表公司,我们绝不能以内部分工的理由来搪塞和推脱**。项目经理务必将这类需求纳入项目计划,不能由于合同未写就不列入项目范围。对客户的承诺永远都要坚守。

签订的合同中一般有大致的时间节点,但这是项目交付的底线,制订项目计划时不能擦着底线走,而要有留有余地。这就意味着项目交底时,销售要和项目经理一起确定项目进度节奏和时间节点。

3. 消除信息差和交代背景

消除信息差和交代背景是双向的信息拉通，不是单向的销售向交付传递信息，而是交付也要向销售做出回应，相互验证前后端信息，互通有无。

因为销售视角和交付视角不一样，项目在营销阶段和交付阶段面对的客户部门和人员既有相同的，也有不同的，所以项目交底时一定要消除因视角差而导致的信息差。销售在打单的过程中面对的客户领导、采购、使用、承建等部门，项目经理在交付环节中同样会面对，但视角的差异是确实存在的，既有范围差，也有深度差。**一般来说，销售视角的高度大于交付，但交付视角的深度大于销售，因此两者要结合起来，这样才能保证消除信息差，确保在项目重大事件上的理解没有分歧。**

交代客户背景比较敏感。销售通常不太情愿将客户关系交出来，这不是专门针对项目经理，而是出于职业安全的考虑，是人之常情。但是交代背景又是项目交底必须要做的事情。这就需要折中，销售不必把客户资源交给项目经理，但要帮助项目经理建立起客户方的项目干系人和关键人物的大概轮廓，帮助项目经理从技术角度推进项目干系人管理。

需要说明的是，对于客户的组织人事方面的变化，销售如果获得了相应的信息，就一定要叮嘱交付项目经理。有些项目就是由于客户重大的组织变革和人事变动而终止的，因此对于和客户变动密切关联的时间节点一定要重视，项目完工宜早不宜迟。

4. 项目风险提醒

销售在打单过程中对项目可能出现的风险有一些预计和判断。例如，客户资金紧张，可能导致回款困难和延误；客户验收程序复杂、验收标准严苛，对项目质量的要求非常高；销售被刁难或察觉到客户某部门或人员的敌意，需要项目经理注意；竞争对手未拿下单子，但与客户渊源较深，在交付过程中可能搅局……这些特别的风险，销售要尽可能地向交付项目经理提醒到位。同时，销售在项目风险控制中要持续承担客情、商务方面的职责，不能认为项目交底后这类职责也一并转交了。销售和交付在项目风险控制中承担的职责是不同的，销售要一如既往地承担商务方面的风险把控职责，交付要承担项目实施及技术方面的风险把控职责。两者必须密切配合，这样才能保证项目风险防范到位。

1.1.3 内容大于形式：有效召开项目交底会

> **快问快答**
>
> Q：项目交底和项目交底会是不是一回事？
>
> A：两者是一回事。项目交底是动作，项目交底会是这个动作的载体和形式。
>
> 项目交底并非只能采用会议这一种形式，也可以采用备忘录、资料移交等其他方式，但是项目交底会是最常用的方式。
>
> 另外，项目交底会可能由多次会议组成。可能需要进行小范围的前期沟通、讨论，对主要内容确认完毕后，再组织正式的项目交底会。

项目交底会未必是正式会议，可以采取更加简便、灵活的方式。不能把项目交底变成会议要求，让项目经理为会议花费太多精力，反而忽视了交底的实质性内容，否则就适得其反了。程序是和内容结合在一起的，脱离了内容的项目交底就变成了走过场。同样，脱离了程序的项目交底就会变得随意和混乱。

项目交底重内容不重形式，侧重于沟通和交托。判断项目交底是否有效的标准包括以下 3 个方面。

- 沟通到位，该交代就交代，不隐瞒、不隐藏。
- 项目目标移交，将打单时预设的项目目标平行转移给交付项目经理，不要出现目标置换、偷换概念等情况。
- 务实输出。形式不重要，但是留痕还是必要的。项目交底的输出应该形成正式的、书面的内容，作为交付项目经理启动项目的输入，这也是为了避免后面交付和销售"打口水仗"。

组织项目交底会时除了通用会议能力，还要特别注意发起主持、时间节点、参与人员、结果输出等关键事项（见图 1-2）。

1. 项目交底会的发起主持

项目交底会既可以由交付与销售其中之一发起，也可以由 PMO 发起。当然，一些重大项目、战略项目应该由高层管理者发起。无论由谁发起，都要秉承谁发起、谁主持、谁负责的原则，因此一般情况下建议由项目经理发起，因为项目是要交给项目经理的，项目经理要对项目的交付结果负责，所以由他发起更合适。

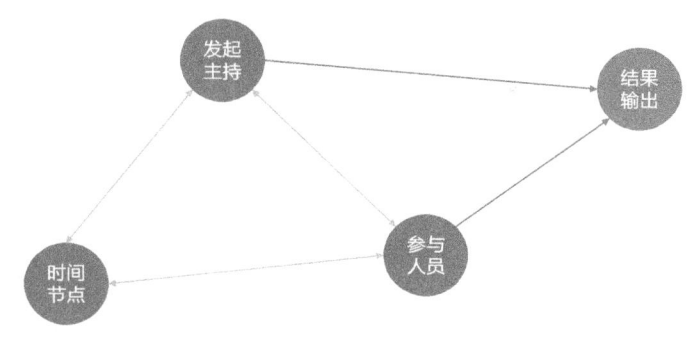

图 1-2 项目交底会的关键事项

因为项目类型较多，不同类型项目之间的差异也较大，而项目经理的水平又参差不齐，所以不能一概而论。最好由 PMO 来牵头制定项目交底会的指导意见，或者判断由谁发起更合适。例如，如果某项目的交付难点并不在于技术本身，而在于客情关系，那么项目交底会应该由销售发起，交付过程中甚至可以采用销售和交付双项目经理制。如果是战略项目或跨部门项目，那么项目交底会应该由 PMO 发起，以方便后续的协调，还能为交付项目经理提供支撑。

2. 项目交底会的时间节点

一般在合同签订后就要举行项目交底会，如果公司的项目管理要求是收到首付款（预付款）才能启动项目，那么也可以延迟至收到首付款后，但最晚不能迟于这个时间节点。**项目交底会的召开时间卡在合同签订后比较合适，因为往前一点，合同还未尘埃落定，不宜过早调动交付资源；往后一点，合同已签订一段时间，项目却未交底，项目团队还没有组建，这样就会耽误项目进度。**通常情况下，在项目营销环节公司方比较急，而客户方没那么急；但是到了交付环节，刚好反过来，客户方比公司方着急。时间对我们来说是非常宝贵的，不能因为公司内部的一些程序和管理要求而耽搁，应该让项目经理有充裕的时间在客户项目现场做前期需求沟通和制订计划，不要把时间浪费在不必要的环节上。

另外，项目交底会是可以预开的。如果有些项目是板上钉钉的，项目交底就可以提前进行。例如，预立项的项目，客户和公司虽然没有签订正式的合同，但是公司与客户有多年合作关系，不存在客户事后不认账的风险，公司就可以提前投入。这类项目需要提前开项目交底会（同样适用于项目经理延展的升级项目），此时就不能教条地卡合同条件。需要提醒的是，预立项的项目也要对提前投入、调动交付资源持谨慎态度，建议走相应的审批流程，目的不是审批而是决策。其中有一个重要的原则，就是**谁决策谁承担责任，要严禁"只决策不担责""自立项"**的行为，项目经理也不能将公司的资源作为给客户的人情。

3. 项目交底会的参与人员

项目经理要带着"功利性"的目的定向**邀请相关人员参加项目交底会**。销售人员和项目经理是项目交底会的双主角，必须参加。解决方案人员、核心项目成员如果与项目交底会议程相关，则要求参加。高层管理者、职能部门及第三方人员视项目需要邀请参加。不同角色参加项目交底会的目的不同，如表 1-1 所示。

表 1-1 参加项目交底会的人员角色及责任

专业领域	角色	责任
高层管理者	- 部门分管领导 - 相关的分管技术、产品的领导	- "站台" - 解决跨部门资源支持问题
销售	- 销售人员 - 解决方案人员	- 项目交底 - 需求解读
交付	- 项目经理 - 核心项目成员	- 接棒
职能部门	- 供应链（采购）人员 - 财务人员 - 人力资源人员 - 质量人员	- 协调资源和保障
第三方	- 外协人员 - 外包人员	- 履行合同约定

例如，需要高层管理者"站台"，就不能等到项目后期才邀请高层管理者去项目现场，否则在高层管理者看来完全是临时救场。要在开项目交底会时就邀请高层管理者参加，让高层管理者对项目有一定的了解，而不是最后措手不及地被拉到项目现场。

再例如，销售得知客户的现金流比较紧张，对客户的回款情况有一定的担忧，就可以邀请财务人员来参加，让财务人员从专业的角度帮助判断这个项目的财务风险。

又例如，项目有赖于第三方合作机构的配合，项目内容、进度和时间节点等是与第三方密切相关的，这个项目的交底会就必须邀请第三方合作人员来参加，不能把他们排除在外。

4. 项目交底会的结果输出

项目交底会的结果输出应当是成文的项目交底会议记录（见表 1-2）。字数多少不重要，重要的是关键事项是否确定。其中有两个细节需要明确：第一，参会人员需签字，还要负责。这涉及项目管理中经常遇到的一种比较尴尬的情况，就是虽然签字，但是不负责。开项目交底会的目的是让相关人员知晓情况并寻求帮助，会议中谈到的资源、风险、支持是需要这些参会人员负责的，因此必须签字，不签字就不算数。第二，项目交底会要围绕合同的需求及关键节点等重要内容做出明确输出。对于关键的时间节点，特别是客户明确要求的，一定要死守，这就要求我们的资源投入，包括公司内部的跨部门协调要步调一致。签字的参会人员需要对自己的责任做出响应、明确承诺并保障到位，不是说带一个本子来开会就可以了。回去不落实，后面遇到问题又不解决，这样的人员就没必要邀请参会了，否则纯粹是浪费时间和精力。

表 1-2 项目交底会议记录

项目名称：		交底时间：
资料清单		
名　　称	提供情况	签字确认
招标文件	□是　□否	
投标文件（项目建议书、技术响应文件）	□是　□否	
中标通知书	□是　□否	
过程文件（沟通函、承诺函）	□是　□否	
合同（含技术文件附件）	□是　□否	
项目干系人列表（对接部门及对接人）	□是　□否	
交底纪要		

项目背景：
客户性质、项目接触、合同谈判过程

合同要点：
主要服务内容、关键条款、合同期限（时间节点）、付款条件

项目交付成果：
成果目录、技术参数、验收标准、验收方式

续表

外协、外包及资金、资源支持： 第三方外协、外包，需要的资金、资源支持		
关键任务安排： 里程碑、项目人员要求		
注意事项： 潜在风险、合同外承诺		
签字确认		
销售：	项目经理：	其余参会人员：

1.1.4 复制推广：项目交底的常态化设置

项目交底要有规矩。项目经理不能想起开项目交底会就开、想不起来就不开，不忙就开、忙就不开，开不开凭心情，选择性地开、断断续续地开，否则就会对组织造成损害。项目交底必须常态化设置，因为项目管理不仅要确保单个项目的成功，更要提高公司整体的项目成功率。这就要求我们把项目交底变成常态，成为必选项而非可选项。项目交底的内容、标准及程序需要项目经理和 PMO 共同确定，项目经理提供素材和内容，PMO 进行加工、规范并转化为标准。

项目交底的常态化设置应从以下 3 个方面来保证（见图 1-3）。第一，项目交底动作嵌入现有的项目管理流程，而非变成一种附件、外挂。第二，项目交底要有必要的规范要求。第三，PMO 要对项目交底进行审查。

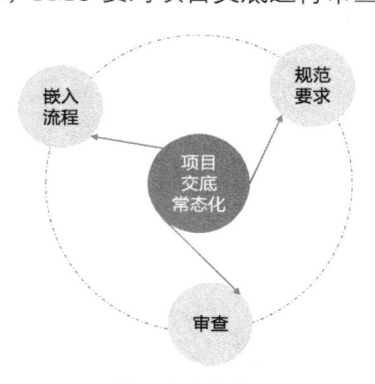

图 1-3 项目交底的常态化设置

1. 项目交底的嵌入流程

很多公司把项目立项作为项目的开始,这其实不太正确,交付项目应该从项目交底开始。在项目管理流程中,要将项目交底作为项目立项的前置任务,将项目交底变成项目管理跳不过去的环节。另外,已经上线项目管理数字化系统的,要在系统中设置项目交底的环节、活动、任务,这样就不会绕开。没有数字化系统的,要将项目交底的内容写入制度,要求大家执行。

无论是在系统中实现,还是在制度上体现,我们都要认真审视制度的繁简程度和执行的便捷性。流程、制度、系统、模板都是为了满足管理的需要,工具是为人所用的。不要工具至上,否则就是本末倒置。

2. 项目交底的规范要求

项目交底要有明确的规范要求,是"写命题作文",不是交付项目经理随意发挥。项目交底的关键事项有规定动作,如合同确认、时间节点确定、重点需求梳理、项目风险分析及特别提醒事项等,如表 1-3 所示。

表 1-3 项目交底关键事项规定动作

事　　项	交底内容	签字确认
合同确认	合同服务内容(可附合同条款)、付款方式、违约事项等	销售: 交付:
时间节点确定	模块、上线、初验、终验、质保	销售: 交付:
重点需求梳理	需求背景,客户问题、目标等,阐述客户的详细需求,包括但不限于功能、参数、价格、效果等	解决方案: 交付:
项目风险分析	商务风险(销售)、技术风险(解决方案)	销售: 解决方案: 交付: 财务: 质量:
特别提醒事项		

这些关键事项需要相关人员签字确认,如合同确认需要销售和交付签字,重点需求需要解决方案和交付签字。会议纪要的签字不建议采用混合的方式,而应分段签字,要让每个名字签得有用、有分量,签了就要对所确认的部分负责任,

而不是随意签字、不承担责任，抱有最后出问题法不责众的心理。

3. PMO 对项目交底的审查

PMO 对项目交底的审查分为以下两方面：一方面是程序复核，另一方面是实质性复核。程序复核要看交底纪要是否齐全、有无签字。实质性复核的重点是两个比对，即合同与需求的比对，项目交底记录与项目计划的比对。如果只是片面地执行项目交底，就不能取得项目交底的真正功效，只有前后关联，才能效果显著。

另外，对于那些"变通执行"、走过场的项目交底，必须要求整改，并且可以与人力资源部商量，将其纳入销售和交付项目经理的例外考核，不建议作为常规考核。

1.1.5 判断功效：项目计划对项目交底的响应

判断项目交底是否成功、是否达到了预期目的，并不以项目交底会是否顺利、参会人员是否反应积极作为标准，这些都是浅层面的。**项目交底成功与否的判断标准一定体现在项目计划的响应上。对于项目交底明确的内容、提醒的注意事项，项目经理在做项目计划、预算时是否有针对性地进行调整和响应，是非常关键的。**如果交底只是交底，项目经理并不顾及这些内容，在做计划、预算时还是按照以往的套路走，并不响应和进行调整，那么这个项目的交底就是失败的。

1.2 "跳坑""填坑"：项目经理需主导重点项目交底

场景案例 3　项目经理化被动为主动，积极要求项目交底

背景："WORKBRAIN"项目被确定为公司的战略项目，洪经理担任项目经理，已经着手准备，但销售还未交底，洪经理觉得不能坐等销售交底，需要主动发起项目交底，提前解决问题，避免后面陷入被动。

角色：洪经理、曹主任、郑经理、徐总。

第一幕：项目经理向 PMO 提起项目交底

洪经理　　曹主任，有件事我想跟你商量一下。

曹主任	洪经理，你说吧，只要我能做到，就一定帮你。
洪经理	公司对项目交底一直没有明确的规定。我们项目经理到了项目现场后，总是感觉销售没有交底，我们心里也没底，后面如果"爆雷"和"踩雷"，就非常被动，因此我想主动"排雷"。我刚刚接手"WORKBRAIN"项目，想请你组织下项目交底，我和销售相互通通气，提前解决问题。
曹主任	你这个想法很好，你能主动要求进行项目交底，真是太好了。对了，你为什么不直接跟销售对接呢？
洪经理	你们 PMO 代表公司，我直接跟销售对接，销售有可能觉得是我个人找他。我想请你牵头，把我跟销售对接起来。
曹主任	好的，我联系销售，联系好后我们一起坐下来，把项目交代清楚。
洪经理	多谢曹主任，我等你的消息。
曹主任	没问题，放心。

📋 第二幕：PMO 牵线销售和项目经理交底

曹主任	洪经理、郑经理，今天把二位请来，是想对"WORKBRAIN"项目做个交底。请郑经理介绍一下项目背景及注意事项，帮助洪经理更快掌握"WORKBRAIN"项目的一手信息。你既是在帮洪经理，也是在帮自己。洪经理做好了这个项目，你脸上也有光；项目做不好，最后你也要受到牵连。
郑经理	曹主任，没问题，我一定知无不言、言无不尽。
曹主任	好的。那你们俩就直奔主题，我旁听学习。
郑经理	洪经理，"WORKBRAIN"项目是公司新产品落地的前三单项目，同时是公司在新行业、新客户取得突破的项目。这个项目实际上是作为战略项目来对待的，公司领导十分重视，我们也克服了很多困难，才拿下了这个项目。
洪经理	这点我知道，如果公司不重视，就不会把我从另一个项目硬拉过来。
郑经理	是的，因为是战略项目，才需要你这位高手出马呀。这个项目的背景大致是这样的。客户起初提出了相应的需求，那时我们公司

项目管理场景技能

                "WORKBRAIN"这个产品刚开发完毕，我们就把该产品融入了项目建议书。在与客户交流的过程中，客户对我们的产品和方案还是非常认可的。当时的竞争对手有好几家，我们最后在竞争中获胜了。客户选择我们的原因，我了解的情况是，第一是产品本身的功能符合客户的需求，第二是我们对项目管理的理解层面高于竞争对手，这是非常重要的加分项。第三是这个项目的收费不算太高，因为是新产品的前三单，我们想尽快多拿几个案例，报价申请了比较大的折扣，最后还是找徐总特批的。

洪经理   郑经理，我大致知道了。我还想了解一下，这个项目的需求在什么层级？是客户公司的领导提出的，还是部门提出的？

郑经理   是客户公司的总经理陈总提出的，但需求部门也在大力推进这个项目。这个项目对他们来说意义重大，因为他们的项目管理已经到了不得不智能化的阶段了。

洪经理   好的，我明白了。还有其他要特别提醒的事项吗？

郑经理   还真有。客户陈总是业务出身，他对项目管理是非常了解的。对接部门李总是陈总的得力干将，陈总为了加强项目管理，特意把李总从业务部门抽调到PMO。李总对这个项目也是非常重视的，我和李总打过几次交道，他人不错，做事雷厉风行，情商特别高。他到PMO后，不到一个月的时间就完成了交接，工作能力和领导力都很强。你在做项目的过程中可以多跟他接触。

洪经理   好的，项目启动以后，你带我一起拜访他一下，我先把李总这层关系搞好。

郑经理   没问题。要特别注意的事项就这么多。我把我们前期提交的项目建议书、投标文件及销售推进过程中的拜访、沟通记录等相关资料都打包发给你，你在做计划时可以参考。

洪经理   好，太谢谢你了。

曹主任   感谢郑经理，你们的项目交底对我也有所启发。我准备将一些重要项目的交底清晰化，以防大家有所遗漏，特别是像"WORKBRAIN"这样的战略项目。项目经理和销售应该把交底当成一种常态，我来完善相应的规定。

郑经理	这点我赞同。有时真不是我们销售刻意不交底，而是忘记了。项目经理要是主动点还好些，如果项目经理不主动，的确就跳过这个环节了。
洪经理	曹主任，我觉得重点项目的交底，应该规定由项目经理负责，要项目经理去找销售，不要让销售来找项目经理。因为销售拿下单子就完成任务了，他们已经非常辛苦了，也付出了很多努力，所以后面项目经理要主动把这项责任担起来。
郑经理	曹主任，你看，洪经理的格局是非常大的。
曹主任	洪经理的格局向来很大，否则徐总也不会点名让洪经理来担任这个项目的项目经理。

第三幕：PMO 择机制定交底规则，向总经理汇报

曹主任	徐总，最近"WORKBRAIN"项目的交底给了我一些启发，我对项目管理的项目交底环节有一些想法，想向您汇报一下。
徐总	好，你说。
曹主任	我想规定重点项目必须交底，把战略项目、大项目这些重点项目交底的职责和权力交给项目经理，这样项目经理就不会太被动。不能让项目经理坐等销售交底，而应让项目经理主动去找销售要求交底。
徐总	这个想法挺好的。你把项目交底的关键事项添加到项目管理制度中看看。
曹主任	徐总，我已经写了一份初稿，您看看。
徐总	（接过文件看）可以，有些细节还需要完善一下。把重点项目标清楚，哪些是重点项目要罗列出来，不能让项目经理自我判断。还有我们界定的重点项目和销售环节确定的重点项目是否一致，你和销售部门再沟通一下。没问题就可以定稿，然后发布执行。
曹主任	好的，那我去跟销售沟通一下，修改后再请您审批，然后正式发文。
徐总	好的，你去忙吧。好好干。

为了提高效率，项目交底可以按照项目情况进行分层，这就涉及分工和权限划分。重点项目的交底需要上升到公司层面，由公司 PMO 发起，如果没有专门

的 PMO，或者说项目管理的权限下放到高阶项目经理身上，那么重点项目交底就需要高阶项目经理发起。

重点项目的划分需要综合考虑项目的合同金额、影响力、战略意义和问题复杂度等多个因素，如图 1-4 所示。在项目管理实践中，重点项目一般采用"列举法"，主要包括大项目、项目集、战略项目和问题项目 4 类。

重点项目划分标准	合同金额	影响力	战略意义	问题复杂度
重点项目	大项目	项目集	战略项目 / 行业/战略客户首单项目 / 实验局/样板点项目	问题项目
项目交底焦点	项目利润	项目统筹	项目成功	问题定位与解决

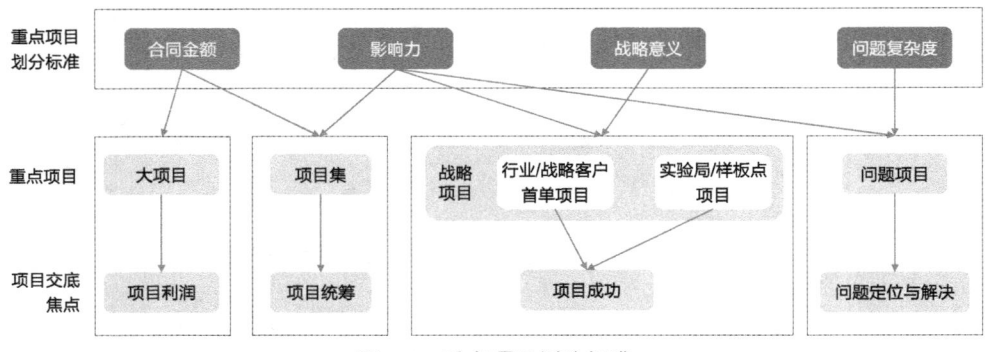

图 1-4　重点项目划分标准

突出重点项目交底的原因在于，此类项目对公司经营的影响及项目管理的重要性远高于一般项目。项目管理不能"眉毛胡子一把抓"，要在众多项目中突出重点项目，以便在亲抓和授权之间取得平衡。

1.2.1　聚焦项目毛利目标：大项目交底

很多项目经理对大项目的第一感受是项目大、利润高。其实项目大并不意味着毛利一定高。事实上，项目越大，若项目经营不善，则可能亏损越多，因为人总是下意识地认为项目大，利润必然高，容易放松成本管控和铺张式投入资源，造成不必要的利润损失。因此大项目的交底要聚焦于毛利目标，项目越大越要谨慎，越大越要关注毛利。

什么是大项目？大项目的直接含义是项目的合同金额大，往往是小项目、一般项目的几倍甚至数十倍。但是合同金额大并不等于项目毛利高，因为确认收入和回款以客户验收为前提，而项目毛利是在交付过程中实现的。

具体到大项目的界定标准，建议用项目合同金额，不建议用项目毛利，因为项目毛利涉及商业秘密。采用项目合同金额界定大项目，可使用绝对标准和相对标准。

绝对标准，如规定软件类超过 500 万元、硬件类超过 2000 万元的项目为大项目，但因行业、业务、产品等有所差异，需要在同类之间比较，具体区分，不宜跨类直接比较。举个例子，1 亿元的系统集成项目和 1000 万元的软件项目，从合同金额上看，系统集成项目是软件项目的 10 倍，但是从项目利润上看，还真未必能达到 10 倍的差距。

相对标准，可采用比例画线的方式，如规定合同金额占上一年度总合同金额的 5%，或合同金额排名的前 5%~10%。

绝对标准和相对标准可以交叉使用，满足其中之一即可。项目经理要记住，界定大项目的目的是便于区分和挑选。

大项目交底一定要聚焦于毛利目标，要紧扣项目毛利目标来分析和交托合同内容。一般来说，大项目的需求都是庞大的、结构性的，具体的需求细节和边界可能一开始没有那么明确。加上因为项目合同金额大，销售和解决方案人员在拿单的时候未必较真地和客户一条条核对细节，对于一些需求也不会认认真真地确定边界。这时就需要用毛利目标让大家清醒，以避免前期不计成本地进行项目投入，导致阶段性成本超支。如果不能及时发现和纠偏，大项目极有可能虎头蛇尾，增加项目烂尾的风险。

需要特别提醒的是，**大项目交底时，大家在心理和情绪上要恢复理性，不要让成功拿下大单的亢奋情绪无边际地蔓延**，不能把大项目交底会开成庆功会、吹牛会。在会上大家一顿吹捧，销售只顾分享拿单的心得体会和鼓吹自己多么厉害，那样就走偏了。

1.2.2 重在统筹：项目集交底

表面上看，大项目和项目集的合同金额都比较大，但是两者还是有区别的，不能归为一类。区别在于，大项目是单体项目，项目集是多体项目（项目联体），只是从公司项目管理的角度出发集合成一个项目来管理而已。能够组成项目集的情况通常如下。

- 同一客户的多个不同项目，且项目之间有关联。
- 同一产品类型满足不同客户和区域的项目，项目交付的时间周期、过程和主要内容相近，组成项目集更经济，更方便统筹管理。

项目管理场景技能

- 同类项目的复制与推广、行业和需求相近，虽并未提炼出成熟产品或共有模块，但可复用的比例较大（超过30%）。

项目集交底的重点是项目统筹，不仅包括客户的行业、需求等通用部分的共享，也包括后面交付过程中的人员、模块的复用。项目集只有推行集约化管理，才能实现价值最大化。如果项目集没有统筹，则肯定存在重复投入、内耗不断等问题，无法取得项目集所期望的集约化运营效果。因此，**项目集交底务必找出各子项目共同的部分，尽可能扩大"公约数"，否则项目集中管理效果就会大打折扣，背离当初的目标**。

除了查找"公约数"，项目集交底还有两个地方需要特别关注。第一，要对项目背景做详细介绍。磨刀不误砍柴工，项目集的项目背景比一般项目复杂，因此对于客户主体、子项目之间的关联关系，如集团总部与各子公司之间的项目需求的共性和差异，要认认真真梳理，再在其中找到统筹和复用的地方。第二，项目集需要项目总监坐镇，采用项目总监和各项目经理组合的方式。一定要选好项目总监（项目总负责人），形成统一指挥，再选各项目经理。

1.2.3　确保成功：战略项目交底

实际上，项目经理很多时候都喜欢战略项目，觉得战略项目受公司重视，项目地位比较高，能获得更多支持且方便要资源。还有一个隐晦的原因，**声明自己的项目是战略项目，可以跳过或规避"毛利"底线要求，这样就有理由掩盖项目毛利低的现状**。

战略项目的界定是"审核制"，不是"声明制"，必须有具体标准和审批确认程序，不是销售和项目经理自己定义的，而是公司审核和确定的。笔者和许多公司总经理探讨过这个问题，如某公司一年大概有500~600个项目，结果号称战略项目的多达200个，只要是个项目，就要往战略项目上靠。公司对此很被动，那段时间只要不给战略项目的名号，就像公司不重视一样，公司总经理很无奈。后来笔者建议，把战略项目的定义和名额控制公示出来，制订一个实施细则，才改变了这种怪象。

顾名思义，战略项目是承接公司战略目标的项目。战略不能狭隘地理解成重要性，战略项目应按照"列举"的方式予以界定。能明确界定为战略项目的项目如下。

- 行业突破项目。进入新行业的首单，能帮助公司布局新行业。
- 龙头客户项目。客户是业内的龙头企业、标杆企业及有巨大影响力的企业，拿下这个项目能帮助公司积累先进经验和案例，后续可以在此行业实现"高举、高打"。
- 新技术、新产品项目。新技术应用、新产品落地的前三单项目，相当于实验，关系到新产品上市的首轮市场检验。
- 样板项目。在客户、产品、技术方面能积累典型案例的项目，可以作为后续行业、产品解决方案中列示的样板。

正因为战略项目的意义重大，所以才要加以限制，原则上为项目总数的5%~8%，并且予以公示。公示战略项目，一方面能够使其接受销售和项目经理的监督，另一方面使大家了解战略项目应该是什么样的，知晓原来项目维度也是能承接战略的。

战略项目交底的焦点是确保项目成功，为了实现这一目的，要完成以下4个动作。

1. 统一对战略项目的目的和意义的认识

销售对战略项目的认识基本上是全面的，因为在前期已经反复强调并落实。但是交付项目经理和项目成员对战略项目的认识刚刚开始。销售和交付应对战略项目的战略意义统一认识，如果感觉认识不到位，就要请业务部门的领导和高层管理者来加强。

2. 复盘战略项目的打单过程

让销售和解决方案向项目经理复盘战略项目的打单过程，特别是成功拿下单子的关键点，如客户选择我们的原因是什么（优势），我们凭什么胜过竞争对手（我方胜出的原因、对方失败的原因），竞争对手有哪些可借鉴之处（交付过程中的改进）。复盘可以让项目经理及核心成员更好地掌握项目背景，进而在交付实施过程中明白发力的重点及需要扬长避短的地方。

3. 分析战略项目的难点

战略项目对公司和客户双方来说都有创新和尝试的成分。对于战略项目在落地执行过程中极可能遇到的困难，大家应在项目交底时一起剖析，集思广益。有些问题的解决是需要提前谋划和准备的，不能抱着"车到山前必有路"的盲目乐观心态，要未雨绸缪。

4. 引导讨论可能影响项目成功的要素

这点是重中之重。战略项目要围绕成功而非围绕利润来开展。到底是方案、技术还是服务、态度打动了客户，需要复盘反思，找对点、找准点，并且这个点需要延续至交付环节，让成功要素在交付时得以保留，甚至放大。这既是我们宝贵的优势，也是保证战略项目成功交付的关键。

需要提醒的是，**绝不允许低手、新手做战略项目，必须由高手做战略项目。战略项目是不能拿来练兵的，因为战略项目只许成功、不许失败。**

另外，战略项目和大项目有时是重合的。当一个项目既是大项目，也是战略项目时，这个项目的优先级最高，意味着要么这个客户对公司的价值最大，要么这个项目对公司的行业、产品突破具有非凡的里程碑意义。

1.2.4　直面问题：问题项目交底

问题项目不同于大项目、项目集和战略项目。之所以单独阐述问题项目，是因为正常项目的风险只需预防，问题项目的风险必然发生。如果问题项目不能妥善处理和谨慎对待，那么一个问题项目造成的亏损极可能"吃掉"好几个正常项目的利润。

问题项目是指天生"带病"的项目，在销售阶段已经出现了问题，但是我们还是拿下了这个项目。这可能出于阻击竞争对手，也可能出于维护客户关系，但无论出于怎样的动机，问题项目已经拿下，我们要做的不是指责和抱怨，而是解决问题。

问题项目大致包括如下几种情况。

- 抢单。从竞争对手那里"虎口夺食"抢过来，项目不是目的，狙击竞争对手才是目的。
- 摊派。客户给出一个好项目，再强搭一个"孬"项目，可以理解为摊派和捆绑，不得不接。
- 中途接盘。"前任"留下的烂尾项目，如同接手烂尾楼。客户既摆脱了处理不良"资产"的负担，也表明了对我们的信任。
- 过度承诺、技术不能实现等自身原因。销售话说大了、说满了，项目建议书写得太完美了，客户特别认可，要求就按照这个来，结果使自己陷入被动。

问题项目交底的核心就是如何扭转形势，顺利交付和关闭项目。必须直面问题，不能逃避也无法逃避。对于问题项目的交底，除了交代问题背景，重点是解决问题。问题项目的交底会应该当作"专题研讨会"来开。问题项目交底的3个关键动作如下。

1. 定位问题

定位问题是解决问题的前提，问题都不能描述清楚，就无法解决问题。建议采用"5W2H"分析方法，将问题找准。大部分问题都出现在客情关系、技术难点、需求变更等方面。

2. 定位问题后找到解决路径

对于不同的问题，应采用不同的处理方式。例如过度承诺，如果公司技术上能满足，就认下来，承诺客户的一定做到。如果技术上不能满足，就需要替换超纲承诺，从源头改变客户的诉求和需求。不能在具体的需求点上打转，否则会让自己陷入僵局。

3. 明确解决问题的责任主体

找到解决路径并不意味着问题就解决了。问题的解决需要明确责任人。在项目实践中，大部分问题是有解的，而问题得不到解决的原因在很大程度上是没有落实责任人，大家感觉不是自己的事，也就不会认真对待。

💡 快问快答

Q：重点项目仅有大项目、项目集、战略项目和问题项目4类吗？
A：不是。这4类只是常规的划分方式。不同的公司对重点项目的具体标准也不同，需要结合实际情况来确定，但是基本思路和逻辑是不变的，即项目的重要性、复杂性和风险度是标识重点项目的核心要素。

1.3
同舟共济：用机制保障交付前置和销售后延

> **场景案例 4　冲突化解后领导强制交付前置和销售后延**

背景：接场景案例 2，H 公司销售和项目经理发生冲突，找徐总评理。

角色：郑经理、徐总、洪经理、客户陈总、客户张经理（客户 HR 经理）、曹主任。

> **第一幕：领导各打五十大板**

郑经理	徐总，您现在有空吗？向您汇报件事。
徐总	你们真会见缝插针，我刚好有点空，小洪，你也回公司了？你们怎么在一起？来，坐下说。
郑经理	徐总，是这样的，客户陈总给我打电话投诉，说洪经理不给他们搞项目经理培训，要求我们必须给他一个满意的答复。
徐总	小洪，怎么回事？
洪经理	培训的事情我不知道，合同里没写，郑经理也从来没和我说过。今天客户突然向我提出，我不知道什么情况，就没答应，客户就给郑经理打电话投诉。我找郑经理沟通，结果他倒打一耙，弄得我们项目组都"炸锅"了。
郑经理	什么倒打一耙？客户投诉的是你不是我，被客户投诉难道还有理了？我们销售好不容易拿下个单子，你们还不好好珍惜！这个客户后面还有其他项目机会，后续丢单你负责？
洪经理	我没你那个本事，不要拿单子来压我。客户投诉我能力不行，我不干了行吗？你能，你来干！我们在项目现场累得不行，受客户的气，回来还受你的气！
郑经理	徐总，您看看，都撂挑子威胁公司了，真有本事。把本事用在做好项目上，别都用在吵架上。
洪经理	我服务客户好着呢，你没资格说我……
徐总	好啦，吵什么吵，吵能解决问题吗？你们找我是让我看你们吵架

	吗？看看你们，像个经理的样子吗？你们是觉得我闲得无聊还是觉得我没用，还准备在我办公室打一架？
洪经理	不是的，领导，事情我们没解决好，这不是向您求助来了嘛。
郑经理	领导，您是高手，指导指导我们这件事情怎么解决。
徐总	你们两个都要批评。小郑，客户这么关注的事情怎么没和小洪交底？否则他在项目现场也不会一问三不知，搞得这么被动。这点你没做好，以后要注意，不要总是这样，一定要改。
郑经理	是，我以后一定改。
徐总	小洪，你都是成熟的项目经理了，这种事情还不会处理吗？就算小郑没说，你在现场也应该先应付过去，回来和小郑确认下，再商量怎么办。还有，你们项目交底会是怎么开的，是务虚会吗？
洪经理	徐总，我知道错了，这件事情我有责任。现在怎么办？
徐总	承诺客户的事情一定要做到。你们两个一起商量培训方案，拿出专业水平，然后带着方案向客户开诚布公地汇报，我们坦诚，客户也会理解的。对了，可以找个理由让客户总经理陈总主讲一门课，陈总一高兴，说不定就会承担一些培训费用。这次产生的费用销售和交付各承担一半，作为你们的教训和学费。你们有意见吗？
洪经理	没意见，领导，那我们下去商量了。

> 📋 **第二幕**：项目经理和销售一起拿方案找客户，结果皆大欢喜

郑经理	陈总，不好意思，打扰您了。上次您说的培训，是我的疏忽，没有和我们洪经理详细交底，您批评我，不要批评洪经理。您知道我们公司特别重视这个项目，洪经理是我们交付项目经理中最棒的，好多项目都想要，我是把他抢过来的。
客户陈总	嗯，洪经理还是比较认真负责的，大家对他的评价还是很高的。但是小郑，我要批评你，这个项目你前期跑得那么勤快，合同签了以后就一次都不来，我千叮咛万嘱咐的培训你都能忘记。
郑经理	陈总，抱歉，是我没做好工作，一定改进。以后我会经常来向您汇报的。

项目管理场景技能

洪经理	陈总,这事不能完全怪郑经理,我也有责任,我对您的指示没有领悟到位。
客户陈总	好了,你们也不用在我面前演戏了,做项目是双方共同的事情,不能全怪某一方。谈正事,说说你们的方案吧。
郑经理	陈总,是这样的,您说的培训,我做了一版方案,请您过目。您一边看,我一边向您汇报,洪经理再补充。
客户陈总	(看方案)具体的主题和课程设计,你再具体说说。
洪经理	陈总,这次培训,我们的思路是这样的。贵公司现在的项目经理比较偏重管理,但是当前公司的重点是经营,因此我们想紧扣项目经营这个主题,把项目管理的理念拔高一层。我们拟的主题是"与CEO同频共振——从项目管理走向项目经营",办一期"经营型项目经理成长营",以实战和实用为导向,重点课程是《三点抓住项目经营要义》《如何转型为经营型项目经理》《交付环节如何管理需求》《项目超额利润空间界定及分享机制》,您看可以吗?
客户陈总	不错,这样的主题就是我想要的,非常切合我们公司当前的经营主旋律和项目经理现状,非常好。
郑经理	陈总,我还有个不情之请,请您务必支持。我们想请您主讲《三点抓住项目经营要义》,您是CEO,您现身说法,比任何讲师都要好十倍、百倍。您看可以吗?
客户陈总	你们是专家,我怎么能在你们专家面前班门弄斧,我怕讲不好。
洪经理	那怎么可能,我们项目组对您都佩服得五体投地。不仅是我们项目组,贵公司项目经理对您都是十分敬仰的,都特别想听您传递"真经"。您就不要推辞啦,就像您说的,"权力可以推辞,但责任是不容推辞的"。
客户陈总	我确实说过这句话,这你都知道啦?好吧,那我就试试。对了,这样高规格的培训花费也不少吧。
郑经理	陈总,对您、对公司有效果、有价值,我们花费再多都值得。
客户陈总	对,价值第一,培训本身就是人力资本投资。你们这样真心诚意,我们也要表达我们的诚意。这样吧,训练营的费用由我们

	承担，如果效果好，我还会向其他公司推荐你们。现在的项目干好了，后面的项目继续给你们。
郑经理	陈总放心，我们保证一定把项目做好，让您满意。
客户陈总	好，大家一起努力，有什么问题随时找我。小张，训练营的事情你去按照这个方案落实，全力配合他们，一起把训练营办成功。
客户张经理	好的，陈总，我来落实。
郑经理	谢谢陈总，那我们就先不打扰您了。
客户陈总	好的，小张，你帮我送送他们。
客户张经理	好的，陈总。

第三幕：领导准备推进交付前置和销售后延

郑经理	洪经理，客户这边算是解决了，还相当于额外签了一个小单，我们一起回公司向徐总汇报吧。
洪经理	好。通过这件事，我在想，项目交底会虽然开了，但仍然不能保证信息畅通。我们是不是可以考虑，在前期打单的时候就让交付项目经理提前参与，一方面能更熟悉客户情况，另一方面能避免一些遗漏。例如这次客户陈总特别强调的培训，如果我前期深度参与了，就不会不知道，免得客户不满意，我们两个都要挨批。
郑经理	是的，我完全赞同你的想法。客户陈总今天批评得对，我也在想销售不能在交付环节完全脱钩，后面也是要继续参与的，不知道你欢不欢迎？
洪经理	当然欢迎，我是技术出身的，很多事都需要你帮忙，但我又不好意思总是麻烦你。你愿意继续参与，我当然求之不得。这样，我们一起把这个想法向徐总汇报。（回公司）
徐总	小洪、小郑，你们回来啦，问题解决了吗？客户有什么反应？
郑经理	徐总，客户挺满意，还是您水平高。客户一高兴，就没让我们公司承担费用，还和我们签了个小的培训单子。后面我和洪经理会继续跟进，您放心。
徐总	好，解决了就好。以后工作都长进些，相同的错误不要再犯。
郑经理	不会的，徐总。

项目管理场景技能

洪经理　　领导，向您保证，以后不会再犯了。在回来的路上，我和郑经理谈了谈这件事。我们有个建议供您参考。我们交付最好能参与项目前期的打单环节，对客户情况、项目需求有更深的了解。同样，销售在签订合同后最好作为项目成员继续参与项目，知道项目进展情况，不会脱钩。这样是不是更好些？

徐总　　小郑，你对小洪的建议有什么看法？

郑经理　　我完全赞同洪经理的想法。这也是我们在回来的路上一起商量的。

徐总　　这样的问题已经出现了好几次，也到了要处理和调整的时候了。我有一个初步的想法。小洪，你把小曹叫过来，大家一起商量下。

曹主任　　徐总，您找我？

徐总　　小曹，销售和交付扯皮不是一次两次了，这不，小郑和小洪刚刚又来了一次，幸好最终圆满解决了。小洪和小郑给我提了一个解决这类问题的建议，非常好，需要在机制上进行调整。我想在公司层面推进交付前置和销售后延机制。鼓励交付前置，确保交付人员能够提前了解和熟悉关键事项；同时督促销售后延，在项目交付阶段持续参与，在项目管理上把两者拉通。你按照这个思路设计一下机制，明确职责和分工，并调整现有的项目考核和激励机制。你可以和小郑、小洪多沟通，听听他们的意见。

曹主任　　好的，徐总，我马上去做，初稿出来后，我再向您汇报。郑经理、洪经理，你们二位要多多帮我，多提建议。

郑经理　　没问题。

1.3.1　防范"挖坑"：交付前置

中医有个理念"治未病"，对于项目管理同样适用。既然知道销售环节有很多"挖坑"的可能，交付就应该提前介入其中，从交付的立场和角度，和销售一起识别外部的"挖坑"，并预防销售非故意"挖坑"。退一步说，交付项目经理在场，就是销售想"挖坑"也会碍于人在现场的情面打消念头。

交付前置是指项目经理（交付角色）有目的、有节奏地参与到销售活动中，特别是机会点之后的销售环节，这其实对交付项目经理提出了新的能力要求。交付项目经理大都是技术出身的，他们一般来说是不愿意介入销售环节，参与前端活动的。为了保证或者说为了促进这种参与，公司就需要用制度来要求交付前置，并用政策来鼓励交付参与销售。

另外，从能力建设的角度看，交付和解决方案两个角色的职责边界可以明确、清晰，但能力边界不要截然分开，可以模糊一些，并强化两者之间的共同点，鼓励两者的配合和协作。这样就能减轻交付项目经理参与销售环节的畏难情绪，因为交付与解决方案的共同点比与销售的共同点多得多。必要时，公司要推进交付和解决方案之间的轮岗和交换，以消除障碍，帮助交付项目经理更加顺畅地参与销售活动。

这里有个隐蔽的细节，就是交付项目经理是否参与销售激励的分配。这不能一概而论，因为每家公司的实际情况不同。如果销售采用的是个人提成制（包干制），那么交付参与分配的挑战太大，毕竟动了销售的"奶酪"，强行推进将适得其反。如果销售采用的是团队激励方式，则完全可以增加角色，或者在现有的技术交流、解决方案的角色中添加人员，让交付参与销售环节的激励分配（见表1-4）。

表1-4　交付参与销售环节的激励分配

销售相关活动	比　　例	分配说明
项目线索		
技术交流及方案撰写		解决方案/交付按照工作量分配
商务推进		
标书撰写		商务标 技术标：解决方案/交付
投标及合同签订		

对于以项目为主要运行模式的公司，建议采用销售团队激励方式，因为**打单过程需要销售、解决方案和交付并肩作战，很难独立拿单，所以需要从利益上进行捆绑，以强化配合和协同**。

1.3.2　责任线拉长：销售后延

销售后延是公司的意图，不是销售的意愿。销售总是希望自己的责任在签订合同后就终止，但是从项目端到端闭环的角度来看，公司反而要强化销售后延，要求销售自始至终地参与。相对而言，销售比交付"精"和"滑"，交付项目经理相对"老实"一些。公司要用人所长，就不要让销售"轻易脱身"，要把销售的责

项目管理场景技能

任线拉长，让销售担负起以线索为始，以项目关闭为止的应有之责。

销售后延的意图是避免销售在交付阶段不作为。项目交棒只是项目经理换人，销售要作为项目团队成员继续参与，这也是前面所讲的交棒不是切割。但是销售在交付阶段的工作要一分为二，区别看待。**客情维护、回款等事宜是销售的分内之事，这一点必须明确，不允许销售用应尽之责向交付项目经理要人情**。至于帮助交付项目经理联络客户部门，寻找客户支持者，帮助"站台"、撑场面，参加阶段汇报会，协助项目阶段确认和验收等事宜，是销售的分外之事，不做无可指责，做了就是为交付项目添砖加瓦，众人拾柴火焰高。

因此，销售具有参与交付项目激励的可能性和必要性。交付项目经理不能有部门主义，"干活摇人、分钱推人"的事情不能做，要把销售真正当作项目成员看待。分配项目奖金时，可以根据销售的具体工作内容予以分配。

1.3.3 捆绑：交付前置、销售后延的机制设计

交付项目经理前置至销售环节，销售、解决方案后续参与项目交付，这是部门拉通和跨部门协同的组织能力要求，是将销售阶段的销售（Account Responsible，AR）、解决方案（Solution Responsible，SR）、交付（Fulfill Responsible，FR）的"铁三角"模式和良好传统延续至交付阶段，转为交付项目经理、销售、项目成员的"铁三角"模式，实现项目铁三角的转变（见图1-5）。

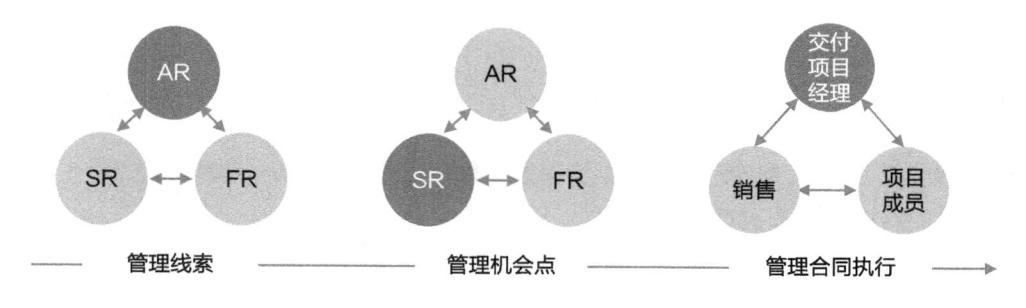

图1-5 项目铁三角的转变

交付前置、销售后延的效果完全取决于机制设计，不能将其当成口号和指导意见。要保证这种做法的持续性和稳定性，就必须从机制上进行保障。这里的机制设计涉及岗位职责、考核及激励分配等配套内容，目的是把交付和销售捆绑起来，拉到一条船上，如果销售"挖坑"，那么自己也要"填坑"。具体做法有以下

3点。

1. 添加职责

在销售、解决方案、交付各自的职责分工中相应地添加相关内容，明确销售后延的职责和交付前置的职责。

2. 绩效考核适当倾斜

对于那些积极参与前端销售环节的交付项目经理，应当予以鼓励，作为绩效考核加分项。对于交棒不卸责，在交付环节中依然积极参与的销售，应适当考虑绩效考核的倾斜。之所以强调适当倾斜，是因为要区分分内之事和分外之事。

3. 激励捆绑

例如，在销售激励中增加交付分享的部分，在交付激励中增加销售分享的部分。只有在激励和利益上将两者捆绑，才能保证交付前置和销售后延的长久性。当然，激励是两面的，有正激励就有负激励，道理相通。

本章小结

- 项目交底是交付项目管理的必要动作，而不是可选动作，是交付项目的起点。交付项目从项目交底开始，而非从项目立项开始。
- 项目交底是销售交棒和交付接棒的同步，是一个项目在公司内部从营销环节流转至交付环节的标志。从全链条项目管理的角度看，销售在营销环节担任项目经理，项目交底后就将项目经理角色移交给交付项目经理，实现项目的平滑过渡。
- 项目交底的效果直接体现在项目计划响应上。
- 项目交底需要分类规范管理，并实现常态化，以确保项目交底的效果。
- 项目经理要主导重点项目的交底。项目交底的关键动作为项目交接棒、确认需求和关键节点、消除信息差和交代背景、项目风险提醒。
- 可通过交付前置、销售后延的机制设计和利益捆绑来解决销售给交付项目经理"挖坑"和交付项目经理不支持销售的问题。

第 2 章

选对人、成就事：
项目经理培养核心班底和选配外围成员

选对人才能成就事，项目经理的选择对项目的成功至关重要。项目经理在一线履行合同和执行项目，是公司在客户处的全权代表，代表了公司实力、形象和专业技术水平，如果项目经理选择失误，就会导致客户对整个公司产生不良印象，并增加项目失败的可能性。项目经理的选择不是单向的，而是项目与项目经理相匹配的双重考量。

同时，矩阵式管理使项目经理和项目成员之间的关系相对比较松散。矩阵式管理的好处不言而喻，但同样也有弊端。我们需要在项目组织的临时性和行政组织的长期性之间取得平衡，使得项目经理具备一定的底气去应对复杂的项目环境。我们不能让项目经理"无权有责"，否则就像项目经理自嘲的那样，自己是"背锅侠""夹心饼干"，像风箱里的老鼠一样"两头受气"。长此以往，不但项目经理阶梯无法形成，甚至现有的项目经理都要谋求转岗。本章就围绕着项目经理的甄选、项目核心班底的打造和项目成员的选配依次展开。

2.1
点将：项目经理的甄选与请命

🏠 场景案例 5　项目拿下后又为项目经理人选头疼

背景：H 公司刚拿下某客户"WORKBRAIN"系统项目，正在商量项目经理人选。

角色：H 公司郑经理、徐总、曹主任。

郑经理　　徐总，"WORKBRAIN"系统合同已经签订，客户预付款已经到账，这个项目要尽快启动，但是到现在还没动静。您一定要重视，

第2章 选对人、成就事：项目经理培养核心班底和选配外围成员

毕竟这是好不容易拿下的单子。

徐总	这个项目我知道，还没启动吗？小郑，你把小曹叫过来，我来问问。
曹主任	徐总，您找我是为了"WORKBRAIN"系统项目吧，我也正要向您汇报呢。项目启动遇到问题了，项目经理没有合适人选，我和业务部门也沟通了，但还是解决不了。
徐总	没有空闲的项目经理吗？
曹主任	有空闲的项目经理，但是都不太合适。合适的项目经理有两位，一位是洪经理，他有客户行业经验，但是以前做的都是"SMARTBUSI"系统项目，没做过"WORKBRAIN"系统项目。另一位是李经理，他倒是做过"WORKBRAIN"系统项目，但是没有客户行业经验。这两个人手头项目多，都忙不过来，不愿意接。我和业务部门沟通时，业务部门负责人说找个空闲的项目经理先顶上，我觉得不妥，就没同意。
徐总	对，项目经理是要与项目匹配的，哪能随便找个人先顶上？客户又不傻，糊弄怎么行？
	小洪和小李两位项目经理的表现，你了解吗？说说看。
曹主任	洪经理和李经理两个人能力都不错，但风格不一样。洪经理外向些，办事经常出彩，项目评价也不错，就是性格比较强硬，被客户投诉过几次。李经理比较稳健，做事中规中矩，客户投诉倒没有，但是不能像洪经理那样能给别人带来惊喜。
徐总	小郑，小洪和小李两个人，你怎么看？如果让你选，你愿意哪位接手这个项目？
郑经理	徐总，洪经理和李经理前期都参与了打单，当时洪经理负责行业交流，李经理负责产品技术交流，配合得挺好的。但是就像曹主任说的那样，客户对洪经理的印象比较深，对李经理的印象没洪经理那么深。
徐总	你的意思是，客户对小洪更满意？
郑经理	是的，我和解决方案经理小刘也感觉客户对洪经理比较满意。之前客户问过我项目经理的事情，提出让洪经理担任这个项目的项

	目经理，但是我当时考虑到洪经理没有产品经验，就说洪经理手头项目太多，我先协调看看。
徐总	嗯，我了解了。小曹，还是安排小洪做项目经理吧。你和业务部门商量下，派个项目副经理过去，帮助小洪完成手头的项目，小洪还是项目经理，但是琐碎的事情就不要让他做了。另外，和"WORKBRAIN"产品线商量下，安排一个熟手与小洪对接，补上小洪的产品短板。
曹主任	好的，徐总，我来落实。

> 政治路线确定之后，干部就是决定的因素。
> ——《中共扩大的六中全会政治决议案》，1938年9月

2.1.1 一地鸡毛：项目经理甄选乱象

对于为交付项目选择项目经理这一重要事项，很多公司往往不当回事，甚至很随意。笔者在为客户服务的过程经常遇到各种匪夷所思的情况，可以用"一地鸡毛"来形容。例如，赶鸭子上架，逮着谁就是谁，项目经理经常"被迫营业"；项目经理选择不是看能力，也不是看经验，而是看谁空闲，"闲者上"。

如果选错项目经理，客户不满意，项目经理也不满意，就会导致PMO、HR非常被动，"出力不讨好"。项目经理对于交付项目如此重要，但是总是选不出合适的项目经理来保证项目交付成功，这是项目管理中关于人的因素最重要的一个环节，跳不过去，必须直接面对。

在交付项目经理的选择上，公司容易犯理想主义的毛病，如特别喜欢那些脾气好、性格好、耐心足、细声慢语的项目经理，总觉得这类项目经理用着放心。但是到了现场，就会听到客户抱怨，这类项目经理服务态度没问题，但是能力不足，不能解决问题。公司往往不敢用"刺头"项目经理，因为他们不服管，可能带坏项目团队，还怕他们在客户那里"乱放炮"，惹怒客户。这是因为我们对项目经理的认识不到位，经常期望项目经理能力强，态度又好，但那是一种奢望。在项目实践中，应根据项目情况去匹配对口特长突出的项目经理，用人以长，而非用人以全。选择项目经理不是选择配偶，不能按照理想主义、完美主义的标准要

求。在具体场景、事项上，其实很难做到兼容。

项目经理有"不可能"的三角（见图2-1），不能指望项目经理能力强、脾气好，还能扛事。这三点几乎不可能同时满足，就算个别项目经理能满足，那也是个案，不具有代表性，而组织需要的是成规模的项目经理队伍和可复制的项目经理培养模式。

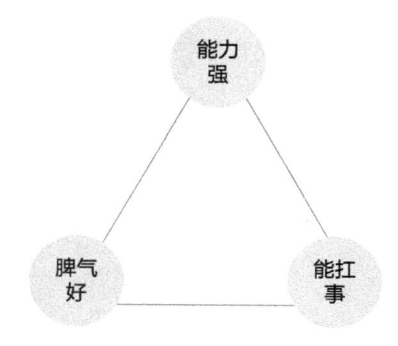

图2-1 项目经理"不可能"三角

2.1.2 打仗的将军：重新认识交付项目经理

交付项目经理通常被理解为一种岗位或角色，是带领项目团队在交付阶段达成项目目标的关键人物。如果对交付项目经理的理解只停留在职责和画像上，这样的认识就刻板化了，因为项目经理是活生生的活跃在客户面前、穿梭于项目现场的人。因此，我们需要重新认识交付项目经理，不能固守项目经理就是螺丝钉、按部就班、循规蹈矩的刻板印象。

1. 项目经理是在前线打仗的将军

项目经理是特别行动小队队长，是冲锋在项目一线的指挥官，是在前线打仗的将军。对项目经理的定位不要低，要把项目经理看成带领项目团队在一线冲锋、拿下山头的指挥官。项目经理是经营角色，不是纯粹的管理角色。对项目经理的定位如果太偏向管理，则无形中束缚了项目经理的手脚。笔者一直主张项目经理，特别是有几年工作经验的项目经理一定要往上走，从项目管理走向项目经营。

2. 项目经理对项目结果负责

项目经理是项目结果的责任人，这既是项目经理要面对的大挑战，也是我们判断一个项目经理从心态上是否成长的关键指标。**能不能扛事、能不能成事是我**

们判断和培养项目经理的重要考量。笔者经常开玩笑地说,项目经理的成长,一定是自己杀出一条血路,经历过战争炮火的洗礼。一方面强调对项目经理的培养和赋能,另一方面强调项目经理的优胜劣汰,"一将功成万骨枯"就是这个意思。

3. 项目经理不是"老好人"

"老好人"做不好项目经理。项目经理身上往往有一股"匪气",体现在项目场景中就是能搞得定事、镇得住场,而不是遇到事情就呼唤外援,或者想着逃跑、逃避,这是项目经理的角色决定的人格特征要求。

项目经理的甄选就是点将。"兵熊熊一个,将熊熊一窝"。好的项目经理能够起到非常大的作用,甚至能够使项目起死回生,就算抓到一手烂牌,也能尽力打好,而差的项目经理就算抓到一手好牌,也会打得稀巴烂。该如何从项目经理甄选成功的个案经验,上升至组织层面形成可复制的组织能力?这就需要从组织的视角出发,制定项目经理甄选的规则,从类似经历、成功经验、能力、意愿、客户需求、项目经理个性等方面综合考核,可以概括理解为从行业背景、项目经历和成功经验,能力与意愿的双匹配,客户要求和偏好3个角度去选(见图2-2)。这样做相对稳妥,可以作为可复制、可推广的组织经验。

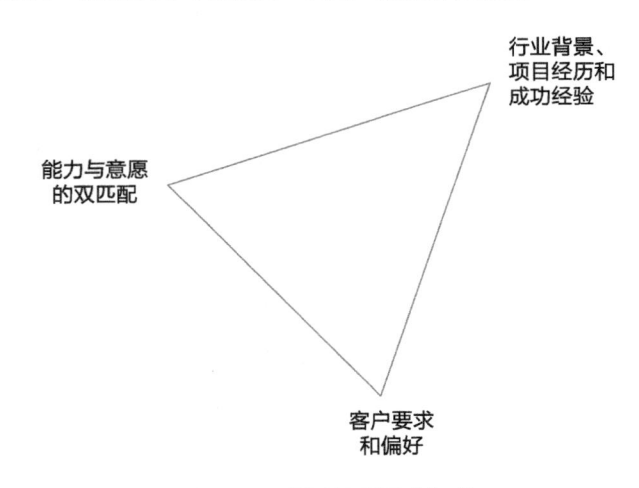

图 2-2 项目经理甄选标准

在这3个角度中,客户偏好往往被大家忽视,但是这点又是最关键的。项目经理的经验、经历、能力、意愿,从客户的角度来看都是基本要求,相当于保健因素,有并不代表满意,但没有肯定不满意。客户偏好能够起到画龙点睛的作用,这点在项目实践中被屡屡证明。

2.1.3 保底：行业背景、项目经历和成功经验

项目经理的相同行业背景、类似项目经历和成功案例是项目成功的保底因素。只有成功才能复制成功，就像华为大学的培训理念一样，只有优秀的人才能培养出更优秀的人。我们经常听到一句话——失败乃成功之母。但我的理解是失败很多时候只是教训而已。虽然成功和失败是一对反义词，但是我们要知道失败并不是成功的保证，所以在选择项目经理的时候，要从有成功经验的项目经理中选。

电视剧《绝密 543》中有一个很好的例子。二营营长肖占武在"备胎"状态下，面临武器落后、人才不足的被动局面，依然凭借"全营一杆枪"的信念打下了 U2 高空侦察机，被空军首长称为"二郎神"。后面有更艰巨的任务时，首长的选择是相信亲手打下 U2 高空侦察机的肖占武，把任务交给他。我们时常听到有人抱怨时运不济、怀才不遇，说别人的成功是运气使然。《孟子·公孙丑上》中有"虽有智慧，不如乘势"一句，其实运气何尝不是一种技能？时来天地皆同心，运去英雄不自由，时来运去本就需要我们能够洞察机会、跟对大势，这种洞察和连接本身也是能力。

项目经理的任职要求在很多情况下都是行业加专业的组合（见图 2-3），但从公司的项目经理供给情况看，**行家的稀缺度远高于专家。项目经理能兼备行业经验和对口专业当然最好，如果不能兼备，则先选行业，再选专业。**举个例子，现在要交付煤炭行业卫星通信应用的项目，有两位项目经理人选，一位熟悉煤炭行业，但是没有卫星通信应用项目经验；另一位熟悉卫星通信应用项目，但是从未涉及过煤炭行业。我们通常选择后者，但往往选择错误。在现实中，我们深深地感受到行业壁垒是无法在短期内打破的。具体的技术、专业、产品可以依靠项目团队来弥补，但是不在某行业摸爬滚打数十年，是无法被称为行家的。

另外，个别创新性的项目可能既没有行业积累，也没有专业沉淀，怎么办？这就变成了赌运气。如前所述，**赌运气时要把宝押在有成功经验的项目经理身上。**特别提醒，切记"三新必死"，即新行业、新技术（新产品）加上新项目经理，**这样的项目失败的概率接近 100%**。

项目管理场景技能

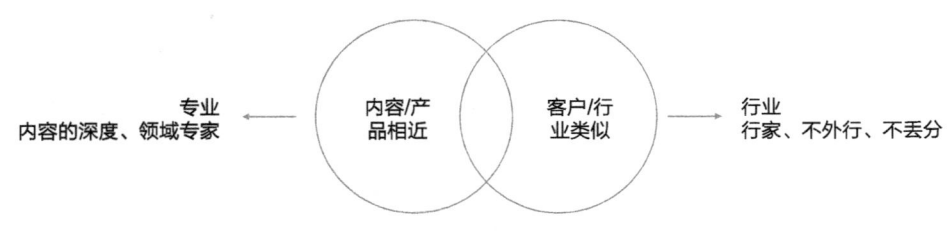

专业 ← 内容的深度、领域专家 ← 内容/产品相近 | 客户/行业类似 → 行业 行家、不外行、不丢分

图 2-3　项目经理行业加专业的组合

2.1.4　靠谱：能力与意愿的双匹配

项目经理的能力与意愿需要双匹配（见图 2-4）。在甄选项目经理时，我们的纠结和为难也常在于此处。我们当然希望首选能力和意愿都强的项目经理，能力和意愿都比较弱的肯定坚决不用，难办的是当能力和意愿不能兼顾时，应该怎样选择？是选能力强、意愿弱的，还是选意愿强、能力弱的？在实践中，我们经常选择意愿强、能力弱的，可是现实教训给我们的启示是**选择能力强、意愿弱的，因为意愿弱可以通过其他方式在短期内改变，但能力弱在短期内无法改变**。当然，如果实在找不到能力强的人选，就没得选，只能先用意愿强、能力弱的项目经理了。

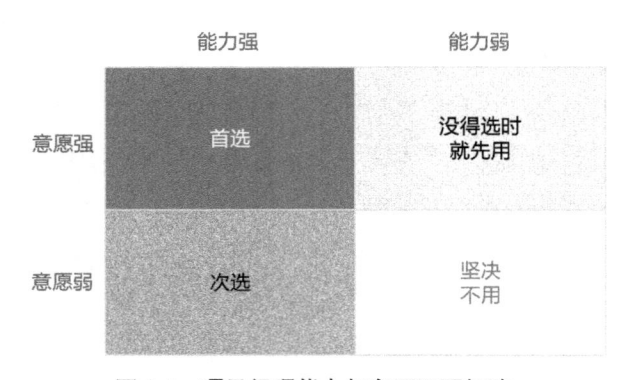

	能力强	能力弱
意愿强	首选	没得选时就先用
意愿弱	次选	坚决不用

图 2-4　项目经理能力与意愿匹配矩阵

如果把能力与意愿融合起来，形象地用一个词来概括，就是靠谱。**所谓的靠谱，就是项目交给他，组织能放心**。一位成熟的项目经理一定是靠谱的项目经理，此时不必那么在意他的脾气、性格。靠谱的项目经理往往有以下 5 个特征。

- 能力超强。专业技术过硬，能够迅速地定位问题、找到病灶，并现场解决。
- 作风务实。扎根项目现场，带领团队冲在项目一线，以身作则，是"跟我上"而不是"给我上"。
- 直奔结果。凡事有回应，做事有首尾，分得清分内事和分外事，知道哪些事必须做、哪些事不能做、哪些事可做可不做。
- 居安思危。对项目的现状、困难、资源、风险等心如明镜，有多手准备，面对风险有预案，能让客户信任、领导放心。
- 长袖善舞。既原则分明，又懂得换位思考，站在对方的角度去看待问题，消除信息差，在客户和公司双方都受欢迎。

这 5 个特征是一个成熟、老练、靠谱的项目经理应有的表现。在现实中，同时具备这 5 个特征难度较大，其实只要具备第一个特征，另外 4 个特征中具备 2 个以上即可。

2.1.5 "对眼"：客户要求和偏好

保底和靠谱都从公司的角度看待项目经理，但是别忘了项目是为客户做的。鞋子合不合适只有穿过的人才知道，公司的喜欢、偏好并不能代替客户的偏好，因此甄选项目经理要加入客户的视角和因素。很多人对客户的偏好了解不多，担心选不好、选不准。下面提出一个思路供大家参考，那就是与其揣摩，不如询问。这里的询问不是傻傻地直接问客户，而是要从客户的反应和行为中判断出客户对项目经理的偏好（见图 2-5）。

明确要求	"试镜"	"对眼"
客户想法 合同约定	在打单过程中观察 销售/解决方案的感觉	客户领导/决策者对接部门的感觉
指定	仅限营销环节	"闻味"

图 2-5 判断客户对项目经理的偏好

1. 客户的明确要求

客户并非只能被动地接受公司的安排，他们常常对项目经理有比较明确的意向和要求。例如，在打单的过程中，客户和交付项目经理有了初步接触，就会有相应的想法。如果对前期参与的项目经理感到满意，那么大部分客户的想法是希

项目管理场景技能

望这位已经参与的项目经理来担任后续的交付项目经理，此时我们就要尊重客户的选择。有的客户为了防止项目经理换人，甚至在合同中明确锁定项目经理人选，包括项目经理在现场的作业时间。

2. 项目经理在客户处的"试镜"

从公司的角度看，是交付参与销售环节，但从客户的角度看，完全可以当作交付项目经理在客户面前的"试镜"。因此在打单的过程中，可以观察交付项目经理在客户面前的感觉。如果感觉好，则这个项目经理差不多选择对了；如果感觉比较差，则需要再慎重考虑。这里的感觉既包括项目经理自己的感觉，也包括销售、解决方案对项目经理的感觉。**找感觉看似比较虚、不踏实，但是要相信，多数人的感觉能够弥补个别人的感觉偏差**。例如，销售、解决方案和交付对项目经理的人选产生了一致的感觉，那么这个人选基本上不会出什么大错。如果销售或解决方案有不同意见，那么这种感觉就是项目经理的自我感觉良好而已，不能偏信，因为人都是自我感觉良好的。

3. 客户与项目经理相互"对眼"

上面所说的还局限于公司内部，最终还要考虑客户的选择。面试中有个动作叫"闻味"，就是面试对象从专业、技术、教育经历、背景、工作履历等方面都不错，但最终决定是否录用这个人时，需要再"闻一闻""嗅一嗅"，看看能不能"对上眼""臭味相投"。**销售也好、解决方案也好、公司也好，都是为客户去选择项目经理的，那么与其在家里各种揣摩、猜测，不如去看看客户的领导、最终决策者及交付项目的对接部门，问问他们对交付项目经理的感觉，能不能"对眼"**。如果能考虑到这点，就相当于给项目经理的甄选上了双保险，基本上不会出问题。

> 💡 **快问快答**
>
> Q：项目经理的靠谱和"对眼"产生了冲突，怎么办？
> A：选靠谱的项目经理。要知道客户的"对眼"只是初步感觉，而感觉是会变化的。如果我们仅仅因为客户"对眼"而选择不靠谱的项目经理，项目发生风险和失败的责任依然是公司的。客户不会为项目经理的选择失误负责，最后还得由公司来担责。

2.1.6 请命：项目经理的野心和亮剑

我们在历史剧中经常看到战前将军请命出征，其实项目经理也是需要请命的。从组织的角度看，项目经理的甄选就是点将，但从项目经理个人角度看，就是项目经理主动请战。前面所说的项目经理甄选标准和方法都需要一定的资源、条件才能实施，当这些都不具备时，项目成功往往靠的不仅是能力，还要有信心。

这种信心在项目经理身上表现为野心，没有野心的项目经理其实就是没有进取心。雄心未尽便是野心，野心已至便是雄心。我们太喜欢用成败论英雄，而且受传统文化的影响，大家总是喜欢掩盖自己的野心，不做出头鸟。这点在项目经理身上其实并非完全适用。

我们应该鼓励项目经理展露野心，形成项目经理敢于请命的氛围，就像电视剧《亮剑》中李云龙所说的那样，要有亮剑精神，狭路相逢勇者胜。**面对战斗，将军要敢于亮剑；面对项目，项目经理要敢于请命、敢于担当，这是项目经理的角色定位决定的。**项目经理就是在前线打仗的将军，如果项目经理按部就班、明哲保身，就无法让别人钦佩、敬仰。项目经理可以不好战，但一定要敢战，要有首战用我、用我必胜的豪气。

请战是一种姿态，也是一种信心，传递的是勇往直前的决心。项目就像一场战斗，项目经理是一线的行动小队队长，必须有冲锋陷阵的决心。如果项目经理没有这种以身作则、冲锋在前的作风，那么把项目交给他，本身就是一个巨大的风险。在项目的实施过程中，如果遇到了困难，这种项目经理的第一反应往往是推诿、推卸、逃避。其实项目过程中遇到的各种难处和问题往往并非"难于上青天"，难的是具备敢于直面问题、解决问题的勇气和决心。

2.2 底气：项目经理培养和稳固核心班底

场景案例 6　项目经理萌生培养核心班底的想法

背景：洪经理正在为"WORKBRAIN"系统项目选配项目成员。在和经常搭档的项目成员的沟通过程中，他萌生了培养固定核心班底的想法。

角色：H 公司洪经理、项目成员 A、项目成员 B、曹主任、徐总。

项目管理场景技能

> 📄 **第一幕：项目经理拉项目成员入组**

洪经理	我刚刚接了"WORKBRAIN"系统项目，我想拉你们进项目组，你们现在工期空吗？你们愿意参加吗？
项目成员A	我当然愿意参加。
项目成员B	我肯定愿意，上个项目我就和你说了，我愿意继续跟你做项目。
项目成员A	洪经理，我们已经跟你做过好几个项目了。其实我们更愿意相对固定地跟着你干，否则今天这个项目、明天那个项目，总是让我们跟不同的项目经理磨合，我们也头疼。
洪经理	我也想这样，但是公司现在推进矩阵式管理，项目经理和项目成员都是临时组合的，并没有稳定的组合关系。
项目成员B	我们不是反对矩阵式管理。你能不能跟公司提提想法？因为无论什么管理都要结合实际情况，不能一刀切，否则不就是典型的教条主义嘛。
项目成员A	是的，矩阵式管理的目的是防止项目组固化，好做资源释放，让项目经理和项目成员双向选择，这没问题。但是我们现在愿意选择你，公司也应该听听一线的声音。
洪经理	好，你们既然有这个想法，我也有同样的想法，那么我来跟曹主任沟通一下这件事。我们不能偷偷做，一定要跟公司协商，正大光明地做。
项目成员A	你去沟通，我们等你消息。

> 📄 **第二幕：项目经理向 PMO 提出固定核心成员的想法**

洪经理	曹主任，最近徐总要我去做"WORKBRAIN"系统项目的项目经理。我现在正在组建项目团队，以前经常跟我搭档的小A、小B他们愿意参与这个项目。但在这个过程中我有个想法，想跟你沟通下。
曹主任	什么想法？
洪经理	我们项目经理能不能固定两三个核心成员，就像核心班底一样？否则总是跟不同的人组队，会增加很多沟通成本，单是相互熟悉

	和磨合就会花费很长时间。好不容易熟悉了，下个项目又不在一起了。你看能不能允许项目经理有自己的固定班底？
曹主任	洪经理，公司推行矩阵式管理就是要打破原来的部门模式，不让人员固化，形成自己的小圈子。你现在提出要固定几个人，这违背公司的管理规定。
洪经理	我不是要违反公司规定。公司推进矩阵式管理也要结合实际情况，能不能做一些折中，这也是为了公司好。我们每次都跟不同的人搭档，不仅是我们项目经理，项目成员也觉得很不舒服。有了核心班底，大家都知根知底，接手新项目时能够快速进入状态。否则相互之间不熟悉、不了解，磨合都要花一两周时间，项目时间又那么紧，的确影响项目进度。
曹主任	你讲的情况我也认同，但是公司就是这么规定的，我没办法改变。
洪经理	你们 PMO 能不能体谅一下我们一线人员的难处，听听基层的声音？
曹主任	不是我不体谅你，是你说的不是我能决定的。徐总前段时间还在强调要进一步强化矩阵式管理，就是为了快速释放资源，打破部门墙，提高项目效率。你现在提出这个想法，不是跟他的指示相违背吗？我肯定做不了主。要不这样，你跟徐总侧面地提一提你的想法，听听他的意见。
洪经理	这样也行。找一个徐总心情好的时候，我们一起跟他聊一聊。下午四五点时，徐总相对闲一点，我们一起去找他。

📋 第三幕：领导最终同意项目经理的想法

洪经理	徐总，您在忙吗？我们有个想法想向您汇报一下，需要您支持。
徐总	小洪，你不是应该在忙"WORKBRAIN"系统项目的事情吗？怎么有时间过来找我？有什么事，你说。
洪经理	徐总，是这样的。现在公司推行矩阵式管理，我是完全赞同的，但是在实际操作过程中有这么一个问题，就是项目经理和项目成员之间总是陌生的，即使在一个项目里熟悉了，下一个项目又分开了。项目经理和项目成员之间的磨合和信任需要花费很长时间。

项目管理场景技能

徐总　　　嗯,这种情况也是现实存在的,继续说。

洪经理　　我在想,能不能在矩阵式管理的前提下,让项目经理有相对固定的核心班底?人数也不用太多,两三个人就行。这样我们平时都在一起工作,效率会更高一些。

徐总　　　我们就是为了打破部门墙,免得把项目变成行政组织,才推行矩阵式管理的。你现在要固定一些项目成员,这不是又回到老路上去了?

洪经理　　徐总,我不反对矩阵式管理,但是能不能在微观上调整下?因为公司现在项目管理的实际情况就是这样的,公司每年的项目那么多,每个项目经理一年都要承接三到五个项目,项目饱和度还是够的。有核心班底就相对稳定些,这样项目经理也容易开展工作。您也清楚,项目现场经常出现人员频繁进出的情况,进来的人不合适,然后走掉,弄得我们项目经理很被动,对客户的影响也不好。

徐总　　　嗯,你的想法我知道了。小曹,你怎么看?

曹主任　　徐总,我是这么认为的。矩阵式管理本身肯定是好的,在公司也推行了一段时间,的确改变了人员固化的状态,但是我们也要兼顾实际情况。刚刚洪经理讲到固定班底的时候,我想起了项目经理阶梯队伍问题。洪经理现在想固定两三个核心人员作为班底,换个角度来看,是不是可以把这个核心班底的人当成项目经理的储备呢?洪经理以后晋升了,他的核心班底其实就可以代替他做项目经理了。

徐总　　　嗯,这是一个思路,可以考虑。可是核心班底不适合所有项目经理,毕竟项目经理的整体水平是参差不齐的。我们先挑两三个优秀项目经理做试点,看看效果。

曹主任　　好的,就把洪经理作为试点人员之一。我去和 HR 商量一下,这件事我们 PMO 一个部门操作不了。

徐总　　　好,你和 HR 一起从人才培养角度来开展,我支持。其实不是项目经理过剩,每家公司都缺少能干的项目经理。

洪经理　　徐总,您既然这么说,我就当您同意了。

徐总	可以，给你开个口子。"WORKBRAIN"系统项目你一定要做好，否则我要打你的板子。
洪经理	您放心，我肯定拼命干活，到时候还需要领导多指导，免得我们走偏了。
徐总	好了，我还不知道你？同意了就开开心心的，不同意就准备吵架。你放心大胆去做吧，干好了我给你庆功。

2.2.1 纠结：项目经理是"养鱼"还是"钓鱼"

项目经理经常纠结要不要培养人，但这个问题没有标准答案。下面有个故事，可能会给大家一点启发。一个养鱼的人每天尽心尽力地喂鱼，但是鱼从来不感恩。后来来了一个钓鱼的人，撒了一点诱人的、新奇的鱼饵，鱼就争着上钩，结果都被钓走了，成了别人案板上的肉，想清蒸就清蒸，想红烧就红烧。养鱼的人既伤心又愤怒，决定以后再也不养鱼了，就去别人那里钓鱼。

故事讲完了，项目经理自问一下，你是养鱼的人，还是钓鱼的人？

在这个故事里，养鱼人就是项目经理，鱼就是项目成员。项目经理经常感到郁闷的是，辛辛苦苦地培养一个人，结果却跟着别人走了，于是变得不愿意去培养人，就像这个故事中的养鱼人一样，最后不养鱼了，都去钓鱼了。但是大家有没有想过，如果大家都只钓不养，时间长了，池塘里也就没鱼了。另外，不妨考虑下你养的鱼为什么会被别人钓，而且一钓就上钩、一钩就走。你到底有没有做防范？

项目经理要不要培养人？笔者的个人心得是**不能宽泛地培养人，但是要培养自己的核心班底，要有选择性、针对性地去培养小范围的人，既养鱼也钓鱼。这样的策略相对来说更稳妥，也更现实。**

核心班底是项目经理的底气。没有核心班底的项目经理在组建团队和进行项目作业时，经常受到"草台班子"的困扰和限制。**有想法、有野心的项目经理一定要培育出自己的核心班底。**这其实涉及公司的组织文化允不允许的问题。对一些公司来说，这种非正式的、亚组织的小团体本身就是对公司的挑战。若项目组织是临时组织，就要在核心班底的稳固性、项目组织的临时性和行政组织的长期性之间取得平衡。对公司来说，优秀的项目经理培养项目班底可视作培养后备人才，要辩证地看待这件事，不能一味地认为是搞小团体、拉帮派而一棒子打死。

2.2.2 命运共同体：核心班底的选择标准

项目经理核心班底共同体状况如图 2-6 所示。**项目经理的核心班底一定建立在事业共同体的基础之上，最好能上升到命运共同体。如果核心班底停留在利益共同体的层面，就不叫核心班底，而叫利益团伙。核心班底一定要按照命运共同体的标准和要求来打造。**命运共同体的关键是同呼吸、共命运，心往一处想、力往一处使。对于核心班底里的部分破坏体，项目经理一定要坚决清除。

图 2-6 项目经理核心班底共同体状况

核心班底要有选择标准，综合多个方面考虑是否将某人员纳入核心班底，以及有无培养的必要。项目经理选择核心班底人员，不仅要从专业互补的角度来考虑，更要从利益、价值观等多方面来考虑。核心班底人员的选择可以考虑如下 4 个方面。

1. 分工与专业互补

分工与专业互补是项目经理选择核心班底的基本因素。核心班底内部一定要有相对比较明确的分工，在专业上要互补。这种分工和互补既有差异化的搭台，也有培养接班人和交接的意味。

2. 共同利益和目标

共同利益和目标是核心班底的隐蔽基础，就像楼房的地基一样。**稳固的关系不是仅靠人情、感情和项目经理的个人魅力就能维持的，只有建立在共同利益和目标上，项目经理的核心班底才能稳定。**如果项目经理和核心班底之间缺少目标奋斗、价值创造、利益共享的链条，这种班底就不能形成，即使形成也难以长久。

3. 懂规矩、守规矩

核心班底就算再小，也是团队，既然是团队，就要有规矩。无论是明文的规矩，还是非明文的规矩，都是现实需要，这是核心班底的基石。核心班底是以项目经理为中心建立起来的，核心班底人员要懂规矩并守规矩。谁都能说了算、谁都不服从、谁都想做主，这样的核心班底不会稳定。

4. 相近的价值观和交心

核心班底的灵魂是相同的或相近的价值观。有句话说得非常棒，即始于才华、忠于人品。核心班底如果在价值观方面有冲突，就难以走下去，就算有短期的妥协和安稳，后续也会分裂和解散。核心班底人员一定要在价值观和方向上保持高度一致，这样大家才能够交心，才能够在战斗中把后背留给彼此。

怎么判断核心班底是否交心呢？有一个比较有用的判断标准，就是项目经理与核心班底之间沟通和交流的话题是否仅限于工作，有没有涉及对方的家庭生活。注意，这里的沟通不是单向的，而是双向的、多向的。交心是了解彼此和真心相待。试想，如果项目经理号称与核心班底是并肩作战的战友，结果连对方的家庭情况都一概不知，对方怎么可能和项目经理交心呢？

2.2.3 事中磨：核心班底的养成

核心班底的养成不是一蹴而就的，**要经历组建、磨合、规范、成熟等一系列过程**（见图2-7），当然最终也会走向解散。在核心班底的成长历程中，项目经理要将精力放在磨合和规范上，要有意地按照事业共同体、命运共同体的标准去选择人员。需要注意的是，核心班底应先选择后培养，因为价值观、人品这些特质都不是培养出来的，也不容易改变，所以要重选择，找到对的人。**项目经理千万不要花太多心思在改造人上**，要把有限的时间和精力放在选择人上。这两点的前后顺序不能颠倒，原因在于专业技能相对容易训练和培养，但是价值观不会轻易改变。只有经过价值观的筛选，班底人员才能在专业技能、分工等方面进行磨合，形成有战斗力的核心班底。

核心班底的磨合不是团建、开会、交心就能完成的，而是在事上磨。核心班底的磨合最好在项目中完成，通过具体的事情去看、去判断，不能只听嘴上说什么。磨合侧重于两个方面，一是每个人的行事方式和风格，形成小团队文化（亚文化）；二是专业及工作内容的配合和分工。

组建　　　磨合　　　规范　　　成熟　　　解散

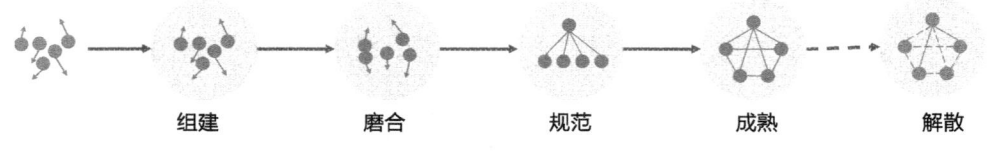

图 2-7　核心班底的养成

是先立规矩再建核心班底，还是先走走看再立规矩？笔者认为，刚开始时可以制定比较笼统的规矩，然后在实际工作过程中形成相对清晰的规矩。这种规矩不是某项具体的制度，而是核心班底认可的行为规则。对项目经理作为带头人的认可，核心班底角色和分工的明确，行事风格的大致趋同等，都是判断核心班底是否成熟的标志。

2.2.4　亲疏之分：项目团队的分层与矩阵式管理

项目团队是可以分层的，组建项目团队是沿着内环、外围的次序进行的（见图 2-8）。核心成员要保持稳定性，往往要求在项目期间能够独占，不能随便调走，否则就会让项目经理很被动，也会对项目进度产生较大的消极影响。

外围
矩阵式管理、资源释放

项目
经理

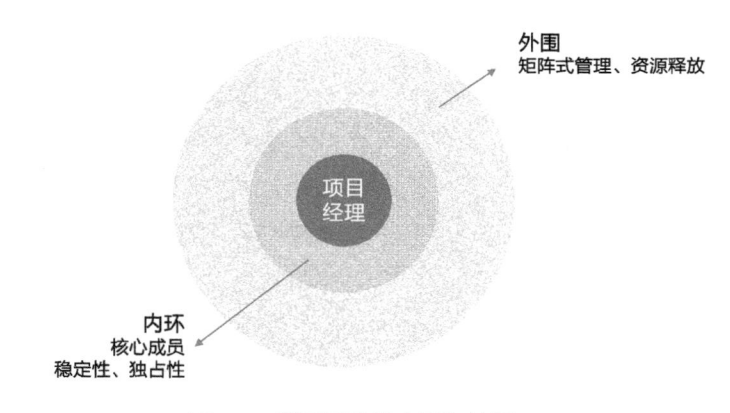

内环
核心成员
稳定性、独占性

图 2-8　项目团队的内环与外围

既然有核心成员，就有外围成员。外围成员不能要求独占，因为如果外围成员也是独占的，公司的资源就得不到有效释放。可以应用项目管理中的混合矩阵管理模式，即对于核心成员采用强矩阵，在项目过程中，核心成员一直专心致志地在项目中工作；对于外围成员采用弱矩阵，有工作任务就呼唤，完成任务就回到自己的部门，及时释放资源。

🎯 小贴士

矩阵式管理

矩阵式管理是项目运作的主要方式，主要针对项目人员管理，是在公司一维、树状的组织架构基础上叠加一个维度，形成资源线加产出线的二维矩阵结构。矩阵式管理的相关概念如下。

- 资源线：一维组织架构中的部门，是人员的归属部门，侧重于人员的培养和供给，重在"练兵""养兵"。
- 产出线：叠加的组织模式，是面向客户、强调产出的一线组织，侧重于人员的使用，重在"用兵"。项目组织即典型的产出线组织。
- 强矩阵：项目期间独占项目成员，不接受资源线的任务安排和调动，完全服从项目经理的指挥和安排。
- 弱矩阵：项目期间不独占项目成员，项目经理不能直接安排项目成员作业，项目成员接受资源线的任务安排和调动。
- 混合矩阵：强矩阵和弱矩阵的混合，部分资源采用强矩阵，部分资源采用弱矩阵。

2.3 扩圈：项目经理选配外围成员组建项目团队

🏠 场景案例7　洪经理与曹主任为项目成员选择权发生了争执

背景："WORKBRAIN"系统项目的项目经理为非核心项目成员与PMO、HR发生了冲突。

角色：吴经理、徐总、曹主任、洪经理。

📝 **第一幕：项目经理不满意PMO选的人**

曹主任　　洪经理，"WORKBRAIN"项目团队，除了小A、小B，我们PMO还为你配备了5位非核心项目成员，这是名单，你看看。

洪经理	不行，曹主任，这5个人我看都不合适。只有1个人有经验，其余4个人都没什么工作经验，还有3个实习生，这样的团队我没法带。
曹主任	洪经理，现在公司项目多，人手不够，到处都缺人。就这5个人，我都是求爷爷告奶奶，好不容易给你找到的。
洪经理	你们PMO不能这么做事，随便凑人数。这个项目我本来就不想接，公司安排我接，我只能服从，但是你们还不让我选人，你说我怎么办？这样配项目团队，我真干不了。
曹主任	你们项目经理天天想自己选人，这不是你们的权力！接受公司安排就是了，怎么脾气这么大？
洪经理	这还叫脾气大？我找徐总去！难活让我接，还给我配实习生，我不接受，我要自己选人。

第二幕：项目经理和PMO找到总经理

洪经理	徐总，"WORKBRAIN"系统项目我干不了，不让我自己选人，给我配5个人，其中有4个新手，3个还是实习生，我怎么干活？我要自己选人。
曹主任	徐总，项目经理整天要选人权力，感觉像我不给似的。不是我不想给人，是没有人，我找人力资源部门要人，就像割肉一样，就这5个人还是硬挤出来的。
徐总	小洪，我能理解，这样的项目团队的确干不了活。小曹，项目经理要选人权不是一天两天了，公司也改改。小洪，我就把选人权交给你们项目经理，你们自己选，PMO配合你们，就拿你这个项目试点看看。
曹主任	徐总，选人权不能放，不知道一放会乱成什么样子。
徐总	小曹，拿这个项目试点，看看效果，不要急着反对和下结论。小洪，从这个项目开始，你自己选人，让小曹配合你。但我话说在前面，你选人就要负责，不要选不到人，或者人不合适，又把责任推给别人。
洪经理	徐总，您放心，我自己选，责任就自己扛。天天喊项目经理负责

	制,责任给项目经理了,权力却不下放,这回我们要来真的了!
徐总	好,就这么定了,小洪,你自己去选人吧。小曹,你和HR说下,加大招聘力度,公司现在这么缺人,没人怎么选?
曹主任	好的,徐总,我去和HR说。

第三幕:PMO与HR沟通人员供给和招聘

曹主任	吴经理,最近公司项目多,人员严重不足,项目到处要人,你这边招聘速度能不能快点?
吴经理	天天打电话催我招人,烦死了,好像项目进度延误都是我们HR的责任一样!我们招的速度还不够快?1个月招了40人了。
曹主任	太好了,人呢?我怎么没看到他们参与项目?
吴经理	他们在接受新员工培训,估计还有3周就能参与项目了。
曹主任	项目那么缺人,都急死了,你告诉我还有3周?
吴经理	我这不也是为了降低员工流失率嘛。好不容易招几个人,如果不了解我们公司的文化及相关制度。就直接参与项目,是很容易流失的。
曹主任	你说的我能理解,但项目严重缺人,按你的节奏,等这批人都培训好了,黄花菜都凉了。这样吧,你把这40人中有工作经验的先派去项目,那些刚刚毕业的学生就继续培训吧。
吴经理	我们招的都是刚毕业的学生。
曹主任	一个有经验的都没有?(惊讶、诧异、不可思议)
吴经理	没办法,人才市场现在就是这样。另外,我和你说一个问题,公司今年的项目并没有比去年增加多少,但人员增加了很多,人均产值反而降低了,主要原因是有些项目没那么忙,人员也很充裕甚至空闲,但是空闲的项目成员就是不释放出来,结果别的项目要人,就拼命地催我们招人。人多了,人均产值肯定是下降的。
曹主任	我们也想统筹调度项目资源,把人充分利用起来,但是我们推不动。我刚从徐总那里过来,"WORKBRAIN"系统项目我好不容易选了5个人,结果洪经理不满意,要自己选。我们去找徐总,徐总拍板,把选人权交给项目经理。这样也好,我就不操这个心了。

吴经理　　不操心？你想得挺美。等年底一算账，你们 PMO 肯定挨板子，我们 HR 也跑不掉。

2.3.1　权之相随：将选人权交给项目经理

因为项目经理的选择早于项目成员的选择，所以为项目经理配置相应的项目成员时就面临着一个权力问题：是先把项目成员配好，再交给项目经理，还是把选人权交给项目经理，让项目经理来选项目成员？为什么会出现这样的问题？这是因为在项目管理实践中，这两种做法都有利有弊、各有优劣。

先思考一个问题：项目经理到底有没有选择项目成员的权力？这也关系到项目经理负责制是否真正落实。我个人的建议是，项目经理应该有选择项目成员的权力，选定项目经理后，PMO 和 HR 应该协助项目经理配备项目成员。当然，这并不是铁律。对特别厉害的项目经理来说，这算不上什么问题，因为他们足够强，无论怎样的项目团队都能带；但是对大多数项目经理来说，最好由他们亲自选择项目成员，以减少项目团队的磨合成本。

项目经理是打仗的将军，既然选择让他做指挥官，就应该相信他选人的眼光。我们不能一方面指望项目经理在前线冲锋，另一方面对他抱有猜忌和怀疑。用人不疑、疑人不用这个道理在项目经理和项目成员的选择上同样适用。

责之所在、权之相随，权责要对等，然而项目经理往往责任在前、权力在后。项目的最终结果是由项目经理负责的，要项目经理去承担这种责任，就必须赋予他相应的权力。试想，项目经理要带兵打仗，但是手下的兵都不熟悉，和他不是一条心，仗还怎么打？

2.3.2　用脚投票：项目经理与项目成员的双向选择

不是说项目经理看中了谁，就一定要把谁拉进项目组，其中有一个双向选择的问题。我一直主张，项目经理和项目成员应该双向选择。**好的项目经理，人人都想跟着他干；好的项目成员，项目经理都想把他拉到麾下，这是需要双向奔赴的。**

这种双向选择还可以起到优胜劣汰的作用。那些项目成员不满意、风评比较差的项目经理，项目成员都不愿意跟。在项目中既不干活又挑事的项目成员，项目经理根本不愿用。假以时日，那些表现差的项目经理和项目成员就会被淘汰。我曾经向客户提出建立"双边市场"的想法，就是**项目经理选项目成员，项目成员也选项目经理，大家用脚投票**。这样的投票方式是非常真实的，其效果远比我们在公司轰轰烈烈地搞场人才盘点好得多。

反对将选人权交给项目经理的往往是职能部门，如 HR、PMO。这无可厚非，**因为角色决定立场、立场决定态度**。项目经理和 **PMO** 本来就是"相爱相杀"的**关系**，一个管，一个被管；一个想收紧，一个想放松。我们要做的是平衡，最后以效果说话。

2.3.3 结果思维：围绕项目成功配置项目团队

用什么样的思路去配置项目团队，这属于方法和技术的范畴。考量项目团队的组建是否成功，要采用结果思维，即项目团队能让客户放心，也让公司放心，项目最终顺利交付，同时项目预设目标能够达成。也就是说，要从项目成功的角度配置项目团队（见图 2-9）。

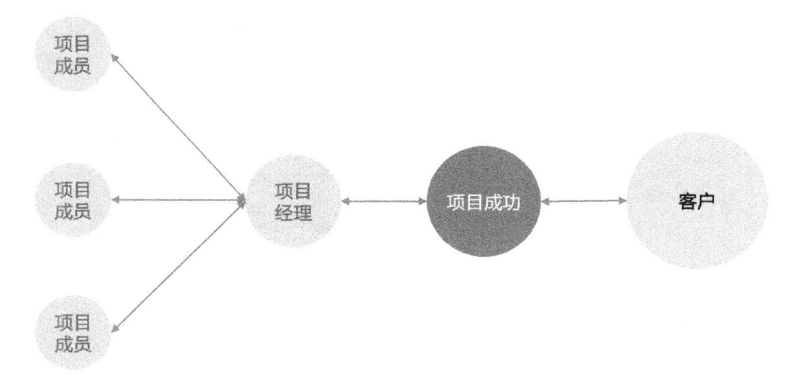

图 2-9　从项目成功的角度配置项目团队

用结果说话，围绕项目成功配置项目团队，因为项目成功就意味着项目目标达成、客户满意，实现从客户中来、到客户中去的端到端的交付和闭环。其中以下有几个细节需要考虑。

1. 高、中、低配置

一般来说，重点项目（大项目、项目集、战略项目）往往采用高配置，而常规项目采用中配置，一些小项目采用低配置。项目经理和项目成员的高、中、低配置要视项目情况而定，或者说，要根据项目的风险来决定项目团队的配置情况。

2. 多要人与少用人

项目经理选项目成员时，经常"狮子大开口"。一个项目正常配置 5~7 人就够了，项目经理开口就是 10 人，然后等着与 PMO、公司讨价还价。这是项目经理心中的"小九九"，也是 PMO 总想限制项目经理权力的原因所在。**这是因为项目经理在很多事情上其实是以一种朴素的、经验的思路去应对的，并没有运用太多管理学、心理学的知识。**

3. "挑肥拣瘦"

另一种情况是"挑肥拣瘦"，项目经理在选人时，全部挑能力强、水平高的人。这点本无可厚非，可是水平高也就意味着工资高，项目成本控制不住。在没有关联措施的情况下，很容易造成浪费，最后只能由公司来买单。有了相应的关联措施，相对来说就能够有效地解决这个问题，即发挥预算的作用，后面的章节会详述。

外围成员选配好后，项目团队正式建立，形成项目经理、核心成员和非核心成员的项目组织搭配（见表 2-1）。

表 2-1　项目组织搭配

姓　　名	项目角色	所在部门	职责/分工	投入度及工作量	部门主管
	项目经理		总体负责		
	核心成员		具体模块		
	核心成员		具体模块		
	非核心成员		具体任务		
	非核心成员		具体任务		

当然，项目团队成员不是完全不变的，在项目过程中，人员进入、调整、退出都是常态，但是核心成员原则上说要保持稳定，因为这关系到确保完成关键工作任务，同时避免因此导致的客户不满意，并减少人员频繁变动带来的磨合成本。所以项目经理必须重视项目团队的稳定性，换句话说，在项目过程中不要轻易换项目成员。在实践中，也有客户不满意，提出更换项目经理或项目成员的情况，这时需要理性分析和判断，不要毫不犹豫地立刻调整。事实上，**除非万不得已，否则尽量不要更换项目经理，或者大规模更换项目成员，这样对项目其实是非常**

不利的。笔者遇到过好几次这样的情况，客户对项目经理不满意，我们响应了客户需求，更换了项目经理，结果客户还是不满意。最后项目复盘，发现更换项目经理是绝对错误的做法。如果一个项目更换了项目经理两次以上，这个项目烂尾的概率就变得非常高。

2.3.4 试金石：项目经理负责制是否落实

项目经理有没有选择项目成员的权力是项目经理负责制是否落实的试金石。很多公司把项目经理负责制当成口号，只是嘴上说说而已，真正要做的时候又不会这样执行。这也反映出项目经理是不是被充分授权，**项目经理负责制是不是真正落实，从本质上来说考验的是公司，而不是项目经理。**

笔者不太主张 PMO 或职能部门直接选择项目成员组建项目团队，原因是这些部门不能对项目结果及项目用人的后果承担直接责任。如果给了项目经理选人、用人的权力，那么选错人、用错人的责任和后果自然也由项目经理承担。笔者主张项目经理要有项目成员的进出权，也出于这样的考虑。既然权力下放，那么资源供应也要尽可能满足。

成员进出权只是项目经理负责制是否落实的第一个考验，后面还有两个考验（见图 2-10）。判断项目经理负责制是否落实，在实践中主要看以下 3 点。

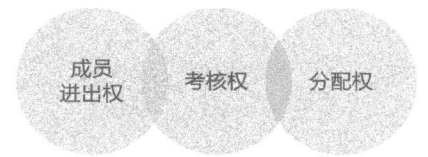

成员进出权　考核权　分配权

图 2-10　项目经理负责制是否落实的考验

1. 成员进出权

项目经理到底有没有项目成员的进出权？如果项目经理不能选择项目成员，只能完全被动地接受安排，就没有项目成员的进入权。同样，如果项目经理发现项目成员不合适，都不能无障碍地让他离开项目团队，就没有项目成员的退出权。两项都没有，项目经理负责制就不能当真。

2. 考核权

考核权是指项目经理对项目成员在项目中的绩效考核情况是否有决定权。如果在项目成员考核上,项目经理权重小、影响弱,甚至考核权还不在项目经理手上,而在部门经理手上,那么项目经理在项目成员考核上就是摆设。

3. 分配权

项目经理能不能决定项目奖金的分配?能不能根据项目成员的表现在项目激励分配上予以调整?如果不能,那么项目经理连摆设都不算,只是"干活的"和"背锅的"。

成员进出权、考核权、分配权是项目经理负责制的底盘和基本条件,如果这三项权力缺失,项目经理负责制就是空谈,绝对推行不下去,也没有人愿意当项目经理。就像路都没修好就指望车子去跑,房子水电都没通就让人入住一样,只是不切实际的空想。

本章小结

- 项目经理是在前线打仗的将军,项目经理甄选是否合适直接关系到项目成败。需要从行业背景、项目经历和成功经验,能力与意愿的双匹配及客户要求和偏好3个角度来甄选项目经理。
- 核心班底是项目经理的底气。在项目实践中,项目经理务必在事业共同体的基础上,按照命运共同体的标准来选择和培养核心班底。
- 项目经理应有选人权。项目经理和项目成员之间双向选择,用脚投票,不断优胜劣汰,使优秀的项目经理和项目成员脱颖而出。
- 要围绕项目成功配置项目经理和项目团队,而非基于自身资源和偏好。

第 3 章
谋定而后动：
项目经理以计划和预算面对评审，直指目标

如果说项目交底容易被忽视，那么项目计划和预算就容易变成走形式、走过场。项目计划和预算是项目管理迈入实质性阶段的第一步。项目计划相当于作战计划，项目预算相当于资源保障，这也是本章名为谋定而后动的缘由所在。

任何战斗都需要制订作战计划，确定好步骤、任务、目的及配套的资源。如果战斗没有明确的作战意图和章法，而是各自为战，战斗就难以保证成功，即便成功也只是个例的成功，很难复制，也就不可能形成公司的组织力。

项目计划与项目预算之间的关系是计划在先、预算在后，因为有计划才要配套资源。如果将项目管理的整体脉络按照计划这条线来梳理，就是合同决定计划内容、计划内容决定资源配置，资源配置决定项目实施、项目实施决定项目结果。由此可见，整个项目管理从计划和预算的角度来说，就是计划的制订、执行、预算、核算、结算的过程，因此项目经理和 PMO 都要提高对项目计划和预算的重视程度，要充分发挥项目计划中"谋"的作用。

项目计划和预算在逻辑和时间上的先后顺序还有另一层意思，即计划和预算的侧重点不同。项目计划考虑的是如何打好仗、打胜仗，项目预算考虑的是如何经济地打仗，这两者是密不可分的。现实中，项目计划和预算经常变成"两张皮"，计划制订得好高骛远、纸上谈兵，难以执行，更不用说达成项目目标。预算如同在菜市场买菜一样讨价还价，甚至不做预算、绕开预算环节、脱离计划做预算等。只有项目计划和预算两者充分配合，从目标的达成性和经济性两方面综合考虑，才能保证项目计划和预算合理、合拍和可行。

另外，在实践中，项目计划和预算的制订与评审往往重一头、轻一头，要么重计划，要么重评审。其实这两者不存在孰轻孰重的关系，而是需要论证和闭环。项目经理为了达成项目目标而制订计划和预算，而项目计划和预算的评审则从多

个专业和视角出发，帮助项目经理达成项目目标。项目计划和预算评审的目的不是批判，不是质疑，更不是刁难，而是与项目计划和预算的目标一致，紧紧围绕打胜仗、达目标，也就是说，在目标上，两者必须一致。从最终目的来看，制订与评审，其实是前后衔接的一件事，而不是两件事，不能因为制订和评审由两拨人负责就将其当成两件事，否则就违背了项目计划和预算制订与评审的初衷。

简单来说，项目计划和预算的制订更像论文初稿，而评审更像修订和打磨，最终目的是使论文日益完善并定稿。不是把项目经理制订项目计划和预算看作学生交作业，把评审看作老师批改作业。项目计划和预算的制订及评审希望取得的效果如下。

1. 以合同为尺度制订项目计划

一定要严格按照合同来比照项目管理过程，这点项目经理务必牢记，并认真贯彻。项目计划不是项目经理根据自己的喜好或预设来制订的，一定要严格遵照合同约定。

2. 合理评估项目进度及资源投入

项目计划需要跟着合同约定走，需要满足合同中时间节点、里程碑等进度要求，因此项目经理及评审人员必须对资源投入进行相应匹配，而这种匹配其实是对"性价比"的考量。

3. 锚定项目毛利

这一点是至关重要的。交付项目的终极目标是与经营直接相关的，这种相关意味着项目结果关联、贯穿、承接公司的经营类目标（营收、利润等），并在项目计划和预算的制订与评审中有所体现。项目计划和预算评审时要锚定项目毛利，同时比照在营销阶段所做的项目毛利预测，看看两者是否一致，有无差异；如有差异，还要考虑差异多大、如何弥补。

3.1
严丝合缝：项目经理以合同为标尺制订项目计划

> 场景案例 8　项目经理制订了项目计划，但 PMO 不认可
>
> 背景："WORKBRAIN"系统项目交底完毕，洪经理制订了项目计划，但在

与 PMO 讨论时出现了分歧。

角色：曹主任、洪经理、郑经理。

曹主任　洪经理，我看了你制订的"WORKBRAIN"系统项目计划，有个问题想和你沟通。合同约定的初验时间是 9 月 10 日，但你制订的项目计划上是 9 月 30 日，这不是项目还没开始就计划延期吗？

洪经理　曹主任，9 月 10 日肯定是不行的。签合同的时候，销售都是闭眼签的，根本不考虑实际情况。我做计划时，怎么盘算都要到 9 月 30 日。

曹主任　这件事可不能开玩笑，项目延误，客户会不满意的。这个项目合同审批时，销售反复强调时间紧，为了不耽误时间，销售还申请绿色通道，催着审批，一天不到就走完审批流程了。你一下子就延误 20 天，我觉得不太合适，请你认真考虑一下。

洪经理　我已经认真考虑了。销售再怎么说都没用，最后还不是我们交付来实施？

曹主任　那好，我们和销售碰一下。

（曹主任联系郑经理，简要说了说情况，郑经理赶了过来）

郑经理　洪经理，这个项目必须卡点完成，延误不得。客户反复交代过不能延误，为了赶时间，客户都没怎么压价。你推迟到 30 日初验，客户不翻脸才怪。

洪经理　不是我想推迟，计划只能安排到 30 日。

曹主任　这不行，项目计划一定要按照合同制订，否则最后客户肯定不满意。洪经理，你还是按照 10 日这个节点来重新制订计划。

洪经理　我真没办法，人手不够。

曹主任　洪经理，项目计划一定要按照合同制订，这是公司的重点项目，人手不够的问题，我们想办法解决，不能因为人手耽误进度。

洪经理　好，如果人手能解决，我就调整计划，确保 9 月 10 日初验。

曹主任　好，就这么说定了。

3.1.1　要义：管理合同履行

交付项目的管理要义是管理合同履行。请大家先思考一个问题：为什么是管

项目管理场景技能

理合同履行，而不是管理项目过程？这和交付项目的属性有关。**从公司的经营角度来说，交付项目以工作换回报，交付是关键，项目不是关键。**如前所言，项目管理是经营的需要，而不是项目本身的需要。从更高的维度来看，项目是服务客户的载体，更是实现公司利润的载体，项目的最终不是把项目留在自己手中，而是交付到客户手中，客户满意后回款，实现端到端的项目闭环。

对于交付项目的管理要义是管理合同履行这一点，很多项目经理并没有认识到位。管理合同履行，就是按照合同约定的节点和成果，按时、按质地交付、验收、结项、回款，并关闭项目。合同是交付项目的起点和输入，必须围绕合同约定的内容、交付物和时间节点来倒推项目计划、需求管理、里程碑、任务分配。**交付项目的收入既定，因此交付项目管理的核心命题是效率和成本，考量的是在收入既定的情况下，如何用最优的效率和适当的成本完成项目。**但是在现实中，交付项目往往出现以下问题，需要特别注意。

1. 项目管理粗放

合同是交付项目的起点，但是在实践中，项目经理很容易将合同和项目分开，把合同丢在一边，既不看也不管。合同在销售签单以后就变成文档，被束之高阁，项目计划与合同之间的关系并不紧密。由此造成的隐患是项目经理脱离合同制订项目计划，想当然地认为项目完成了，合同就履行完毕了，但项目收尾时对比合同，就会发现项目并没有完成，有很多缺陷和漏项。

2. 项目合同与项目管理之间的关联性太弱

项目合同没有作为项目管理的强制性输入，也没有成为交付项目的起点。交付项目管理一定要紧扣合同来制订计划，脱离合同的交付项目管理具有极大的风险。**合同就是项目计划的尺度，一切以合同为准，不能偏离。**在实践中，偏离是常有的事，这是 PMO 比较头疼的事情，也是顽疾所在。

3. 项目经理混淆合同管理和管理合同履行的概念

交付项目管理是管理合同履行，而不是合同管理，这是两个概念。合同管理是对合同的规范性、程序性进行管理，**管理合同履行是为合同履行提供保障。**本质上说，**交付项目管理过程就是合同履行过程。**

此处的合同概念较为宽泛，既包括合同文本，也包括需求类技术文件。项目经理制订项目计划时一定要标识出合同的关键信息，具体如表 3-1 所示。

表 3-1　合同关键信息标识

信　　息	主要内容标识	备　　注
合同	- 合同编号 - 签订时间 - 对接部门及联系人	
时间节点	- 合同约定的开始时间、结束时间 - 合同约定的关键时间节点 - 里程碑	
工作内容	- 任务阶段 - 关键里程碑（上线、试运行、初验、终验） - 主要服务内容	
付款事宜	- 合同总额 - 付款方式 - 首付款、阶段款、尾款金额、比例及付款条件 - 付款节点与阶段里程碑的对接	
验收标准	- 验收标准 - 第三方验收事宜	
违约事宜	- 违约金 - 赔偿金	
其他	- 特别约定	

　　合同关键信息标识完毕后，关键的时间节点、验收标准及付款事宜等就比较清晰了。接下来需要进行合同和需求的细化和梳理。因为合同文本中的内容相对比较简单，所以需要比对合同技术文件、招标文件、投标文件、项目建议书中关键需求的吻合度，标注出一致、有差异及有冲突的地方，并将其纳入项目计划，如表 3-2 所示。

表 3-2　项目关键需求标注

类　　型	关键要求	解决思路
一致	- 合同与技术文件一致的内容 - 技术文件作为合同补充的内容	- 常规处理
有差异	- 合同与技术文件的差异 - 合同、技术文件等书面文件与客户非正式意见的差异	- 进场后确认
有冲突	- 正式文件的矛盾之处 - 公司响应/解决方案不能满足客户需求之处	- 与销售、解决方案沟通，商讨如何解决

项目管理场景技能

既然合同履行如此重要,为什么没有得到足够的重视?原因有很多,和组织分工、全局视野、业务流程打通、全要素调动等都有关系,大体有以下几种。

(1)认知缺失。项目经理要有 CEO 的视角,要从整个公司经营的角度去看项目管理,而非只从一个项目的角度、部门的角度去看项目管理,否则往往与公司经营脱钩。**很多时候项目经理没有把合同履行当成非常重要的事情,是因为视野局限和认知缺失,只站在交付的角度看待项目,没有站在市场、销售、解决方案、交付、客服等全链条的角度多方位、融合地看待项目。**

(2)业务流程没有打通。我们倡导全流程、全要素打通,但实际上业务流程往往是一段一段、一节一节的,不是端到端的,而是段到段的。打通项目的整个业务流程在很多公司都是一件非常难办的事情。当项目无形中被切割成段时,**合同就经常被片面理解成是销售部门的事情,与交付关系不大,交付项目经理也就不关心了。**

(3)能力缺乏。这里所说的能力缺乏,既指项目管理制度、体系、流程、标准的不完备及项目管理组织不健全、协作不顺畅等组织能力的缺乏,也指 PMO 及项目经理能力的缺乏。从事项目管理是需要具备相应的综合能力的,无论是提升认知,还是打通业务流程,都需要项目管理人员具备相应的能力。事情都要靠人来落地,个人的能力融入组织中,进而汇集成组织能力。

3.1.2 准绳:合同是项目计划制订的依据

项目计划制订一定要从合同中来、到合同中去。**项目计划不是项目经理或 PMO 按照自己的意愿和喜好来制订的,而是紧密围绕合同履行来制订的。**这就要求项目合同与项目计划强关联。依照合同做计划,可以允许一定的调整,但是重要的时间节点、里程碑是不允许出现偏差的。项目计划要符合合同要求,确保项目计划执行的过程就是合同履行的过程。

项目计划制订的责任主体必须是项目经理,PMO 只能作为辅助和参谋。项目经理不制订项目计划,就相当于战役中的指挥官不制订作战计划,完全依靠参谋制订计划,这要么是主官失职,要么是主官无能。即便参谋(PMO)制订了作战计划,前线指挥官(项目经理)也要依据自己的作战经验和对战场形势的研判予以修订,明确指出作战的方向和意图,并将其转化为行动计划。

有的公司完全由 PMO 做计划,项目经理只负责执行。笔者不赞同这样的做法。因为"将在外君命有所不受",项目经理在一线作战,要对作战的结果负责,那么关系到项目成功与否的项目计划(见表 3-3)就必须由项目经理来制订,否则就会变成后方指挥前方。

表 3-3　项目计划(示例)

项目名称:_____　　　　　编写日期:_____
技术路线选定:

类　　型	技术选型	版 本 号	是否采购	是否收费	是否外网
操作系统					
数据库					
中间件					
开发语言					
微服务框架					
大数据技术					
防火墙					
交换机					
服务器					

里程碑:

里 程 碑	开始时间	结束时间	工　　期	备　　注
项目启动				
需求调研				
……				

WBS 分解:

任务名称	工　　期	开始时间	结束时间	前置任务	参与人员	输 出 物
需求调研						
需求确认						
……						

项目团队:

序　　号	角　　色	姓　　名	职　　级	备　　注	职责与分工
1	项目经理				
2	开发人员			核心组	
3	开发人员			拓展组	
4	测试人员			核心组	
5	测试人员			拓展组	
6	……				

续表

成本预算：

类型		金额	小计	占比
人工成本	工资			
	社保			
	公积金			
	补助			
项目实施费用	培训			
	办公			
	其他			
	差旅			
	房租、水电			
	业务招待			
	团建			
奖金	奖金			
总计				

风险评估及应对：

编号	类型	风险描述	强度	发生概率	优先级别	识别人	识别日期	触发条件	应对策略	应对者

评审人员及意见：

序号	角色	姓名	评审意见
1	客户领导（如需要）		
2	客户对接部门（如需要）		
3	交付负责人		
4	项目经理		
5	项目核心成员		
6	销售		

项目经理签字：

3.1.3 窍门：制订项目计划的注意事项

紧扣合同制订项目计划是一种导向和要求。具体制订项目计划时，有几个关键事项需要注意。

1. 落实关键节点

合同中诸如初验、试运行、终验等关键节点一定要落实到项目计划中，**项目经理一定要以合同约定的时间节点来倒推项目计划的节点**。除了制订出粗略的项目计划，还要做里程碑分解，将每个关键节点再细分为几个具体的动作，以确保项目计划中的任务能支撑里程碑完成。

2. 谨防先松后紧

先松后紧是很多项目的通病。项目经理在制订项目计划时，要谨防先松后紧的错误思想，宁可在项目前期抓得紧一些，为项目后期留下相对比较充裕的调整时间，以防万一。千万不能先松后紧，**在项目前期浪费时间和资源，又在后期拼命赶进度、赶工期**。

3. 不可敷衍了事

项目计划制订不是完成作业，**不要有敷衍了事的交差心态**。项目经理应该把项目计划的制订过程当成项目团队认识项目目标、明确工作内容的机会。制订项目计划时，项目经理不应一个人闭门造车，而应和项目团队一起商量、讨论、推敲和确定。如果项目成员不参与，他们对工作内容、分工和责任就不会上心。核心成员对项目的关键内容要充分了解，这种充分了解不是项目经理的单向输出，而是有来有往的多方讨论。

3.2
以终为始：项目经理紧紧围绕项目目标编制项目预算

场景案例 9　PMO 与项目经理又为项目预算起冲突

背景："WORKBRAIN"系统项目计划基本制订完成，但项目目标毛利比原先销售预测的毛利少了。PMO 与项目经理交涉。

角色：曹主任、洪经理、徐总。

第一幕：计划改、预算增，PMO 不答应

曹主任　　洪经理，"WORKBRAIN"系统项目计划我看了，调整后与合同是吻合的，但是项目预算，怎么一下比原来多了 5 万元？

洪经理　增加了人手，成本肯定也增加了。

曹主任　洪经理，不是这样的。当初调预算是阶段性的，是为了能够在 9 月 10 日完成初验，前期是增加人手了。但是从初验到终验的周期是比较长的，人手是可以减少的。你不能只增加不减少。项目目标是毛利 30 万元，但是光成本就增加了 5 万元，这样项目目标就无法达成了？

洪经理　你们不能只增加人手，不增加预算，这是两头卡。

曹主任　我的意思是项目经理要从经营的角度考虑问题。在前几天的项目经理沟通会上，徐总还在讲项目经理要从项目管理走向项目经营，要成为经营型项目经理。我们做项目的目的是实现项目的交付利润，不能因为一个动作就一下减少 5 万元利润。

洪经理　我们做交付的就负责把活干好。至于能实现多少项目利润，那是公司考虑的事情，我们干活的还真考虑不了那么多。

曹主任　洪经理，你是老项目经理了，你这种想法是不对的。大家辛辛苦苦地做项目，就是为了实现项目目标。该怎么干活是你手下的项目成员要考虑的事情，你作为项目经理，就应该把精力放在项目经营上。

洪经理　那你的意思是，人手增加、预算不增加，还要维持 30 万元的毛利？

曹主任　是的。否则人手增加、预算也增加，你想办法提高效率、减少成本，不然又怎么能体现你项目管理的水平呢？

洪经理　你们真是又想马儿跑得快，又想马儿不吃草。

曹主任　洪经理，项目管理本身就挺难的，公司今年强调利润，对利润肯定高度关注。公司有公司的道理，你肯定能够理解公司的处境和领导的想法。

洪经理　我不同意，我只能做到 25 万元的毛利，至于 30 万元的毛利，谁能做到，你们找谁去。不然我们一起去找徐总，问问他的意见。

曹主任　好，那我们一起去找徐总。

> 第二幕：项目经理和 PMO 找总经理定夺

洪经理　徐总，"WORKBRAIN"系统项目要赶进度，增加了人手，也增加了 5 万元成本，项目毛利原来定的是 30 万元，现在是 25 万元了。但是曹主任不同意我改，还要维持 30 万元，我很难办到。

曹主任　徐总，是这样的，项目前期为了赶初验时间，我们计划增加人手，但是在项目初验后，其实人手和周期都是有调整空间的。我的意思是，可以统筹一下，把前期增加的成本消化掉，还是维持 30 万元的毛利目标。

洪经理　你说得轻巧，我做不到。

徐总　小洪，小曹说的不是没有道理。仅仅把活干完，那是初级项目经理的水平，你都是高级项目经理了。而且前几天我在跟项目经理交流的时候，也讲过项目经理要转型升级为经营型的项目经理。既然是经营型的项目经理，那么肯定要紧盯项目毛利目标。如果说成本增加，毛利就减少，项目经理在其中没有什么作为，那还怎么称为经营型项目经理？只是按部就班而已。

洪经理　徐总，您的意思我明白，但是实际操作难度太大了。

徐总　小洪，你是不好操作，还是不愿意操作？我也是项目经理出身的，前期为了赶工期可以增加人手，但后期也是可以释放资源的，怎么可能一点操作空间都没有呢。就举我自己的例子吧，今年的经营形势发生了这么大的变化，但是你看我们公司的经营目标改了吗？并没有，还是维持原来的目标。

洪经理　那是领导水平高，我们项目经理这一层级做不到。

徐总　做不到也要做到。你是公司重点培养的对象，因为一些成本的变化，就退却了，那还怎么给其他项目经理当导师呢？这个项目 30 万元的毛利目标不变，后面效率提升也好，成本削减也好，想办法把项目前期增加的成本找平，不要再讨价还价了。

洪经理　好的徐总，我努力做吧。

徐总　小曹，你和财务小丁联系一下，跟洪经理一起看看，除人工成本外还有没有其他可调整空间。记住，项目目标不要轻易改动，否则都想着改目标，不想着怎么克服困难、实现目标，公司还怎么经营？这个导向你要把握好。

曹主任　是，徐总。我和洪经理一起跟财务再碰一碰，怎么能够保证毛利

	目标不变。那我们就先走了。

徐总　　　好的,有什么问题向我汇报。

3.2.1　顽疾:项目预算的常见问题

很多公司的项目预算存在不少问题,甚至可以称为项目预算的顽疾。例如,不重视项目预算,只是走过场;项目经理不愿意做项目预算,或者敷衍了事,反正没人看;项目预算评审变成菜市场讨价还价,最后的确定不是靠科学,而是靠耍脾气、撂挑子,等等。

这些现象让项目预算变成了"鸡肋",使项目预算包括整个公司的预算管理总是推行不下去。平心而论,大家都知道预算的重要性和作用,都知道这个工具好,但是都不太喜欢用,这也是管理实践中的悖论。

要在项目管理场景中做小切口的、深度的、务实的项目预算,就需要明白和抓住项目预算的关键点。例如,项目预算对项目管理的真实作用;项目的预算、核算、结算如何在项目过程中穿插;项目预算对项目经理、项目团队及对公司真正的益处是什么。

3.2.2　匹配:项目计划与预算的合力

项目计划以合同为准绳,但仅仅有项目计划依然不够,还需要有匹配的项目预算。如果只有计划、没有预算,项目管理就只能停留在"做事"层面,项目经营无从谈起。项目计划更多地考虑时间和任务,项目预算更多地考虑成本和收益,只有两者结合在一起,实现项目计划和预算的匹配,才能实现项目目标,如图3-1所示。

项目预算的编制一定是以项目目标为导向的。交付项目的经营点基本集中在项目目标上。交付项目的经营就是在收入既定的情况下追求项目成本的合理化,而项目预算的目的就是匹配资源去实现项目毛利目标。这就意味着项目经理要着重考虑两件事情:首先是能不能满足项目进度要求,其次是如何合理地投入资源(注意,不是不计成本地投入资源)。这就要求**项目经理综合考虑资源投入的必要性和经济性,用合适的投入去谋取回报,追求的是利润相对最大化**。

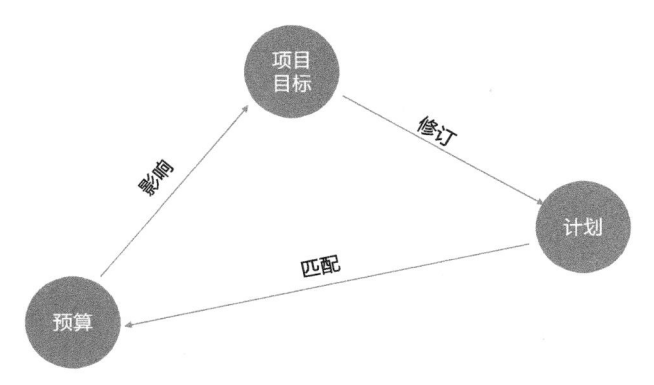

图 3-1　项目计划和预算的匹配

3.2.3　到位：项目预算不仅是成本预算

项目预算不仅是成本预算，还包括项目目标预算（见表 3-4）。在项目的具体场景中，收入既定，项目成本的增减就意味着项目利润的减增，因此很多时候项目经理把项目预算的重点放在成本预算上。换一种思路，**项目预算的目的一定指向项目毛利**，要考虑的是如何围绕毛利目标的达成合理配备资源和评估投入产出，这恰恰是项目预算的关键所在。

表 3-4　项目目标预算

代　号	科　目	金　额	计算公式	备　注
①	项目收入			合同额
②	税负（综合）			综合税负
③	第三方采购/外协费用			
④	项目净收入		④=①-②-③	涉及增值税进出项
⑤	交付实施费用			
⑥	项目毛利		⑥=④-⑤	
⑦	分摊费用			产品、研发费用
⑧	销售费用			
⑨	项目核算利润		⑨=⑥-⑦-⑧	

在项目中，成本范围大致分为几种情况，如固定成本和浮动成本、物料成本和人工成本等。项目经理在编制项目成本预算时，对于这些成本要区别对待。固定成本可调整的空间并不大，调整和控制的重点应该集中在可变成本和浮动成本上。表 3-5 是一个项目成本预算示例。

表 3-5　项目成本预算示例

人工成本				
活动名称	需要的人力资源	时间	单位时间工资标准	小计

硬件/物料成本				
分类		数量	单价	小计
材料				
设备				
外协				
外包				

项目费用				
分类		数量	单价	小计
差旅费	交通费			
	住宿费			
管理费	场地租赁费			
	招待费			
其他	备用金			

在实践中，这些方面往往是项目目标达成的关键要素。项目预算要求具备相应的财务知识，项目经理可以借助财务部门的力量编制项目预算。项目经理对项目预算无须精通，了解和基本掌握即可。

项目预算还涉及会计科目的确定事宜。会计科目要遵守会计准则及相应规则要求。项目预算实际应用时，既要尊重和延续这些规范性要求，也要针对不同的项目类型固定或框定相应的会计科目，形成基于模块的项目成本估算（见表3-6）。举例来说，系统集成类项目重点是设备、模块、系统、物料等成本，人工成本、差旅费等所占的比重较小。纯软件类项目如果无外协，则大部分都是人工成本和差旅费。这就需要财务部门针对不同的项目类型，明确给出相应的会计科目，让项目经理能够明白这些会计科目与成本费用之间的对应关系，以便能够准确地将这些成本费用纳入正确的科目。

表3-6 基于模块的项目成本估算

编 号	模块名称	负 责 人	对模块费用估计	项目经理调整费用

相对而言，项目人工成本是项目预算中的难点，因为每个人的实际薪酬本来就不尽相同，所以很容易过松或过紧。项目经理在做人工成本预算时不仅要考虑人的数量差异，还要考虑人的质量差异，即人的实际薪酬差异。第2章场景案例中出现的项目经理挑选项目成员时不愿意用实习生等情况，也出于这方面的原因。在项目预算中，不能简单地列出需要几个人，而要把这些人的工资、社保、福利、奖金等涵盖在内，纳入项目人工成本预算（见表3-7）。

表3-7 项目人工成本预算

科 目	合 计	数 量	单 位	标 准	小 计	说 明
工资						
社保						
福利						
奖金						

项目管理场景技能

只有将项目成员的数量及成本结合起来考虑，项目人工成本预算才能准确。另外，还要考虑人工成本的颗粒度。人月还是比较粗的，可以更细，具体到人周甚至人天。项目经理要结合项目计划中的任务安排和人员使用情况，将人工成本预算做得更细致，不能笼统地以月为单位来核算。例如，核心成员基本独占，可以通算；对于外围成员，则应按照实际需要的时间来计算。这样做一方面可以提高预算的准确性，另一方面可以提醒自己及时进行人员释放。

🎯 小贴士

人工成本计量方式

在项目预算及结算时，为准确计量人工成本，一般采用人数加时间的综合折算方式，具体单位如下。

- 人月。1个人月表示1个人1个月的成本，一般以0.5为最小单位，如1.5个人月、2.5个人月。采用自然月，不考虑每月的天数差异，如3个人1个月就折算为3个人月，等同于1个人3个月，以此类推。
- 人周。1个人周表示1个人1周的成本，等于1/4人月。
- 人天。1个人天表示1个人1天的成本，等于1/21.75人月。
- 人时。1个人时表示1个人1小时的成本，等于1/8人天。

其中人月、人天较为常用。

3.2.4 换路：项目预算费用包模式

项目预算的编制与评审其实还可以换一种方式。常用的方式是"申请—复核"模式，即项目经理按照项目计划将所需的各项成本费用列示出来，汇总为项目的总预算，提交公司审批，这是从分到总的方式。

另一种方式可以形象地理解成"费用包"模式，即公司按照不同项目的历史数据给出一个类似于费效比的标准，项目预算不由项目经理编制和汇总，而由公司直接按照既定比例确定，明确项目总成本费用，项目经理接受或申请微调即可。在费用包模式下，项目经理关于项目预算的主要工作是控制费用结构，这是从总到分的方式。

这两种项目预算模式在实践中都可以使用。当然，费用包模式对项目管理和财务管理的要求更高。这种模式更能促进项目经理关注项目经营，因为项目经营职责在费用包模式中已经完全落到项目经理身上。

无论采用哪种模式，项目预算的输出都不能停留在成本预算上，必须大致推算出项目毛利，并将其作为项目目标。需要说明的是，费用包模式中，项目利润其实已经隐含在费用包之外，无须项目经理推算。

> **💡 快问快答**
>
> Q：项目预算费用包模式对项目经理是否有利？
> A：费用包模式本质上是一种类似于市场交易的模式，是合伙人机制在项目管理领域的变相应用，即项目经理向公司承包项目实施工作，并在实施过程中通过成本节约、效率提高的方式来获取额外利润。费用包模式并非一直对项目经理有利。如果项目成本不明晰，隐性成本较多，成本大多不受控，则对项目经理不利，因为实际成本超支的概率较大，费用包包不住。如果项目成本相对明晰，隐性成本少，项目经理对项目成本控制具有主导权，而且成本具有较大的调整空间，则对项目经理有利。

3.3
万物相互效力：项目经理要以开放的心态面对立项评审

> **🏠 场景案例 10　项目经理换种心态对待项目立项评审**

背景：PMO 组织"WORKBRAIN"系统项目立项评审，邀请了业务、财务、人力资源等部门的人员作为评审组成员。

角色：曹主任、洪经理、评委 A、评委 B、评委 C。

> **📋 第一幕：PMO 与项目经理沟通立项评审**

曹主任	洪经理，对于"WORKBRAIN"系统项目，我们要组织一次立项评审，麻烦你在评审会上向各位评委阐述项目计划和预算，我们争取一次通过。
洪经理	还要评审？这种程序能不能少一些？我们光忙都要累死了。项目计划和预算不是已经修改了吗？怎么还要开会评审？你这是挑

刺、折腾人。

曹主任　洪经理，立项评审的目的不是挑刺，而是让大家对这个项目的风险、目标和计划、预算的合理性进行评估，是在帮你，不是给你增加负担。

洪经理　但我现在真的很忙，我要同时兼顾好几个项目。你让我准备立项评审，我真的忙不过来。

曹主任　洪经理，我能理解，但是这个项目你是项目经理，你不来汇报，谁来汇报？我们争取把会开得简洁、有效。

洪经理　好吧。

第二幕：立项评审现场，评委发表意见

曹主任　（洪经理汇报完）洪经理将"WORKBRAIN"系统项目的计划和预算做了汇报，请各位评委发表意见。

评委A　他们的计划基本上是按照合同来制订的，但是后续的节点跟合同没有完全匹配，有延误的情况。这和销售、客户确认过吗？客户能不能接受？

洪经理　我们和销售做过沟通，因为前期时间紧，肯定要加班加点赶工期，后期时间相对宽裕些。这点已经和销售沟通过了，销售也和客户确认了，你放心。

评委B　我想提出一点建议。我们评审组成员对合同谈判的过程不太清楚，现在看到的合同是最终的文本。以后项目立项评审，最好让销售一同参加，这样就能规避信息不对称风险。例如，刚刚洪经理说跟销售和客户确认过，我们却是不知情的。如果销售在场，就能够消除信息差，否则我们也无法评估。

曹主任　好的，我们下次改进。

评委C　我想提一个意见。现在的项目预算做得还比较粗，只有项目总预算及分类预算，没有具体到项目时间节点的投入预算。建议PMO跟财务部一起对这种情况进行规范，否则最后的结果可能就是预算控制无法细致。这个项目的预算只列示了总成本，大致人工成本是多少、差旅费是多少，我们都看不出来，这样我们无从判断

预算是否合理。

曹主任　关于这点，我们与财务部门也沟通过，正在按照这个思路走，但是目前模板和标准还没有出来，预计到月底才可以出来。下个月的立项评审就能按照你所说的这种方式来进行了。

洪经理　我们的项目预算是按照时间节点来分解的，只是向各位评委汇报的时候没有列出明细，我手上是有分解表的，请评委审核。（展示相应的明细并递交评委）

评委C　有这样的明细就行。我看了一下这份明细，觉得还是比较详尽的，也合理。我提醒一个风险，就是这个项目的时间节点和付款的比例不太同步。项目初验时，我们项目的工作量和投入至少达到了70%，可是项目初验结束只能收到50%的款项，这里的风险你要注意。

曹主任　销售不在，我来解释一下。这个项目初验结束以后付款50%，但是终验后就能付款95%，质保期只留了5%。一般项目的质保期都要留10%。这是跟客户谈判的结果，也考虑到了初验时的投入和付款比例不对等这个原因。

评委C　好，我明白了。

评委A　我也提醒一点。项目初验是9月10日，洪经理在做计划的时候，日程也排得比较紧，但是依然要预留3~5天的时间，不能满打满算地到9月10日刚好做完所有工作，提交初验。否则只要出现任何偏差，都不能确保9月10日这天一定能够初验。你最好还是给自己预留一些时间。

洪经理　好的，你提醒得太及时了，我没有注意。感谢各位评委对这个项目的指导和意见，我一定按照各位提的建议来修订。

> 第三幕：立项评审后，项目经理和PMO谈心

曹主任　洪经理，你看，项目立项评审并不是像你想的那样，评委当老师批改作业。评委的一些意见还是比较中肯的，实际上是在帮我们。

洪经理　是的，我这次换了一种心态来参加评审。各位评委提的意见给了我很多启示，这样能够帮助我们成长，更好地实现项目目标。

项目管理场景技能

曹主任　抵触立项评审其实是出于项目经理的误解，实际上大可不必。你也可以和项目团队聊聊今天的感受。立项评审最好不要走过场，还是要有效，如果纯粹走过场，大家拿个审批表签字就行了。

洪经理　是的，我今天挺有感触的。我会和他们聊的，大家相互支持，共同成长。

3.3.1　定准：项目立项评审的目的

项目立项评审不是"走过场"，更不是"刁难会"；是帮忙，不是为难；是讨论，不是质询；是评委和项目经理一同解决问题，不是学生交作业老师批改。项目立项评审的目的是帮助项目经理更好地达成项目目标，立项评审的评委和项目经理双方都要有这样的意识。

在立项评审场景中，PMO会邀请相关人员围绕项目的技术难点、架构、人员配置、财务目标、项目风险等给出相应的专业意见，并进行评估，如技术（产品）部门对实施路径和方案、资源线对人员配置、HR对人员成本、财务对项目毛利、资金、回款等发表意见。项目经理需要借助这些专业意见完善项目计划和预算。项目经理不要站在评委的对立面，而要借助这些专业人员的意见和判断，对项目资源投入和结果进行相对公允、更加全面的评估，以做到心中有数、更加有底。

项目立项评审要紧扣主题，一定以项目毛利为导向，测算并确定项目毛利目标，以帮助项目经理实现项目毛利。项目计划评审以合同和项目交底为输入，计划评审后形成交付计划及配套的资源安排，并作为预算评审的输入；预算评审的输出是项目毛利测算，最终指向项目毛利目标，这也是交付项目的显著特性。项目立项评审的输出如图3-2所示。

合同 项目交底 → 计划评审 → 交付计划 资源安排 → 预算评审 → 项目毛利测算 → 项目毛利目标

图3-2　项目立项评审的输出

合理的项目立项评审要将项目计划和预算放在一起评审，以防止两者脱节。要在评审中讨论清楚并统一思想，以确保计划和预算在后续项目实施过程中能够落实，谨防计划归计划、预算归预算、制订归制订、执行归执行，造成计划预算、计划执行"两张皮"。计划评审的要点是进度和时间节点,预算评审的要点是成本和利润(见图 3-3)。

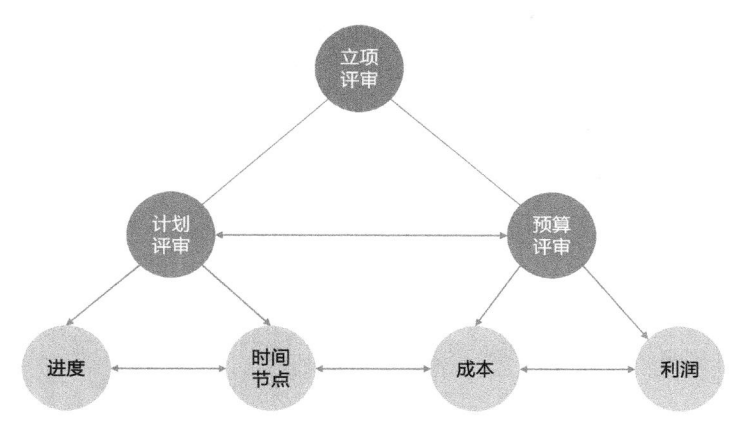

图 3-3 项目立项评审要点

项目立项评审要达成定准的目的,即确定进度(时间节点)和毛利的准星。立项评审审查项目计划是否响应合同要求,以确保项目能够满足时间节点要求,按时完成。

计划评审的重点是进度及时间节点,要审查进度和时间节点是否协调。时间节点是指里程碑最后的时间点要求,进度是指对项目节奏的实时监控。计划评审的目的是能在合同约定的时间节点内提交相应的成果,达成阶段性目标。

预算评审是对项目交付的成本考虑和复核,依照进度审查完成项目总体及阶段性工作所需配备的资源及成本。我们常说的开源节流,这对交付项目同样适用。交付项目收入既定,因此难以开源,只能在节流上做文章。节流的重要举措就是控制成本,以最小的成本达成项目目标。需要注意度的把握,以质量合格为前提,不仅要按时完成,还要按质交付,满足客户的质量要求。

需要再次提醒的是,时间、质量和成本要求,对于公司和客户并非同等重要。客户更关心的是时间和质量,成本只是公司的关注重点,而不是客户的关注重点。

3.3.2 三性:项目立项评审的焦点

项目立项评审的焦点是交付项目的节点、资源和风险(见图 3-4)。节点包括合同约定的进度和时间节点、重要里程碑等,资源包括项目人员安排(人数、结构)、高层支持、外采/外协、资金需求等,风险包括风险识别和风险应对措施(预案)等。

```
节点 ── ─合同约定的进度和时间节点
         ─重要里程碑

资源 ── ─项目人员安排(人数、结构)
         ─高层支持
         ─外采/外协
         ─资金需求

风险 ── ─风险识别
         ─风险应对措施(预案)
```

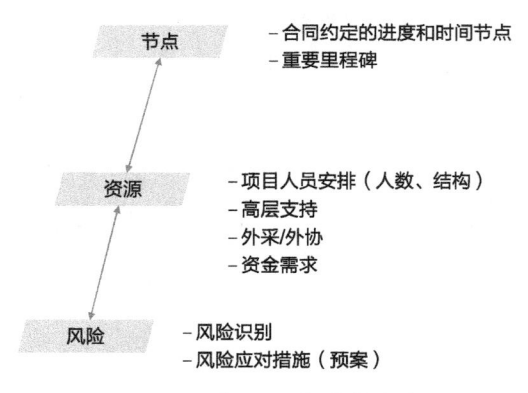

图 3-4 项目立项评审的焦点

项目立项评审的三个焦点分别对应可行性、经济性和安全性,即项目立项评审的三性评估(见表 3-8)。节点评估侧重于项目计划的可行性,资源评估侧重于投入产出的经济性,风险评估侧重于项目的安全性。

表 3-8 项目立项评审的三性评估

评估内容	导向	标准
节点	可行性	客户满意(按时、按质交付)
资源	经济性	资源配置、成本投入
风险	安全性	风险规避、应对预案、损失测算

1. 节点评估

节点评估的重点是查看合同约定的进度和节点,确保项目计划能够满足客户的进度要求,特别是合同中明确规定的期限和时间点。评估时不能看大不看小、看粗不看细,要进行里程碑的评估,因为里程碑分解本身就是对项目计划的回溯和验证。因此,节点评估既要评估整体的时间节点把控,也要评估细节的里程碑落实,这样的项目计划才是可行的。另外,在进行节点评估时,还可以考虑将计划提交给客户,听听客户的意见。

2. 资源评估

资源评估的重点是查看项目的人员安排、人数、专业构成、高层参与,外采外协、供应链等安排及项目的资金保障。需要提醒的是，对外协的部分一定要仔细评估，必要时请相关方参与评审。这是因为我们往往"内严外松"，对外部合作机构疏于约束和管理。如果不把外部合作机构纳入项目管理范围，就是把这个难题和隐患丢给项目经理。

3. 风险评估

风险评估第一步是评估项目计划和预算的风险，查看项目的计划进度及资源投入能否保证项目按时完成。第二步是评估计划和预算之外的风险，特别是项目交底时销售与交付双方对风险的某些判断，部分可以在项目立项评审中提出。风险评估的重点不是提醒，而是预案，项目经理及评估专家需要针对风险准备相应的预案，甚至对发生概率较大的风险做损失测算，因为这直接关系到项目利润的减少。

3.3.3 补位：评审组成员的选择

项目立项评审不是项目经理孤军作战，要将销售、解决方案拉进来一起面对评审组，必要时项目核心成员也要参与（见图3-5）。这也是强化团队凝聚力和责任担当的必要举措。

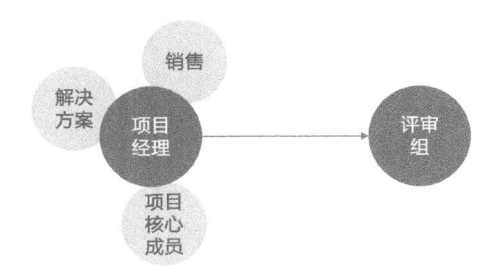

图 3-5 项目立项评审中的项目经理和评审组

项目评审组的成员构成可分为业务条线和管理条线，每类角色都需要平行起作用，具体的参与人员要视项目的具体情况而定。项目支撑涉及或风险关联到哪些角色，就邀请哪些角色，但其中有一些固定的角色，如 PMO、财务、质量等，这些角色从项目管理的角度看，既是管理者，也是服务者。评审组成员不仅仅是来当评委的，也是来担责和提供支持的。项目立项评审的评委角色及关注点如表3-9 所示。

表 3-9 项目立项评审的评委角色及关注点

角色	是否固定	关注点	责任及提供的支持
高层管理者	非固定	客户诉求、毛利	- 客户诉求 - 时间节点、成本、人员配置
销售	固定	进度	- 时间节点 - 客户诉求、特殊注意事项是否遗漏
解决方案	非固定	客户诉求	- 客户诉求、特殊注意事项是否遗漏
产品	非固定	产品适配	- 产品功能是否符合本项目要求 - 对于当前不具备的产品功能，是否承担开发职责
PMO	固定	进度	- 人员协调 - 奖金、时间节点 - 成本、人员配置
财务	固定	毛利/成本	- 资金保障（如有）、成本核算专业支持 - 签单情况、成本评估、验收和回款时间
质量	固定	质量	- 阶段测试
供应链	非固定	供应	- 外采物资供应、外协机构协调
人力资源	非固定	人员供给及成本	- 招聘、人员调配 - 人力配备情况、人均产值、奖金

项目立项评审的组织者是 PMO，他们在邀请立项评审组成员时，除了专业情况，还要考虑被邀请人员的权限和性格，如**邀请有决定权、能拍板、愿意协同配合且担责的人员，或者能实际干活的人员参加。对于那些只能当传声筒、不能提出建设性意见、只善于做批评者的人员，尽量不邀请。**

3.3.4 输出：一结论、三成果

项目立项评审的输出概括来说就是一结论、三成果。

一结论是指立项是否通过；如果不通过，是否决还是修改后再评审，这些都需要给出明确的答复。评审组成员要真正担起责任，不能抱着"充人头"的想法，更不要有签字不负责、别人签我也签的心理。

三成果是指项目立项评审输出物，分别是项目立项评审表，定准的项目计划、预算，项目绩效协议（见表 3-10）。项目立项评审表和项目计划、预算需要订在一起，由评委发表意见并签字确认。项目绩效协议由 PMO 和 HR 共同制定，无须评委签字。

表 3-10　项目立项评审输出物

输 出 物	落 实 人	备 注
项目立项评审表	PMO	需要签字确认，可用会议记录代替
定准的项目计划、预算	PMO	评审组集体负责（提出专业意见并担责）
项目绩效协议	PMO、HR	含激励部分

项目立项评审表是项目立项评审的载体，针对项目经理提交的项目计划和预算，从计划、技术路线、预算、风险应对等多个角度逐项检查和评估，如表 3-11 所示。

表 3-11　项目立项评审表（示例）

基本信息	
项目名称	
项目经理	
评审日期	

评审要素		
主要检查项	状　态 ✓ 合格　× 不合格 TBD 待完成　NA 不适用	说　明
1. 计划是否满足客户要求		
1.1 时间是否满足要求		
1.2 功能		
是否包含所有功能		
是否有多余功能		
是否填写完整		
1.3 人力资源		
人员配置是否合理		
人力资源需求能否满足		
2. 技术路线是否合理		
有无成熟产品支撑		
有无同类型项目		
任务实现逻辑是否合理		
是否有并行		
是否有前置任务		
关键任务是否合理考虑		
3. 预算是否合理		
4. 风险应对是否合理		
风险是否被识别		
风险应对措施是否合理		

续表

评审结论
□合格，无须修改或需要轻微修改，但不必再评审。 □基本合格，需要做少量修改，之后通过评审即可。 □不合格，需要做大量修改，之后必须重新评审。
签字 评审组组长：　　　　　　　　　　　　评审组成员：

在评审中有以下几点注意事项。第一，**评审不合格或修改后再评审时，不能换人评审**，否则容易"带病放行"，把隐患留在后面。第二，要把确定的计划和预算移交给项目经理，要求项目经理按此执行，不能把项目立项评审变成无用功，浪费大家的时间和精力。第三，当项目经理和评审组分歧较大时，能调和则调和，不能调和则以项目经理所在业务部门的领导意见为主，但不同的评审意见应留档备查。这是因为评审组并非项目的最终责任人，意见不一致时以担责者意见为主。

3.4
纲举目张：项目经理锚定关键节点，将其转化为路标

场景案例 11　项目团队内部落实分工和责任

背景："WORKBRAIN"系统项目立项评审完毕后，项目经理召集核心成员开会，讨论计划分解。

角色：洪经理、项目成员 A、项目成员 B。

第一幕：项目经理分解项目计划

洪经理　　　　小 A、小 B，"WORKBRAIN"系统项目计划已经评审通过，现在还没进场。这个项目时间紧、任务重，我们把项目计划分解成几个里程碑，以保证项目按时完成。我做了一个初步的 WBS 分解，你们看一下。

项目成员 A　　我觉得基本没问题，但是架构设计的时间节点是不是太靠后了？还有，项目初验时间是不是太赶了？这个项目组有多少人？如果只有我们三个人，肯定搞不定。

洪经理　　　　怎么可能就我们三个人？我还要选四五个人，加上我们一

共七八个人,这两天就到位。

项目成员 B　　好,这样我就放心了。

洪经理　　　　我解释一下架构设计。我故意把时间往后推一些,因为磨刀不误砍柴工,如果架构设计的需求调研不充分,匆匆忙忙的,最后肯定要返工,不如在前面把功夫下足。初验时间比较紧,是因为合同就是这么约定的,我们只能想办法去实现。

项目成员 A、B　　明白了,我们没问题。

第二幕:项目组对项目预算进行拆解

洪经理　　　　好,既然计划没问题,我们就谈谈预算。这是公司批准的预算表,你们看看有没有什么问题。

项目成员 A　　我觉得预算比较紧张,人工成本预算除了我们三个人的成本,余下的其实没有多少,这就意味着基本上不能挑级别较高的人,只能选初级的了。真是的,要我们好好干活,又不给我们好点的人。

洪经理　　　　我好不容易才征得徐总同意,把你们两人拉到这个项目组里,你还指望其他人都是你们这样的,怎么可能?

项目成员 B　　这个人工成本预算,我们三个人再加上初级人员和实习生,勉强可以。不过我们要心里有数,别指望其他人,就靠我们三个人把这个项目撑起来。

项目成员 A　　我没问题,干活本来就指望自己,年轻人就打下手吧。但也可能遇到不错的小伙伴。

项目成员 B　　其他的预算,招待费有点少。如果要宴请客户,招待费肯定不够。我们省点花,应该问题不大。

洪经理　　　　是的,如果超预算,那么大概率应该在人工成本上。其他部分都差不多。

第三幕:项目分工和责任落实

洪经理　　　　你们看看任务清单,这个项目涉及架构设计、软件平台和三个

	主要功能模块，大家看看怎么分工。
项目成员 A	好的，我们商量商量。软件平台我来负责，因为这是我的专业。至于功能模块，我负责其中一个，剩下的两个小 B 来负责，你看行不行？
项目成员 B	问题不大。软件平台我不擅长，两个功能模块我可以做。
洪经理	嗯，跟我的想法差不多，我也赞同，那就这么说定了。我重点负责架构设计，剩下的时间来做需求对接。具体的开发任务，小 A 负责软件平台加一个功能模块，小 B 负责两个功能模块。我们再看其他人怎么分配任务。
项目成员 B	我们也做一些准备。其他人什么时候到？我们先看看大家的情况再具体决定。
洪经理	到时候我们一起来做个简单的面试吧。
项目成员 A	好的，那我们现在开始准备。

3.4.1　颗粒度：项目计划分解的粗细

项目计划分解不是只做形式上的分解就交差了事，而是要认真审视其中关键的进度和时间节点，尤其要注意两类关键节点。一类是在合同中或与客户的沟通中明确的节点，另一类是项目组内设置的节点。要知道，项目所有的交付物原则上都要进行公司内部评审，只有通过内部评审，才可以交给客户。未经内部评审就直接提交给客户是绝不允许的，因为风险极大。

还要注意项目计划分解的颗粒度问题。**项目计划不是越细越好，因为项目在实施过程中会遇到种种情况，这些情况是项目经理做计划时不能穷尽的。**就算项目经理做出完备的、具体到每天的项目任务和人员安排，在实际执行中也会被打乱，因为变化永远比计划快。

当然，项目计划更不是越粗越好。如果项目计划仅仅锚定几个底线要求的时间节点，其余的都不管，最终的结果一定是听天由命。因此，项目计划分解的颗粒度应当以一周或两周为一个任务节点。换句话说，就是在里程碑之下再分解一层，做到三级计划。这对于一般的项目已经足够了。如果项目本身非常复杂，如项目集、重大项目，可以做到四级计划。

项目计划分解要抓结构、抓节点、抓重点，不能追求花团锦簇，而要务实地抓住关键节点。

3.4.2 钉住：项目关键事项落实到人

项目计划分解只是一个方面，更重要的是作战步骤和命令，明确任务分工和责任人。一个没有明确分工和责任人的项目计划，如所有的责任人都是项目经理或某位项目成员，完全就是应付。有效的计划一定由任务、完成时间、负责人、结果（交付物）四要素构成，缺一不可。

前面所说的项目任务分工依然停留在项目内容层面，但是除了项目内容，项目还有许多沟通、汇报、呈现工作，这也是项目经理的重要工作，但容易被项目经理忽视。项目经理必须将项目的阶段评审、汇报、交流、研讨等工作一并纳入项目计划并进行任务分解。项目关键任务及责任分工示例如表 3-12 所示。

表 3-12 项目关键任务及责任分工（示例）

阶段	子阶段	任务	里程碑	负责人	完成时间	交付物
需求开发与系统设计	需求开发	需求开发和确认				《客户需求说明书》《用户需求列表》《系统需求规格说明书》
		需求评审（TR1）	▲			《需求确认评审报告》
		需求跟踪与变更				《需求变更控制计划》
		系统测试				《系统测试计划》
	系统设计	架构设计				《架构设计说明书》
		产品配置方案设计				《产品配置方案》
		数据库设计				《数据结构设计说明书》
		系统部署设计				《系统部署设计说明书》
		接口设计				《接口设计说明书》
		UI 设计				《用户体验设计说明书》
		详细设计				《详细设计说明书》《技术调研报告》
		系统设计评审（TR2）	▲			《系统设计评审报告》
实施及验证	系统开发	代码开发				《项目编码规范》《开发环境说明书》
		代码走查				《代码走查报告》《数据库脚本完成确认表》《界面程序代码完成确认表》《接口程序代码完成确认表》
		单元测试				《单元测试一览表》《单元测试分析报告》

项目管理场景技能

续表

阶段	子阶段	任务	里程碑	负责人	完成时间	交付物
实施及验证	测试发布	集成测试				《集成测试用例》《集成测试分析报告》
		系统测试				《系统测试用例》《系统测试分析报告》《接口测试分析报告》《性能测试分析报告》《安全性测试分析报告》
		系统发布	▲			《系统部署安装说明书》《用户手册》《管理员手册》《版本发布说明》
		配置管理				《基线状态报告》
上线及试运行	系统上线	制订上线方案				《上线/割接方案》《用户使用手册》
		上线评审（TR3）	▲			《上线/割接评审记录》
	试运行	系统调测				《系统运行检查表》《系统调测报告》《系统完善记录》
		系统确认测试				《系统确认测试报告》
		系统使用培训				《培训记录表》
验收运维	初验	发起初验				《初验证书》《验收遗留问题一览表》
		初验评审（TR4）	▲			《初验评审记录》
		初验总结与复盘				《阶段总结报告》
	终验结项	发起终验结项				《终验证书》《验收遗留问题一览表》《项目交付成果清单》
		终验评审（TR5）	▲			《终验评审记录》
		项目结项考核				《项目结项考核表》
		终验总结复盘				《终验评审记录》
	维护	定期系统巡检				《系统运行检查表》
		故障处理				《故障处理报告》《重大故障处理报告》

除关键事项外，项目在实施过程中还可能遇到一些难题和突发事件等特殊事项，这些事项在做任务分解时难以预料，但是可以确定对接人和责任人。这时，项目经理的核心班底就能够发挥作用。没有核心班底，仅限于日常工作往来的项目成员是没有太多的意愿来帮助项目经理承担这些责任的。

项目计划制订需要留足空间也出于这样的考虑，因为项目中能够自主、自控的工作相对来说都好调节，但涉及多方沟通的及我们不能左右的事情都不好调节，如阶段汇报和客户领导约时间，测试需要客户相关部门的配合，客户内部要走审批流程等。

3.5
立靶：一切围绕项目毛利目标

场景案例 12　项目组对项目目标达成一致意见

背景："WORKBRAIN"系统项目组对预算做最后复核，发现原先的毛利目标实现难度太大，项目经理和项目成员内部讨论。

角色：洪经理、项目成员 A、项目成员 B。

项目成员 A	洪经理，上次你和我们说过，现在的项目激励是与毛利目标关联的。
洪经理	是的，与毛利目标关联。要进行双考核，经营考核加管理考核。
项目成员 B	如果是这样，那么对毛利目标我们有一些不同意见，因为成本预算非常严苛，实际成本肯定超过预算，这无形中减少了项目毛利。毛利目标30万元，我测算了一下，实现难度非常大。
项目成员 A	我看小 B 测算的毛利，与 30 万元的目标相比大概还有 3 万元的差额。预算中成本少算了，无形中放大了毛利目标。就算给我们这样的预算，最后也会超的。公司现在有几个项目是不超预算的？
洪经理	项目预算评审时我已经提出来了，但是评委和 PMO 都不同意。他们说的也有一定道理，毛利是干出来的。这次公司把我们这个项目作为试点项目，尝试做一些项目管理改革，还有政治任务的成分，因此我就不好再说了。
项目成员 A	洪经理，你不好说，就苦了兄弟们。
项目成员 B	发牢骚没用。我觉得这个毛利目标不能说完全不能实现，我们努努力还是有可能的。公司也有公司的难处。所有项目都在跟公司讨价还价，都想把预算调高一些，但是公司也要追求利润，毕竟运营成本越来越高了。
洪经理	现在整个公司的导向都是经营，我们要服从和支持公司的大局。
项目成员 A	是的，大的调子已经定了，我们还是想想怎么办吧。我看看在

	哪些地方可以压缩成本。
项目成员B	差旅费我们可以省一些，找个酒店谈长租，省下点住宿费。都在项目现场待着，少来回跑，节省一些交通费。
洪经理	只能这样了。我们既然定了这个目标，就要实现这个目标。公司给我们下了命令，我们就服从命令，拿下这个目标。
项目成员B	好的，没问题，服从命令。
洪经理	大家一起干吧。我们时刻想着毛利这件事。一些不必要的开支还是能砍砍的，我心里有数。
项目成员A	那就这么干。

3.5.1 终极目标：交付项目的经济价值

项目完工只是项目的基本要求，并不是项目目标，项目的终极目标是为公司带来经济价值，如收入、产值、毛利、回款等经济性目标（见表3-13）。交付项目是现金流行为，属于LTC中的OTC部分，这也决定了交付项目天然具有经济属性。交付项目表面上看是具体的工作，但是上升到市场经济层面，就是公司与客户的交易行为。既然是交易行为，就要完成价值创造和价值实现的闭环。

🎯 小贴士

名词解释

- LTC（Leads To Cash）：从线索到回款，是贯穿业务运作的公司级、面向客户、端到端的主业务流，涉及物流、资金流、人力投入等多种要素，是项目管理涉及的最重要的流程之一。
- LTO（Leads To Order）：从线索到订单，属于项目的营销环节。
- OTC（Order To Cash）：从订单到回款，属于项目的交付环节。

表3-13 项目的经济性目标

序号	指标	备注
1	收入	依据会计准则确认的收入，非合同额
2	产值	按照进度确认的内部计算方式，当期与累计同计
3	毛利	毛利、核算利润择一，当期与累计同计
4	回款	可分为预付款、阶段款、尾款，当期与累计同计

如果说销售是价值创造，交付就是价值实现，交付的过程就是价值传递和实现的过程，即项目完成、客户验收打款、公司确认收入。需要注意的是，交付项目的主调是价值实现，但是交付项目中也能实现价值创造，更多体现在项目经营层面。因此，**项目经理不能简单地把按时、按质交付看作项目的全部目标，一定要把项目的经营结果和经济目标看作项目的终极目标**，只有这样才能为公司经营提供直接的经济输送，这也是项目经理的核心价值所在。否则，项目经理就可能陷入有苦劳、无功劳的尴尬局面。

有的项目经理总是觉得自己兢兢业业工作，但并没有得到公司的认可和肯定，认为自己没有被公正对待，其实这是项目经理的认知偏差。既然项目目标是经济导向的，项目的价值就一定体现在经济性指标上。**兢兢业业不等于盈利，就像苦劳不等于功劳一样**。项目经理要摆脱这样的困境，就要在思想层面有项目经营意识，否则就会流于项目管理的表面，停滞不前。换句话说，**所有项目管理动作都要围绕最终项目目标进行，管理只是工具和手段，并不是目标**。

3.5.2 锱铢必较：项目毛利目标的最终敲定

在制订项目计划和预算及进行立项评审时，项目经理往往发现当初销售环节所做的毛利预测和真正拿下单子后所做的项目预算有很大出入。只要存在差异，项目经理就需要提出来，事前讲清楚，不要稀里糊涂地接下项目，更不能等到项目进行了一半才后知后觉地发现毛利目标实现不了。

项目毛利就是靶子，项目管理的所有动作都是向靶子射出的箭，因此要有的放矢。项目经理不能简单地把销售阶段的毛利预测直接拿过来用，因为销售做的毛利预测肯定是尽量放大的，目的是促使公司认可和拿下单子。项目经理也不能完全从自己的角度出发做毛利测算，因为项目经理在做毛利测算时也会潜意识地给自己留下余地，对于成本尽量多算，对于毛利尽量少算。要把销售和项目经理的毛利预测综合起来，认真审视确定。

例如，一个合同金额 100 万元的项目，销售预估毛利 30 万元，项目经理测算毛利 22 万元，两者相差 8 万元。需要具体分析其中的差异，如果差异是合理的，公司也能够接受，就以项目经理的测算为准，确定 22 万元的目标。如果发现没有 8 万元的差异，项目经理多算了 3 万元成本，就可以确定毛利目标为 25 万元。

敲定毛利目标这件事马虎不得，因为这关系到后面的考核和激励。在项目考核中，毛利考核权重极大，项目激励又是以毛利为基数的，因此**项目经理自己要能拉下脸面、斤斤计较，不要讲情面、穷大方，要想着身后的项目组，更不要拿项目组的集体利益做自己的人情。**

3.5.3 替代：毛利目标的变通

毛利对某些公司来说是商业秘密，为了避免泄密，可以采用变通的方式。当毛利（利润）不宜让他人知道时，可以采用产值/收入、成本预算、回款等指标替代（见表 3-14）。

表 3-14 项目毛利的替代指标

替代指标	适用情况
产值/收入	毛利率较稳定且实施费用占比较小的产品和业务 毛利=收入（产值）×毛利率
成本预算	项目经理可控范围较小，就以其可左右的成本预算作为目标
回款	项目成本对公司不太重要，现金流更重要

依然举上面的例子。25 万元毛利的反面是 75 万元成本，包括增值税、附加税、外采设备费用、外协外包费用等。把这部分成本扣除，把项目经理能够左右的成本作为替代的项目目标。例如，75 万元中扣除外采的硬件设备 20 万元、自有软件产品内部定价 5 万元，剩余 50 万元是人工成本和差旅费，这些是项目经理能控制的，就以 50 万元作为项目成本目标。

还可以考虑以收入替代毛利作为目标，特别是那些毛利率比较稳定的业务或产品。产品成熟的项目利润率比较稳定，也可以用收入替代毛利。但是无论做怎样的变通，最后都要落到经营性指标上。

本章小结

- 项目计划和预算紧密关联,项目计划和预算的制订和评审要当成一件事,不能当成两件事。
- 项目经理要以合同为尺度制订项目计划,紧紧围绕项目目标编制项目预算。项目计划和预算的评审要达到定准的目的。总之,一切都要围绕项目目标进行。
- 项目计划和预算的评审侧重于对可行性、经济性、安全性进行评估。评审是帮助项目经理完善项目计划和预算,以更好地达成项目目标,而不是居高临下地"批改作业"。
- 交付项目的终极目标是项目毛利,这是交付项目最重要的价值。

第 4 章

兵马未动，粮草先行：
项目经理务必将激励定在前面

场景案例 13　项目经理想提前明确项目考核和激励标准

背景："WORKBRAIN"系统项目立项评审通过，项目经理和 PMO、HR 商量激励标准。

角色：洪经理、曹主任、徐总。

第一幕：PMO 与项目经理确定项目考核和激励标准

洪经理	曹主任，"WORKBRAIN"系统项目计划和预算评审通过了，项目团队也到位了。我想把项目的考核和激励标准也确定一下，使大家更加有目标感，共同向着实现项目目标努力。
曹主任	洪经理，这个想法很好。"WORKBRAIN"系统项目是产品部署类项目，激励参照二次开发类项目执行，标准是项目毛利的 8%。这个项目属于新产品落地的前三单，是公司的战略项目，又是新行业突破项目，按照规定可以上浮 50%。
洪经理	这样更好，能够上浮，大家工作积极性更高了。
曹主任	我们顺便把项目考核的事情也确定一下吧。产品部署类项目的考核，常规指标是进度、质量、成本。我想针对这个项目的特殊性加一项指标，你看是否合适？
洪经理	你说。
曹主任	这是比较典型的产品加二次开发类的项目，我想把典型案例作为这个项目额外的考核指标。因为公司和客户都非常重视，所以应该做成标杆项目。
洪经理	标杆项目？

曹主任	是的，不仅仅是项目内容上的标杆，也是项目管理的标杆，因为这个项目前期为了赶进度，需要额外增加人手，导致项目成本增加，但是项目毛利目标不变，具有代表性。大家一起努力把这个项目做好，成为公司的项目管理标杆。
洪经理	这样我们的压力就大了。我们努力吧。
曹主任	一起努力，这不仅仅是项目团队的事情，也是我们PMO的事情。我们要重点跟踪"WORKBRAIN"项目，大家共同努力，把项目做成标杆，只能成功，不能失败。
洪经理	好的，没问题。

> 第二幕：PMO向总经理汇报项目考核和激励标准

曹主任	徐总，"WORKBRAIN"项目的考核和激励标准，我想向您汇报一下。
徐总	公司不是有相应的规定吗？按照规定执行就是了。
曹主任	徐总，因为这个项目工期紧、任务重，项目成本比预期增加不少，但是要求项目目标不变，所以我想把这个项目做成标杆项目。既成为行业的标杆项目，也成为我们公司内部项目管理的标杆。
徐总	这个想法好，我支持。你跟小洪好好商量一下怎么把项目做好，等项目结束以后，让小洪向公司的项目经理多传授传授经验。
曹主任	好的，这个项目的考核我跟洪经理沟通过了，加一项额外考核指标，就是要把这个项目做成标杆项目。还有一件事向您请示，这个项目符合项目管理中的难度系数规定，激励可以上浮，在现有激励标准的基础上上浮50%。
徐总	可以，你按照规定去做。如果真的做成了行业和我们内部项目管理的双标项目，还可以给予额外的激励，到时候我们再商议。
曹主任	好的。再向您汇报一件事，因为我们在逐渐推进项目管理变革，我想以这个项目作为试点来推行项目启动会、绩效协议、考核、经营分析、激励等体系性的项目管理，您看合适吗？
徐总	合适。按照比较正式的方式来签绩效协议，明确项目目标、考核要求、激励等，给项目成员吃个定心丸，同时让项目经理有抓手。

曹主任	好的，那我按照您的指示落实。对了，项目启动会召开的时候，如果您有空，能不能过来给洪经理"站站台"？
徐总	好的，你提前跟我说，我有时间就参加。

> **第三幕：PMO 组织项目启动会**

曹主任	洪经理，项目考核和激励标准的事情，我向徐总汇报过了，徐总同意了。徐总对这个项目非常重视，我们开个项目启动会，在会上把绩效协议签一下，这样有仪式感，让项目成员知情，也便于你后续更好地管理。
洪经理	好的，这样我也不用当传声筒，你们 PMO 出面也是给我"站台"。
曹主任	关于项目启动会我还有个建议。因为这个项目要做成双标杆项目，你有没有想过做一些战前动员，让大家更有激情？
洪经理	你这个想法好，我也是这么想的。我带着项目团队开内部会，说服力还是不够的，如果把这个项目启动会变成战前动员会，意义就更大了。
曹主任	好，我支持你，你准备准备。徐总说如果他有空，也来给你"站台"。
洪经理	那就太好了！会议你来主持吗？
曹主任	好的，没问题，我把绩效协议提前打印好。时间定在下周三怎么样？简短一点，大约一小时。
洪经理	没问题。

兵马未动，粮草先行。这里的粮草不仅指项目配备的资源，也指应当给予的项目激励。一定要把激励定在前面，有以下几个原因。第一，有明确的激励能让项目成员更愿意参与项目，以缓解人员供给紧张的困境；第二，让项目成员清楚这个项目做完了能拿到多少奖金；第三，激励定在前面，更能表达公司的诚意。

把项目激励定在前面还有隐含的意思，就是让大家知道在这个项目中做出成绩和贡献，就有相应的激励。项目激励不同于工资等固定薪酬，是项目成员干出来的，不参与、不干活就没有。另外，项目激励不完全是正向激励，还包括负向激励，奖与罚并行，这才是完整的激励。当然，要以正面激励为主，以负面激励为辅。

项目激励是项目经理绕不过去的工作，也是让公司、PMO、HR 感到头疼的环节。因为**项目激励设计不当，容易变成变相的工资**，让本来有弹性的部分变为刚性的部分，这样就失去了设置项目激励的意义。只要求干活、不谈激励不行，大家都死盯着激励，没有激励就不干活更不行，因此项目激励一定要解决干与不干、干好与干差的问题，务必区别对待、有所差异，否则项目激励就难以长久，成为鸡肋。

🎯 小贴士

项目激励形式

项目激励形式多样，常见的项目激励如下。
- 项目奖金：为项目设置的现金激励，属于薪酬中有弹性的部分。
- 利润分享：项目超额利润的分享。
- 积分：依据项目量和任务获取的非物质激励，一般与晋升、晋级等挂钩。

4.1
公之于众：项目经理协商并确定项目激励标准

4.1.1 明了：项目激励的比例和基数

明确项目激励的比例和基数是关键，越明确、越清楚越好，含糊不得，更不能有先干着，后面再说的心态。一般有两种情况，一种是公司没有明确的激励标准，这就需要项目经理和 PMO（公司）一起协商和确定。另一种是公司已经有明确的激励政策和标准，参照执行即可。

即使公司没有明确的标准，也并不意味着没有参照，可以用薪酬固浮比的方式来确定大致的项目激励比例（见表 4-1）。但因为项目激励是工资之外额外增加的部分，比例过高，则无形中增加了人工成本；比例过低，则起不到激励效果，因此合适的比例应当是工资（固定薪酬）的 20%~30%，下限是 10%，上限根据公司的具体情况而定，还需要结合项目成员的整体薪酬水平和结构来综合考虑。

已有明确的激励标准，可以不做过多说明，因为项目团队对此已经接受和认可。对于没有过往参考的项目、特殊的项目，也需要提前确定，无论是参考类似项目的标准，还是另外制定特别的政策均可。

表 4-1　薪酬固浮比

项目人员	激励比例
项目经理	30%~50%
项目核心成员	20%~30%
项目外围成员	10%~15%

项目激励一般有固定和比例两种方式。固定方式是给出固定额度，如某项目奖金 5 万元；比例方式是分项目类型给出比例，然后乘以项目激励基数。无论哪种方式，最终都要确定明确的额度。常用的项目激励基数有合同金额、收入、毛利、核算净利润、回款等（见表 4-2）。

表 4-2　常用项目激励基数

项目激励基数	采用利弊
合同金额	合同不等同于交付
收入	受会计政策确认收入影响
毛利	相对简单
核算净利润	更精准，但相对滞后，核算比较复杂
回款	能守住底线，但回款与产值并非完全同步

建议以毛利作为项目激励基数，因为以合同金额或收入作为激励基数不能反映项目的利润情况，而以核算净利润作为基数又涉及比较复杂的计算，而且有滞后性。具体示例如表 4-3 所示。

表 4-3　项目激励基数与比例（示例）

项目类型	激励基数	计提比例
安全产品	毛利	5%
安全评测	毛利	1%
产品部署	毛利/收入	4%
技术服务	毛利	8%
定制开发	毛利	10%

4.1.2　调节：项目激励的调节系数

还需要根据项目类型（如产品类、定制类等）的具体情况补充细节，在标准项目激励的基础上做相应调整，形成项目激励的调节系数，如表 4-4 所示。

表 4-4　产品类项目激励调节系数（示例）

调节系数	适用情况
2	全新研发的产品，开发量≥70%
1.5	有产品但不成熟，30%≤二次开发量＜70%，二次开发+升级项目
1.2	有产品/CBB 支撑，二次开发量＜30%
1	有产品支撑，无二次开发，只需本地化部署项目

也可以根据项目的市场开拓性和意义予以调节，如新行业首单、新技术/新产品前三单。因为开拓性项目难度相对较大，所以可以考虑予以一定的调节系数上浮（见表 4-5）。

表 4-5　开拓性项目激励调节系数（示例）

调节系数	适用情况	参照适用
2	新行业首单	
1.5	新技术前三单	新行业、新产品前三单
1.2	新产品前三单	

增加项目激励调节系数的目的不是让项目经理和 PMO 就项目奖金的多少进行博弈，而是利用项目激励的引导作用，鼓励项目经理及项目成员去选择那些有难度的项目，多做有挑战性的项目。现实中的项目一定有好做和难做之分，项目激励要据此适当调整，将项目激励机制提升到承接战略和经营的高度。

> 💡 **快问快答**
>
> Q：一定要设置项目激励调节系数吗？调节系数只能大于 1 吗？
> A：设置项目激励调节系数的目的是调整单一项目激励标准的适用性，因为类型、行业、产品不同，项目的作业难度及项目管理的复杂程度也不尽相同，所以用调节系数来做微调。
> 　　一般来说，调节系数适合做加法，即调高不调低。只有现有激励标准偏高，但又不宜调整标准时，才采用小于 1 的系数设置，相当于变相折扣。

4.1.3　前提：项目激励的预发

原则上说，项目激励是以回款为发放前提的，因为这样能守住底线，但回款与产值并不能完全同步。项目激励日常可计提但不发放，有些公司等到客户验收完毕、全部回款后再发放。但是对于一些周期比较长的项目，可以按照大的阶段将项目激励分开，如在某个里程碑完成后发放一笔中期奖金，这要视项目具体情况而定。公司最好制定出比较明确的规定，不要让项目经理向公司讨要。

项目激励是否预发除了考虑时间跨度，还要综合考虑项目经理、项目成员的薪酬结构。如果项目经理、项目成员的固定收入相对偏低，就需要考虑预发一些项目激励，目的是保证他们的固定收入不低于安全收入。

行业和地区不同，安全收入也有所差异，但是有一个基本准则，即安全收入恰好能覆盖个人及家庭的日常基本开支，如车贷、房贷、生活费等。设定安全收入的目的是让项目经理和项目成员能够相对安心地在项目上工作，不必每个月都为家庭开支犯愁。另外，安全收入不是越高越好，只要合理即可，否则就会在无形中降低薪酬的弹性。

4.2
有的放矢：项目经理明确项目考核指标及评价标准

4.2.1 目标感：项目经营考核

项目整体考核分为两层。第一层是项目经营考核，就是对项目毛利目标的达成情况进行考核。与其说考核，倒不如说核算更准确，因为**经营指标是算出来的，不是评价出来的**。第二层是项目经营指标之外的项目管理考核，具体指标需要根据公司的导向和项目属性来确定。交付项目考核应先考核经营指标，后考核管理指标，先后顺序不能乱。项目经理一定要牢记项目毛利目标，带领项目团队去实现这一目标。

项目经营考核常规指标有毛利、收入、产值、回款等。建议将毛利作为主要指标，将收入、产值作为替代指标，将回款、成本预算、人效作为辅助指标（见表4-6）。设置这类指标时要秉承关注经济指标而非管理指标的原则。

表4-6 项目经营考核指标

指标	类型	数据来源
毛利	主要	PMO、财务

续表

指标	类型	数据来源
收入	替代	财务
产值	替代	PMO
回款	辅助	财务
成本预算	辅助	PMO、财务
人效	辅助	HR

项目成本预算指标要从公司的角度来看，需根据项目类型加以区别。例如，纯定制类、产品部署类、集成类、软硬件一体类项目及在项目交底中特别提醒的重点项目，考核指标都应该分门别类来设定。

4.2.2 过程导向：项目管理考核

进度、质量、技术文档是项目管理考核的基本指标（见表4-7）。对于的确需要考虑的特别事项，可以采用加减分的方式，争取做到既不失组织原则，又保持灵活。

表4-7 项目管理考核基本指标（示例）

一级指标	权重	二级指标	权重	评价主体
进度	50%	总进度	30%	PMO
		里程碑进度	20%	
质量	35%	技术评审通过率	20%	PMO
		测试用例通过率	15%	质量（测试）
技术文档	15%	技术文档合格率	15%	PMO
特别事项	/	加减分项，不占权重	/	销售、PMO

已有的项目管理考核指标可以通用，原则上不允许调整指标、权重和评分标准。以软件开发项目管理考核为例，在具体考核指标下明确考核内容和评分标准（见表4-8）。

表4-8 软件开发项目管理考核指标及评分标准（示例）

指标	考核内容	评分标准
质量	公司标准文档模板使用情况及编制质量	文档编制质量较差、内容不规范、不符合项目要求，每份扣3分 未使用公司标准文档模板编制，每份扣3分
	软件产品质量	客户使用过程中出现2级及以上问题，每次扣3分

续表

指标	考核内容	评分标准
进度	项目进度计划	没有制订项目进度计划，扣 10 分
	进度偏差管理与进度变更	进度偏差超过 10%，扣 5 分 进度偏差超过 25%，且没有客户签字确认的进度变更，扣 10 分

另外，诸如客户满意度、客户投诉、嘉奖等事项，采用加减分方式，不占权重，如表 4-9 所示。

表 4-9　软件开发项目管理考核加减分项（示例）

指标	考核内容	加减分
客户满意度	每月定期做客户满意度调查（电话回访、邮件回访、现场回访）	客户满意度调查在 85 分以上，不扣分 客户满意度调查在 75 分以上、85 分以下，扣 2 分 客户满意度调查在 60 分以上、75 分以下，扣 5 分 客户满意度调查在 60 分以下，扣 10 分
客户投诉	接到客户投诉，组织相关人员对投诉进行分析，属于项目进度方面的问题	确属项目团队进度延缓问题，扣 5 分
	接到客户投诉，组织相关人员对投诉进行分析，属于项目团队工作态度、礼仪等方面的问题	确属项目团队工作态度等问题，扣 10 分
	接到客户投诉，组织相关人员对投诉进行分析，属于系统存在的问题	确属系统问题，扣 5 分
	相关人员对投诉进行分析，发现项目经理在项目进度、项目问题、资料管理等方面有瞒报现象	有瞒报现象，扣 20 分
嘉奖	受到客户表扬（加盖单位公章的书面表扬信、锦旗等）	加 10 分
	项目团队受到公司内部书面表扬	加 5 分

项目考核的关键指标及评分标准，需要跟项目经理、项目团队说在前面，让所有人都明白、知晓。

4.3
命令如山：项目经理代表项目团队签订绩效协议

4.3.1 集成：主要内容囊括在协议中

很多公司对项目绩效协议比较随意，不太注意使用正式文件，如往往以任命书的方式代替项目绩效协议。笔者建议使用正式文件，目的是为项目经理进行项目管理提供抓手。**绩效协议是管理文件，不是技术文件，所以要简单、明确，追求内容的覆盖而非复杂，不在乎长短。**

项目绩效协议需要明确的内容主要包括项目的计划、时间、进度、核心成员、预算、考核、激励及分配事宜，将公司在项目管理中需要达成的目标集成至项目绩效协议中（见表 4-10）。项目绩效协议需要项目经理及能够代表项目团队的项目成员一同签订，可以向项目成员和相关部门公开。

表 4-10　项目绩效协议（部分）

项目绩效协议
1. 目的 为倡导不创造、不获取，多创造、多获取的价值创造理念，促进建立以项目为基点的管理模式，强化项目产出和资源释放，进而保障项目如期、高效、高质完成，令客户满意，特制定本项目绩效协议。
2. 项目经理责权 实行项目经理责任制，项目经理对项目经营及项目最终结果负全责，统筹安排项目整体运行及跨部门沟通协调等工作。 项目经理在项目边界范围内享有相关的指挥权、考核权、分配权。
3. 项目信息 项目编号为＿＿＿＿＿，项目经理为＿＿＿＿＿，具体项目计划、项目成员及分工信息详见《项目任务书》。
4. 项目奖金 本项目为　　类项目，项目奖金（P）为　　万元。
5. 项目绩效考核 研究院（运作支持部）按照《项目任务书》确定的进度和要求组织项目考核，并授权项目经理进行项目成员的任务分配和考核。 （1）项目考核 研究院（运作支持部）按照《项目任务书》中的里程碑节点及时组织过程考核和结果考核，指标由各相关部门提供数据，形成考核结果，确定项目考核系数（α）。

续表

项目考核关键指标及相应的数据来源或评价主体如下。

一级指标	二级指标	数据来源/评价主体
项目进度 40%	总进度	运作支持部
	里程碑进度	
项目质量 40%	结构变更次数	运作支持部
	测试一次性通过率	实验室
	技术评审通过率	运作支持部
技术资料 20%	技术文档完成合格率	运作支持部
	专利、外观、实用、新型	
客户满意度（加减分）	客户满意度（加减分项，不占权重）	市场营销平台、质量部

（2）任务考核

项目经理负责项目任务考核及项目成员考核，以阶段任务（TR）为周期，考核指标侧重于项目进度、项目质量两项，确定任务考核系数（β）。

项目经理个人考核系数与项目考核系数（α）相同。

（3）考核分数及等级

分　　数	$N\geqslant 95$	$85\leqslant N<95$	$75\leqslant N<85$	$60\leqslant N<75$	$N<60$
等级	S	A	B	C	D
系数	1.2	1.1	1	0.8	0.5/0

6. 项目奖金包计算及分配

（1）项目奖金包总盘

根据项目考核结果确定项目奖金包（S），计算公式为：$S = P \times \alpha$。

（2）基于项目任务的奖金分配

切出项目奖金包的 5%~8% 作为项目经理专项奖金，按照项目管理难度适当调整。

项目奖金包其余部分按照项目阶段及项目任务分配，分配标准框架（γ）如下。

阶　　段	TR	A	B1	B2	C1	C2
产品设计和开发：计划阶段	TR1：结构	25.3%	24.6%	24.8%	22.5%	11.4%
	TR2：模具	15.1%	15.5%	15.8%	15.9%	0.0%
过程设计和开发：开发阶段	TR3：样机	11.8%	11.9%	10.8%	10.5%	30.6%
	TR4：EB 试产	26.0%	25.5%	25.7%	27.3%	31.0%
产品和过程确认：验证阶段	TR5A：PP 试产	10.5%	10.8%	11.4%	12.4%	10.2%
	TR5B：PP 试产关闭	11.3%	11.7%	11.5%	11.4%	16.6%

项目成员根据所承担的任务获取奖金，具体金额根据任务考核结果浮动。任务奖金（C）计算公式为：$C = S \times \gamma \times \beta$。

7. 签字确认

4.3.2 凭证：签订项目绩效协议

项目绩效协议就是公司与项目经理之间的契约，但是这种契约不是口头契约，需要形成正式的文本，不能口说无凭。这样做一方面能够让项目经理感受到公司在项目管理上的规范性，另一方面能够以公司的名义、正式协议的方式明确考核激励事宜，让项目经理和项目团队安心。

项目绩效协议的签订可以采用比较灵活的方式。一种方式是项目经理代表项目团队签订。另一种方式是在公司的内部启动会上，让项目经理在公司领导、项目成员及相关部门的见证下签订，这样更郑重、更正式。当然，必要时可以考虑让项目核心成员和项目经理一同签订。这样做是因为**签订绩效协议相当于公司授旗、授权给项目经理**，所以可以考虑增加一定的仪式感。绩效协议的签订加入内部启动会的议程，在内容和形式上能够更加完美地融合，也能减轻项目经理的负担。

4.4 整装待发：项目经理将项目启动会当成战前动员会

4.4.1 先内后外：项目启动会依次召开

项目启动会分内外场，外部启动会在客户那里召开，仪式感更强些。项目经理不要因为有外部启动会就不开内部启动会，内部启动会还是非常有必要召开的。内部启动会可以让项目成员相互熟悉、了解目标，请领导为项目经理"站台"，并通知一些特别事项。外部启动会最好在内部启动会之后召开，在项目现场与客户联合项目团队共同召开。内部启动会的定位是碰头会、动员会，外部启动会是内部启动会的外延，两种项目启动会的目的和要点都不尽相同（见表4-11）。

表4-11 项目启动会的类型

类　　型	目　　的	要　　点
内部启动会	统一目标	- 内容大于形式 - 与项目强相关的人员参加 - 协同部门必须表态
外部启动会	宣告	- 形式大于内容 - 参加人员范围相对宽泛 - 领导讲话是必备环节

项目管理场景技能

内部启动会的主旨是统一思想和达成目标共识，**内容大于形式**。协调事宜及需要其他部门配合的事项需要在内部启动会上提出，一些项目难点和焦点问题也在内部启动会上明确。相应的部门和人员还要在内部启动会上表态，声明和保证他们对这个项目的支持和资源供给。要不要请公司高层"站台"，要视项目的具体情况而定。当然，对于重大项目，建议请公司高层来"站台"和压阵。

外部启动会恰恰相反，形式大于内容，特别强调仪式感，所以不会严格圈定参加人员的范围。项目经理千万不要把外部启动会变成一种小范围沟通会、通气会，而要把它当成宣告会，从客户的角度向全公司宣告这个项目的启动及作业内容、节奏、时间安排，更重要的是呈现出项目意义和价值。在外部启动会上，客户方领导讲话是必备环节，目的是借领导的势让客户公司的人员感受到这个项目的重要性，这点至关重要。

需要提醒的是，**内部启动会的主角是项目经理，外部启动会的主角不是公司方的项目经理，而是客户对接部门负责人，也就是客户方的项目经理**，因此项目经理在外部启动会上要甘当绿叶，陪衬客户方的领导和对接部门负责人。另外，在外部启动会上，如果客户方的领导要求公司方的对等领导参加，那么项目经理不要拒绝，反而要积极促成此事，因为这样更显示出客户对项目的重视。项目经理要提前和公司方领导说明项目情况，并沟通好领导行程和发言内容，这就是相互借势。

4.4.2 战前讲话：内部启动会

项目管理中的很多实质性动作需要通过项目内部启动会来完成，如关键的交底内容、项目目标和注意事项。项目内部启动会可以根据项目交底的思路召开，其议程如表 4-12 所示。

表 4-12 项目内部启动会议程

议　程	主持人	主要内容
开场	PMO	- 项目经理及项目成员相互熟悉和了解
项目介绍	项目经理	- 公示项目目标，达成共识 - 介绍项目计划及主要任务分工 - 提出项目考核、激励方案及分配思路
表态	PMO	- 领导或支持部门代表讲话
签订协议	PMO	- 签订或公示项目绩效协议

项目内部启动会要达成的目标如下。

1. 项目成员相互熟悉

让所有项目成员（核心成员、外围成员）相互熟悉、相互了解。去了客户现场，项目成员相互还不熟悉，那就必然引起客户的质疑和反感。

2. 让销售融入团队

让销售和解决方案融入项目团队，而不是排斥。前面讲到销售后延，就是要在项目内部启动会上明确，让项目成员知道项目团队中既有专业、技术、交付人员，也有销售、解决方案人员，项目团队是混合的作战小队。

3. 项目情况说明

项目经理向项目成员说明项目目标、大致的时间节点、客户需求等，说明时以项目经理为主、销售为辅。销售要在这些地方为项目经理"站台"，必要时邀请高层管理者参加。

4. 宣告项目团队组建完毕

项目内部启动会的召开标志着项目团队组建完毕，项目成员开始为项目做准备。这也是对项目成员的确认和检验，因为之前甄选、交底都没有形成正式的项目团队。大家之前对项目的理解、认识可能有些偏差，对项目的期望也可能发生一些变化，这时要允许项目成员变化，也要允许项目经理对项目成员做调整。内部启动会就是项目团队的第一次"拉练"。

为什么要把内部启动会开成战前动员会？这是因为内部启动会是项目经理、项目成员及相关部门对这个项目统一思想、达成目标共识的非常重要的过程。大家只有统一思想才能并肩作战，如果思想都不统一，对目标没有形成共识，那么在项目过程中一定会出现"拖后腿、掉链子"等问题。另外，项目在运行过程中需要多个部门的协同和配合，内部启动会能够让这些部门表态，保证对项目的资源支持顺利到位。

项目内部启动会不必花费太长时间，重要的是会议节奏，因此每个人的发言要言简意赅、直指主题，说出来的话能算数、能负责任，而不是会上乱说、空说，会后不认账，否则就违背了项目内部启动会的初衷。因此，项目内部启动会要详细记录决议、问题及下一步行动计划（见表4-13）。

项目管理场景技能

表 4-13　项目内部启动会记录

决　　议		
形成的决议	效果	采取的行动
问　　题		
问题描述	问题分析	解决方案
下一步行动计划		
行动	相关的问题或决议	负责人和完成日期

项目内部启动会是否有效，有以下三个判断标准。

1. 项目经理成为内部启动会的主角

项目经理是否成为内部启动会的主角？例如，与整个内部启动会的时间相比，项目经理的发言时间有没有超过一半？项目经理在内部启动会上能否控场，不仅是判断内部启动会是否有效的标准，也是对项目经理控场能力的检验。试想，如果项目经理在内部启动会上都不能控场，那么在与客户的各种交互过程中也是很难控场的。我们希望项目经理有控场的能力和气场。

2. 项目成员任务清晰、责任明确

内部启动会结束后，参加人员包括项目成员对项目的目标、任务分配是否有清晰的认识？这种认识反映在项目成员对绩效协议中列示的项目毛利目标、阶段任务分配、考核、激励等事宜是否清楚、认可且能够执行。如果项目成员对项目绩效协议不以为然，认为只是一张纸，不能算数，那么项目内部启动会就开成了程序会、过场会，只是应付 PMO 的程序要求而已。

3. 项目团队士气提升

内部启动会结束后，项目经理和项目成员的情绪是否高昂，士气是否提升？

如果内部启动会前后,项目经理及项目成员的士气没有发生变化,甚至死气沉沉,这次内部启动会就是不成功的。**项目经理做主角,一定要带动和能带动周边配角的情绪,让大家进入一种战斗状态。所谓战前动员,就是让大家以饱满的热情和坚定的信心投入战斗**,这是开项目内部启动会的重中之重。

4.4.3 吹响号角:项目外部启动会

虽然在项目外部启动会上,公司方的项目经理不是主角,但也是次主角、重要配角。在项目外部启动会上,项目经理要从主角转化为编剧、导演加配角等多重角色。当然,配角不是重点,重点是编剧和导演角色。在外部启动会上,项目经理要将主角和大场面让给客户方,让客户方领导和对接部门在启动会上露脸。项目经理要保持低调,编好剧、搭好台、排好场,让客户去唱戏。

> **💡 快问快答**
>
> Q:可以先开项目外部启动会再开内部启动会吗?可以不开内部启动会吗?
>
> A:不可以。项目启动会一定要先内后外,否则就会在客户那里暴露出思想不统一、计划任务不明确等问题,这是非常大的项目风险。
>
> 另外,项目启动会处于项目前期,正是与客户建立信任的关键时期。如果在这个环节出现重大失误,就会给客户留下非常不好的首次印象,后续项目推进会更加艰难。

导演和编剧的角色是项目经理不能推脱的。不能指望客户方领导和对接部门来做编剧和导演,这样会使项目外部启动会超出项目经理的控制范围。换句话说,虽然项目外部启动会的主角不是项目经理,但是项目经理要策划好项目外部启动会的议程、内容、参加人员,甚至撰写好客户方领导的演示文稿或发言稿,交给客户来实施。这就是项目经理做外部启动会的编剧和导演的意义所在。

项目外部启动会的目的是宣告,包括客户方领导讲话、对接部门代表发言,以引起大家对这个项目的重视和支持。项目外部启动会的重点不是向大家介绍项目的具体任务,而是表达这个项目对客户方的价值和意义,这是项目外部启动会和内部启动会非常大的区别。项目外部启动会议程包括但不限于项目介绍、方案

项目管理场景技能

介绍和领导讲话这些环节（见表 4-14）。

表 4-14　项目外部启动会议程

议　程	发 言 人	主要内容
项目介绍	客户方对接部门代表	- 项目意义、目标 - 项目计划安排及部门配合情况
方案介绍	公司方项目经理	- 项目方案及计划
领导讲话	客户方领导	- 强调项目重要性 - 做出指示并提出要求

很多项目经理把外部启动会当成内部启动会来开，在会上安排任务、分工，明确责任，甚至设定考核事项，这其实搞错了方向和身份。内部启动会是带着任务进行的，而在**外部启动会上，公司方项目经理是不能强制要求客户方部门和人员的，这样的要求只能由客户方领导和对接部门提出，项目经理千万不要越位和错位**。合宜的做法是请客户方的领导和对接部门替我们说，而不是我们项目经理直接说。

项目外部启动会除了让客户方相关部门和人员知道这个项目的存在，还能让客户方相关部门和人员认识项目经理。在外部启动会上，项目经理和客户方是一对多的关系，项目经理在这个阶段很难做到熟悉和了解每个相关部门和人员，但是项目经理可以做到让这些人都认识自己，这也是外部启动会的一个诀窍。在外部启动会上，项目经理要给自己争取一个亮相的机会，时间可以不长，但是一定要主动露脸，让大家认识自己，便于后续开展工作。这样也能够减少我们与客户方相关部门和人员沟通的成本。

在外部启动会上，项目经理要把时间和机会让给客户，**项目经理在此不能抢台、抢戏、抢表现，外部启动会不是炫技场所**。需要注意的是，对于内部启动会，公司方领导是否到场没那么重要，但是对于外部启动会，客户方领导必须到场，并且级别越高越好。这是因为**无论我们如何高级别地定义项目，客户方人员都是按照参加外部启动会领导的级别和人数来感知项目重要性和级别的**。举个例子，对接部门如何强调这个项目的重要性，都不如客户方的董事长、总经理、分管领导参加这个会议更有效。从某种意义上说，领导参会就是重视项目的直接体现。

此处对项目经理提出了一个技能要求，即为客户方的领导撰写发言稿。一般来说，对接部门代表的讲话往往使用演示文稿，但是领导讲话一般不用演示文稿，而用发言稿。如何撰写符合领导风格、心意，又能将我方的诉求融入其中的发言稿，特别考验项目经理的水平。当然，领导发言稿的撰写、修订需要与客户对接部门一起完成，在项目外部启动会上，对接部门是与我们并肩作战的战友，千万不要有甩开他们的想法。根据笔者的经验，领导发言稿基本上都由公司方项目经理拟出初稿，将关键内容阐述清楚，对接部门会根据领导的意图及风格进行修改，必要时还需要借助客户方办公室或领导秘书的帮助，才能将此项工作完成。

本章小结

- 项目激励是项目经理进行项目管理的重要抓手，项目经理要把项目激励定在前面，以避免后期夹在公司和项目成员之间为左右为难。
- 项目激励和项目考核是配套的，项目考核分经营考核和管理考核两方面，项目经理要重点关注项目目标的考核。
- 项目任务、分工、考核和激励等主要内容集成在项目绩效协议中，作为公司与项目团队之间的契约和凭证。
- 项目经理要把项目内部启动会开成战前动员会，自己做主角并控场；要把外部启动会开成宣传会，自己退居幕后，扮演好导演和编剧的角色。

第 2 篇

奔赴战场：
打呆仗、结硬寨，获取项目成功

项目开始实施就意味着项目经理带领项目团队进入了战场，前期的各种项目准备都会在战场上见分晓。交付项目本身并不激烈，讲究平稳和有序。项目经理在项目现场即使做不到运筹帷幄，至少也要做到指挥有度。

项目经理在项目实施阶段的工作策略是打呆仗、结硬寨。这里的"呆"是指项目作业稳扎稳打，一步一个脚印，踏踏实实、稳稳当当地顺利交付、关闭项目。"硬"是指项目的技术、专业、成果过硬。项目过程中会出现很多困难，项目经理凭借前期的充分准备和后方的资源支持，带领召之能战、战之必胜的"硬核"项目团队一路攻坚克难，高奏凯歌。

在这个阶段，项目经理要注意两个关键事项。第一是项目经理要掌握项目的主动权，不仅要监控项目过程，应对项目合同、需求、计划和预算的变更，还要在项目干系人管理上化被动为主动，面对变化能应对、能控场。第二是项目经理要在项目风险控制和经营目标达成之间取得一定的平衡。项目经理一方面要直指目标、打胜仗，另一方面要做好项目风险管理，两者都要时刻关注，不可偏废。

项目准备阶段及项目收尾阶段相对来说更侧重于公司内部，而项目实施阶段项目经理的场景技能都是面向客户的，与客户交互得更多。因此本篇的场景技能都是围绕项目成功和客户满意来展开的。以客户为中心的直接体现就是以项目为中心，项目成功的最好标准就是客户成功。项目经理以承接的项目为桥梁，为客户的经营发展和战略落地提供助力。

第 5 章

先发制人：
项目经理向项目干系人主动出击

场景案例 14　项目经理向销售请教如何维护项目干系人

背景："WORKBRAIN"系统项目已经进场，项目经理考虑到项目初验肯定压力很大，便找到销售和 PMO 商量如何保证项目顺利推进。

角色：洪经理、曹主任、郑经理、客户李总。

第一幕：项目经理向 PMO 和销售问计

洪经理	曹主任，我有件事要找你商量，需要你帮忙。
曹主任	洪经理，你回来了？你那个项目怎么样？有什么事，你尽管说。
洪经理	是这样的，项目任务我都安排下去了，目前的进度还可以。但是项目初验并不是我们把工作做好，客户就一定认可的，我想还是要先找相应的部门做一些交流和对接。这件事我不太擅长，所以问问你有没有好主意。
曹主任	问销售吧，他们在客情关系上很专业，做得很不错。我们去找郑经理，问问他有没有好办法。（一起去找郑经理）
洪经理	郑经理，我有事想找你帮忙。
郑经理	洪经理，你回来了？我还准备下午去客户那里找你呢。
洪经理	刚好，你找我有什么事？
郑经理	关于客户初验的事。客户反馈，项目基本上按照进度计划执行，他们比较放心。总体来说，客户还是比较满意的，但是我想，关于项目初验我们可能要提前做些准备，这样才能确保万无一失。
洪经理	是的，我来找你也是因为这件事。项目初验我们要提前做好准备。

	我在客情关系这方面不擅长,想找你帮忙。你能不能带着我跑跑相关部门,打打照面?至少混个脸熟。
郑经理	我正有此意。我们明天一起拜访客户的相关部门,见见面、聊聊天,顺便了解一下这些部门对我们项目的一些意见和想法。这样有些事情就可以直接对接了。
洪经理	好的,没问题。我们明天在客户现场会合。

📋 第二幕:销售和项目经理在客户现场会合,准备拜访各部门

郑经理	洪经理,你看我们怎么去拜访?
洪经理	我听你的,这方面你专业。
郑经理	我们首先去和对接部门的李总沟通一下,把我们准备拜访的事情向他做个汇报,他同意我们再去。不能变成我们绕开他去拜访,那样容易引起误会。能够取得他的支持就是最大的帮助。
洪经理	好的。还是你厉害,我就没想到这点。
郑经理	好,那我们一起去找李总沟通。(来到李总办公室)李总,你现在有时间吗?我们有事向你汇报一下。
客户李总	郑经理,洪经理,两位快请坐,喝茶。
郑经理	李总,感谢你对我们项目工作的支持。我们的目标是一致的,都是为了9月10日项目顺利通过初验。我和洪经理商量,为了初验顺利,想拜访一些相关部门,特意来征求你的意见。
客户李总	嗯,你们有心了。这些相关部门我已经打过招呼了,但是你们拜访和我打招呼不一样,你们拜访一下能了解他们对这个项目的满意度,对项目有没有好的意见。拜拜码头,烧烧香嘛(笑)。
洪经理	是的,李总。
郑经理	李总,我计划拜访这些部门,你看是否合适?(将名单递给李总)
客户李总	可以,郑经理,你对我们公司已经非常熟悉了。我本准备给你提一些建议,但是你想得已经很周全了。等你们拜访完后,我们再碰一下。
郑经理	好的,我们这就去拜访,拜访完再向你汇报。

项目管理场景技能

> 📋 **第三幕：项目经理和销售拜访完后和客户李总碰面**

洪经理	郑经理，这次你带着我拜访，真让我长见识了，我以后要多向你学习。
郑经理	洪经理，我们术业有专攻，客情是我的分工，技术是你的分工，我们相互配合才能把项目做好。这次拜访，各部门提出的建议都非常中肯，总体上对我们的工作是肯定的。我觉得项目初验应该稳了。
洪经理	是的，这一圈走下来，我们心里更有底。他们提出的几个小问题，我立刻组织整改，让他们满意。
郑经理	好，走，我们向李总做个汇报。（来到李总办公室）李总，我们拜访完了，向你汇报下情况。
客户李总	好，我正在等你们呢。我本来以为你们两三个小时就结束了，结果你们花了一天时间。时间久一点也好，大家沟通得更充分。怎么样？说说看。
郑经理	相关的几个部门都拜访了，大家对项目总体上是肯定的，觉得项目是按照计划和进度执行的，比较满意。当然也存在一些小问题，回来的路上洪经理说会及时整改，把这些问题解决。
客户李总	这些问题有的我也听说过。我们是一个联合项目组，目标是一致的，都是为了9月10日初验能够顺利通过。这段时间辛苦洪经理了，加班加点。初验结束后，我请你们吃饭。
郑经理	李总，哪能让你请我们吃饭，应该是我们请你吃饭，感谢你给我们机会让我们参与贵公司的数字化建设，也希望我们合作顺利。这个项目我们公司非常重视，是公司战略项目，也准备打造成标杆项目，希望李总多多支持。
客户李总	没问题，项目做好了，我可以在业内帮你们宣传和介绍。
郑经理	那就太感谢李总了。
客户李总	我们一家人不说两家话。洪经理，我需要叮嘱你一下，9月10日就要初验，我们最好在9月5日完成基本工作，然后你、我跟部门、项目组一起，把项目再排查一遍，这样更加稳妥。

洪经理	好的，李总，我也是这么想的。9月5日我们用半天时间，一起把初验的事情再捋一捋。就是又得耽误你的时间了。
客户李总	都是为了工作，没什么耽误不耽误的。这个项目也是我们部门的年度重点工作，大家通力合作，把项目做好了，这样大家对公司、对自己都有所交代。有什么问题我们随时沟通，遇到什么难处直接说，我们一起解决。
洪经理	好的李总，我争取把项目做得更好，请你多指导。

项目干系人管理不同于销售维度的客户关系管理，它是从项目交付的角度与相关项目干系人就项目具体内容开展的沟通和交流。笔者之所以强调项目干系人管理，将其作为项目经理的重要场景技能，是因为很多项目经理并没有意识到项目干系人管理的重要性，觉得管理项目干系人并不是项目经理的职责，而是销售的职责，也就没有维护项目干系人的意识和意愿。这样就为后面的确认、验收等需要客户配合和支持的项目作业内容埋下了隐患。项目经理在项目干系人管理上，要化被动为主动，变无意识为有意识，使项目干系人管理和公司层面的客户管理模型、销售的客情维护并行作业，形成合力，保障交付项目顺利推进。

💡 快问快答

Q：项目干系人管理与公司客户管理模型、销售客情维护的主要区别是什么？

A：公司客户管理模型是在公司层面划分客户类型和制定针对性策略，不局限于某个客户，如公司界定大客户、战略客户、利润客户等，以及针对不同类型的客户制定不同的政策。无论是销售的客情维护，还是项目经理的项目干系人管理，都必须遵从公司的主调和政策。

销售的客情维护是市场营销行为，目的是通过维护客情关系来获取线索和拿下订单。项目经理的项目干系人管理是交付行为，目的是获取交付所需的客户支持，为项目验收、回款和结项提供帮助。

项目干系人管理的目的包括两个方面：第一，项目经理要摸清楚项目的多方干系人及关键决策人。这点非常重要，但很多项目经理对此不太敏感，甚至项目做完了，都没摸清楚项目干系人。第二，项目经理要有针对性地与干系人进行有效沟通，沟通的目的是确保合同履行、项目推进及项目结项顺利进行。项目经理需要与这些干系人建立合适的沟通方式,既要保持信息畅通,也要建立良好关系,还要有效沟通,使项目干系人在项目过程中是助力而不是阻力,是朋友而不是敌人,所发挥的作用是帮衬而不是拆台。

5.1
心明眼亮：项目经理识别和判断项目干系人

5.1.1 决策链：项目干系人地图

客户是一个立体的、丰富的概念,不能单一地理解。客户是一个组织,组织中有各种角色、岗位及任职人员,情况千差万别。项目经理在识别项目干系人时需要根据项目的特性去看项目涉及哪些部门、哪些人。项目经理识别项目干系人的目的是将项目可能涉及的客户相关部门和人员都拜访到,不能遗漏,防止丢分；摸清真正的影响者和最终决策人,为后期的项目沟通夯实基础,进而做到有侧重点地突破。

1. 项目决策链上的主次干系人

项目干系人大致可分为两类,一类是对接部门,也就是项目交付的对象,他们要经常使用项目成果。项目经理与对接部门的关系是比较密切的,项目经理对对接部门的认识都比较到位,问题不大。另一类是相关部门和人员,如最终决策人(领导)、关联部门及采购、财务、质量等职能部门。对这些干系人的认识一般容易被忽视,需要引起项目经理的重视。识别项目干系人的目的是搞清楚项目中需要跟哪些人打交道。项目经理脑海中要形成客户方项目决策链,只有这样才能做到心中有数(见表 5-1)。

表 5-1 客户方项目决策链

决 策 链	重 要 性	客户组织	诉求及备注
商务/采购部门	一般		
技术部门	次重要		
使用部门	重要		
对接部门	最重要		
最终决策人	最重要		

2. 项目干系人的影响关系

项目决策链只是静态的，**项目经理还要在脑海中形成项目干系人地图**，知道这些项目干系人在项目决策链中所处的角色、位置、影响关系及其对项目的态度。影响关系既包括表面的汇报关系，也包括隐藏的私下关系，甚至私下关系有时还起着关键的作用，例如谁愿意听谁的意见，谁和谁有共事经历、关系比较近等。在项目推进过程中，各种角色的态度和意图有可能发生变化，项目经理需要及时更新和调整项目干系人地图。

3. 与组织架构进行比对

项目经理还要拿着项目干系人地图与客户的组织架构和权力地图进行比对，防止遗漏。我们一方面要沿着项目决策链去摸索和找到项目干系人，另一方面也要沿着客户的组织架构和权力地图来验证项目干系人地图。需要提醒的是，项目干系人并非越多越好，项目经理不必将项目干系人名单拉长、地图绘大，找准、找对即可。

🎯 小贴士

组织架构、决策链、权力地图

三者有关联，但内容上差异较大，具体如下。

- 组织架构：客户正式的组织架构，主要包括治理层架构和经营层架构。治理层架构一般为"三会一高"，即股东会、董事会、监事会及高级管理层。经营层架构为公司的部门或分公司、子公司设置，一般到一级或二级部门，不会具体到三级或四级部门。组织架构是明文发布的，较容易获取，能帮助项目经理快速掌握客户的基本情况，但是不足以提供项目干系人管理的全部信息。
- 决策链：客户决策的模式及链条环节，即与项目相关的决策到什么层级、以什么样的方式做出。例如，项目验收是对接部门分管领导审批即可，还是董事长、总经理甚至董事会审批。
- 权力地图：项目经理依据组织架构、决策链、汇报关系等总结出的在项目推进过程中相关项目干系人的权力相关度及大小等信息，是非公开信息，需要项目经理自行判断和领会。

4. 项目干系人的相关性

除了决策链路径，项目干系人还有其他路径。当决策链路径遇到阻碍时，项目经理不要太着急，可以盘点项目作业过程中遇到的部门或人员，进行补充和查漏。项目经理要记住一个诀窍：**项目干系人一定是与项目相关的，在项目推进的过程中一定会遇到，一定会打交道，不用担心碰不到。**前文所述与客户的组织架构进行比对，不是指把客户所有高层管理者及相应部门都列入项目干系人名单，而是只将与项目相关的人员列入其中。

5. 项目干系人的甄别标准

项目干系人的甄别标准是关联、有责、有权。项目经理的精力是有限的，既要推进项目作业，还要进行项目管理，同时要维护项目干系人。这就要求项目经理精准识别项目干系人，以尽量节省时间和精力。

5.1.2 借力：将销售和对接部门作为引路人

项目经理识别项目干系人可以借助销售的力量。要么在项目交底的过程中，销售就相关项目干系人对项目经理做一些交代；要么项目经理进场后，请销售牵线，带着项目经理一起拜访关键的项目干系人，将部分客户关系移交给项目经理。

销售的客户关系和项目经理的项目干系人之间有一定重合，但是也有差异，体现在两个方面。其一，在高层关系上基本吻合。在销售打单的过程中，关注或主导项目的客户高层领导者在项目交付环节大概率不会变，项目经理在交付过程中都会接触。其二，项目的使用部门与销售环节的客户技术需求提出者也基本相同。差异在于项目干系人比销售环节所接触的人的范围、层级、专业更多。简单来说，就是人数更多、涉及面更广、关系更深。当然，这种深是指内容沟通上的深度。

就像项目经理可以将销售作为引路人一样，项目经理还可以将对接部门作为引路人。项目经理如果和客户方对接部门结成战略合作关系，那么对接部门是愿意同项目经理一起梳理和面对项目干系人的。项目干系人管理可以以对接部门为切入点，以点带面地将项目干系人网络大致摸清楚。对项目经理的考验是怎么让对接部门认可并愿意与项目组融为一体，进而把项目目标视为双方共同的目标，而不是纯粹的甲方和乙方关系。

通常公司方的销售和客户方的对接部门不会拒绝项目经理的请求，因为大家都明白把项目做好是大家共同的目标，一荣俱荣、一损俱损。当然，这并不意味着销售和对接部门帮助项目经理维护项目干系人是他们的本分。项目经理要懂得人情世故，与对接部门和销售搞好关系，使对方能够认同自己并愿意帮助自己进行项目干系人的介入、识别、移交和维护。

项目经理不能把对方的帮忙视为理所应当，甚至要求他们，否则极易引起销售和对接部门的反感，结果适得其反。

5.1.3 自力更生：无法借力时项目经理的自助

如果销售和对接部门的协作意愿不强，项目经理就要自力更生，发挥自身的能力去识别、挖掘和判断项目干系人。下面几点有助于项目经理做出正确判断。

- 主导项目的部门和人员都是重要的项目干系人，因为他们肩负着项目责任。项目不仅仅是公司方的事情，也是客户方的事情，而在客户方内部，那些主导项目的部门负责人及分管领导其实就是客户方的项目经理、项目总监，其重要性不言而喻。
- 对项目做出重要指示或提出明确意见的往往是比较重要的项目干系人。
- 对项目提出批评、反对意见及在公开场合予以批评的也是项目经理的重点关注对象。

以上几点都是重要项目干系人的迹象，但这种迹象也有真伪。一方面，项目经理本身要具有一定的识别能力。项目经历足够多，就在识人上有了基本的认知和心得，能够对号入座判断出项目中各种干系人。另一方面，项目经理自行判断的初步结论可以和销售、对接部门交流和确认。但前提是项目经理和销售、对接部门的关系要好，否则对方未必真心帮你。

另外，项目经理在识别项目干系人时务必充分认识到以下几项要点。

1. 主导项目及有决定权的领导

一个项目的立项缘由可能是从高层开始的，没有高层的首肯和决策，项目在客户内部是很难立项的，更谈不上对外招标。这就意味着一个项目在高层中一定有人牵头或统筹，这位具体负责的高层领导务必找到。

2. 对接部门及其内部汇报关系

一般来说，对接部门的分管领导和主导这个项目的领导应该是同一个人。当然也有不是同一人的时候，这时项目经理必须把情况摸清楚。

3. 对接部门和使用部门不是同一主体

如果对接部门和使用部门不是同一主体，那么项目经理必须将对接部门和使用部门放在同等的位置看待，千万不可厚此薄彼。对接部门出于利益相关，在项目推进和验收环节不太会故意为难项目经理，但如果对使用部门重视不够，使用部门在确认和验收环节就可能发表一些不满或反对意见。项目经理处理不当，就是给自己"埋雷"。

4. 影响力较大的相关部门

这些部门是指未必能主导项目验收，但是能提反对意见的部门，如财务、质量、信息、采购这些部门。项目经理在与这些部门打交道时要谨慎，需要主动和表示尊重，不能因为与这些部门交往相对低频就忽视甚至遗忘他们。

5.1.4 标经纬：判断关键部门和人员

识别项目干系人的重要目的是判断哪些部门和人员能够对项目起到决定性影响。项目经理在项目过程中会接收大量信息，极可能被误导。例如，无意中忽视一些重要的部门和人员，又过于重视一些不重要的部门和人员。**项目经理如果在那些不能左右大局的部门和人员身上花费了太多的时间和精力，就意味着在那些起关键作用的部门和人员身上花费的时间和精力太少。**一分耕耘、一分收获，这是项目经理识别项目干系人的方向性问题。当然，项目干系人有可能发生变化，这就需要项目经理根据项目作业中的具体情况及客户方的人事变动等情况及时更新和调整。

项目干系人识别只能说是画出了项目干系人地图，但是并没有标示出重点，因此需要进行项目干系人判断。打个比方，**项目干系人地图只是平面地图，并没有经纬度信息；项目干系人判断就是标注经度和纬度，这样才能把平面地图变为立体地图。**这需要项目经理具备一定的经验和阅历。从项目管理的角度来讲，"标经纬度"通常是项目经理的隐性能力，因此需要将这种经验和阅历等隐性知识转化成一套可复制的"套路"，让后进的项目经理能够学习、掌握并在实践中应用。

项目经理对项目干系人的经纬度标识可以按照利益和权力两个维度交叉进行，形成项目干系人权力-利益矩阵（见图5-1），并据此制定项目干系人管理策略。

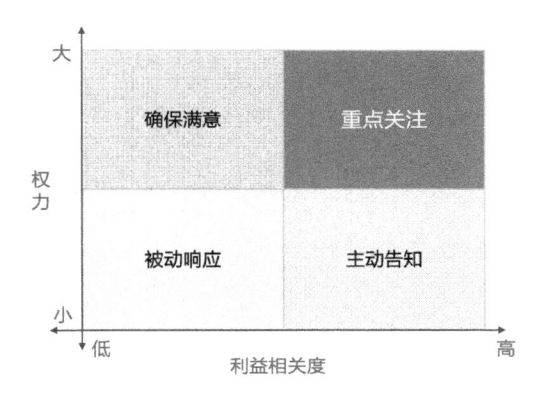

图 5-1　项目干系人权力-利益矩阵

- 第一象限是重点关注。项目经理要特别重点关注那些权力较大，同时利益切实相关的部门和人员。
- 第二象限是确保满意。对那些权力较大，但利益相关度较低的人，项目经理要使他们基本满意，或者说不要让他们不满意。
- 第三象限是被动响应。对那些权力小、利益相关度也低的部门和人员，项目经理不必日常维护，只在对方提出问题或想法时见机行事，做出响应和回应即可。
- 第四象限是主动告知。对那些权力较小但利益切实相关的项目干系人，项目经理要主动沟通并告知项目相关信息。此处万不可掉以轻心，因为利益相关度太高。不要因为对方权力小就忽视，要知道"水能载舟，亦能覆舟"。

重点关注、确保满意、被动响应、主动告知这四个策略是项目经理管理项目干系人的总体策略。项目经理一定要视项目具体情况而定，务必区别对待，以节省项目干系人维护的时间和精力。

5.1.5　定策略：明确管理策略和行动方案

标出项目干系人经纬度后，就可以制定项目干系人策略（见表5-2）。无论是项目干系人识别还是项目干系人判断，都只形成了地图，就算标出了经纬度，也只有"自然地理"信息，并没有"作战"信息。制定项目干系人策略就像在地图

项目管理场景技能

上标注出哪些是高地、哪些是制高点、哪些是必争的卡口，这样才能形成作战计划和行动方案。

表 5-2 项目干系人策略

姓名	部门/职位	项目角色	实质性影响	主要需求与期望	对项目的态度	权力点	利益点	象限	应对策略

　　至此，项目干系人管理才真正开始。要明确管理策略和行动方案，如关键项目干系人的姓名、部门/职位、项目角色、对项目的实质性影响、主要需求与期望、对项目的态度、权力点和利益点、权力-利益矩阵中所处的象限及应对策略，并根据这些信息制订行动方案。需要注意的是，实质性影响的判断要言之有物，如审批、决策、验收、测试、意见领袖等，不能空泛地谈重要影响，这和权力点是密切关联的。利益点描述项目为对方带来的利益，是项目启动会上列示的项目意义和目的在项目干系人身上具体的、实质的体现。利益点不是简单的利益相关度判断，而要以对方的视角来阐述。只有落到具体的内容上，才能确保策略具有有效性和针对性。

　　项目经理要做的是在项目干系人中寻找更多的支持者，分清"谁是我们的朋友，谁是我们的敌人"，在团结大多数的同时尽可能化敌为友。这里有一个细节需要注意，项目经理识别和判断项目干系人不能被对方的支持或反对态度左右，不能因为对方支持就将其视为项目干系人，对方反对就不将其视为项目干系人。如果支持的人不是项目干系人，其对项目的实质性影响就很小，就算支持，又有多大的益处呢？反对的人如果是项目干系人，就算项目经理回避或对抗，问题也依然存在，并没有解决。对方支持也好、反对也罢，本身只是一种观点或一种态度，并不是事实。项目经理不能搞情绪对抗，有人反对就不开心，有人支持就高兴，那是幼稚。项目经理不要把太多的精力和时间放在与别人争论上。就算你争论赢了，但得罪了客户，又有什么益处？只会得不偿失。笔者规劝项目经理只讲事实、不论观点，尊重对方，给自己留些空间和余地。因为项目的周期一般比较长，山不见水见，没必要节外生枝，埋下隐患。

5.2
另辟蹊径：项目经理发挥技术交流特长，维护项目干系人

5.2.1 法宝：项目经理的内容沟通

识别和判断项目干系人及制定策略不是目的，维护才是目的。项目干系人有不同的角色，必然有不同的立场、角度，因此项目经理要分门别类地维护项目干系人，讲究针对性和有效性。举例来说，项目干系人中有高层领导、使用部门、财务部门等，他们的诉求是不一样的，项目经理不可能以同一套思路去跟他们沟通，要做到有的放矢、靶向沟通。例如，客户领导对这个项目的要求、意见和期许到底有没有实现？一些相关部门在项目中虽然并不起主导作用，但也需要项目经理做相应的关系维护，他们是否得到了尊重？项目干系人的维护不一定要有实质性的内容，有时要的就是一种态度和姿态。

项目经理维护项目干系人的方法不同于销售人员做客情维护，客户也不希望项目经理和销售一样。从客户的角度看，项目经理是专业技术出身的，他们对项目经理最重要的诉求是把活干好、干漂亮，而不是关系有多好。

因此，项目经理在维护项目干系人时要发挥长处，而不是弥补短处。既然专业技术出身是项目经理的本色，项目经理就应该在这个本色的基础上去发挥，放大擅长的地方，避免不足的地方，而不是单纯向销售学习客情维护。说实话，就算销售愿意教，项目经理也未必学得会；就算学得会，也未必能做好，那就不如扬长避短。简单地说，销售通过"搞定人"来"搞定事"，而项目经理通过"搞定事"来"搞定人"。

> 💡 **快问快答**
>
> Q：项目经理的技术交流、内容沟通与销售的客情维护的区别是什么？
> A：项目经理在交付过程中进行的技术交流、内容沟通以项目中的具体事项为载体，深植在项目场景中，不能脱离项目单独进行；是以事为主、以关系为辅的。

项目管理场景技能

> 销售的客情维护是以关系为主、以事为辅的,并不一定为了某项具体的事情而进行拜访和关系维护。两者的目的有较大差异,项目经理的内容沟通、技术交流是为了推进项目;销售的客情维护是为了处好关系,为后面拿单做铺垫和准备。

项目经理的技术专长是维护项目干系人的独门绝技。项目经理不用干巴巴地去做项目干系人的关系维护,只要拿着项目的具体内容、难点、需要的支持与项目干系人做技术交流、内容交流。这样既符合项目经理的人设,又能切实解决项目中的问题,不是一举两得吗?这里的内容交流是一个宽泛的概念,可以想象成以技术、内容交流为由头,开展项目干系人关系维护。项目经理要形成项目干系人沟通矩阵(见表 5-3),结合不同对象选择具体的沟通形式和内容。项目经理从来就不是一个人在战斗,而是作为指挥官调动不同角色和资源集体作战。公司的领导、销售、PMO、项目成员甚至外部顾问都是可调动的资源。

表 5-3 项目干系人沟通矩阵

发起/接受	客户方领导	客户对接部门负责人	客户对接部门成员
项目经理	重大问题;里程碑/重大节点汇报	日常沟通	/
公司领导	关键拜访	/	/
销售	阶段拜访	阶段拜访	/
PMO	/	项目满意度	/
项目成员	/	/	小组周报;日常对接

形成项目干系人沟通矩阵后,项目经理要制订具体的、有针对性的项目干系人沟通计划(见表 5-4)。项目组成员、公司领导、销售、PMO 都可以针对客户方不同的主体或主题进行有差别的沟通。越是差别化、越有针对性,沟通效果越好。当然,主持和串场必须由项目经理完成,因为项目经理对项目全貌最清楚,更了解项目的具体情况。所有的资源都可以被项目经理调动,项目经理需要时就向相关人员发出请求,大家按照项目经理的请求去执行即可。

表 5-4 项目干系人沟通计划

项目干系人	沟通目标(含问题)	执 行 人	沟通情况要点	问题回应及后续计划

除非必要，公司领导、销售和 PMO 不应绕开项目经理进行沟通，否则就是对项目经理的不信任，那就不是给项目经理站台，而是背刺和拆台了。除非出现客户投诉、质量事故等突发情况，或者客户主动邀请，否则公司方人员不宜主动介入项目沟通。现实中时常发生公司领导、销售或 PMO 背着项目经理到项目现场"搞偷袭"，自以为是对项目负责，其实是自己人拆自己人的台，往往会让客户尴尬、项目经理丢脸，项目经理肯定反感。

项目干系人沟通既可因事而起，也可因人而起，两者不一定能截然分开。有些沟通是因为某件事情发生需要解决，而有些沟通并无实质性内容，目的是维护人际关系。项目经理虽然对此不擅长，但也必须学习和掌握这些基本的、必要的人际关系技能。

需要特别注意的是，沟通不是做任务、走程序、单向的，而是双向的、互动的。这就意味着在沟通的过程中，对于客户方提出的问题，我们要予以响应、回应和解决，并给对方反馈，而不是让客户方满足我们的沟通要求。在实践中，客户方基本是务实的，要的是实效，所以**项目经理的沟通要高效和闭环，要么消除误会，要么推进进度，要么拉近关系。漫无目的的沟通就是浪费彼此的时间。**

5.2.2 定向沟通：对象不同，方式也不同

1. 与对接部门的沟通

项目经理沟通最多的是客户对接部门的负责人，也就是客户的项目经理。项目的计划、进展及平时遇到的各种问题、所需的资源协调都需要和对接部门的负责人仔细沟通。当然，对接需要分层次，正常情况下，项目经理与对接部门负责人之间平等对话，形成对接网络，而项目周报、日常对接可以由项目核心成员与对接部门人员平行沟通。这样的"井"字形沟通方式才能兼顾项目信息完备和沟通效率。项目成员把情况反映给项目经理，对接部门人员把情况反映给对接部门负责人，然后项目经理和对接部门负责人进行沟通，再分发下去，这样的"几"字形沟通方式效率大大降低，并会不可避免地出现信息丢失、沟通不畅等问题。

与对接部门的日常交流可以采用项目周报/月报（见表 5-5）、小组会、例会等方式进行，将项目进度、遇到的问题、下一步的计划等内容与对接部门进行有节

奏的、周期性的交流，让对接部门清晰地掌握项目情况。

表5-5 项目周报/月报

项目实施情况
叙述项目整体运行状态，可从进度、成本、质量、范围和过程等方面汇报

问题及应对措施				
序号	问题	状态	责任人	应对措施
1				
2				
3				

过程改进建议和反馈
总结本里程碑内提出的过程改进建议，提出过程改进需求

下一里程碑工作计划
概要描述下一里程碑的主要工作

项目周报/月报是项目组与对接部门书面沟通的方式，但项目经理往往认为项目周报/月报已发，就不再进行口头沟通；或者认为和对接部门熟络，偏好口头沟通，忽视书面沟通方式。其实这两种做法都不太稳妥。原因在于**书面和口头沟通方式各有利弊。仅仅书面沟通显得太过公事公办，缺少人情味，无法建立与客户的私下关系；而仅仅口头沟通又容易导致项目过程中的凭据缺失，没有记录。**

比较稳妥的方式是以口头沟通为主，但是必须将沟通确定的内容写入书面的周报/月报中，发给对接部门并抄送客户方领导、公司方领导，作为沟通凭证。这样不仅记录了项目过程，也便于后续查看。口头沟通能快速拉近距离和切入问题，但是不够正式，而且没有确认环节。如果发生了遗忘、不认账等情况，项目经理往往是要吃闷亏的。因此需要将口头沟通和书面沟通结合在一起，这样效果更好。

2. 与客户方领导的沟通

项目经理应重点沟通里程碑和重大问题。汇报里程碑是让客户方领导对项目情况有所了解，汇报重大问题是因为需要客户方领导的支持。需要提醒的是，所有与客户方领导的沟通都需要和对接部门负责人提前打好招呼，千万不能绕开对接部门直接向领导汇报。即便是客户方领导的要求，也要事前或事后向对接部门解释，以免产生误会，造成隔阂。

与分管领导、高层领导的对接需要项目经理精心准备。这种关系的维护要以阶段汇报、专题汇报的方式进行。需要注意的是，阶段汇报不是流水账，要把这个阶段取得的成绩向领导做简要汇报。一定要简洁明了，因为越是高层领导越注重结果。

如果遇到困难、需要支持，完全可以寻求领导的帮助。其实客户方领导对销售和技术人员的态度往往是不一样的，对技术人员会更和蔼一些。项目经理要善于利用技术出身向领导汇报。项目经理最好拉上对接部门一起向领导汇报，必要时还要拉销售一起，因为向**领导汇报是一个表功露脸的机会**。把对接部门及相关人员拉上，无形中展示了双方项目组的通力配合。

向领导汇报需要巧妙地运用以下技巧。

- 让领导下结论，不要自己下结论，让领导做出最后的决策。
- 不用担心向领导要资源和支持会给领导添麻烦，让领导不舒服。有时让领导帮忙也是项目经理处理与领导关系的一种窍门。因为遇到困难和问题，需要领导介入，请领导帮忙解决问题，也满足了领导的成就感。

当然，需要提醒的是，让领导帮忙、把难题交给领导是有限度、有范围的，不是真的把难处甩给领导，而是让领导做一些顺水人情。项目经理别真的不把自己当乙方。

3. 与相关部门及人员的沟通

与相关部门及人员的技术交流既可以采用一对一的单独沟通方式，也可以采用专题沟通会、研讨会等一对多的方式，目的是让这些相关部门和人员了解项目的基本情况，也让他们参与进来。项目经理不要总想着把项目的事情藏起来，有怕"揭开项目锅盖"的畏惧心理。项目经理不要害怕问题。以笔者的个人经验，解决问题本身就是非常合适的建立关系的机会。如果把项目比喻成一场战役，那么向领导汇报就是日后能够突出领导指挥有方；与对接部门举行例会、进行技术交流就是让他们感受到大家是同一战壕、能把后背交给对方的战友；与相关部门及人员进行专题交流就是为了与他们产生一丝战友情分,这就是项目经理利用技术交流方式维护项目干系人的非常有效的方法。

5.3 因人制宜:项目经理的"脸谱"及多方位沟通技巧

5.3.1 常态化:项目的多方位沟通

项目干系人沟通必须是常态化的规定动作,不能出了问题再去救场和应急,**没有问题就不沟通**。项目沟通要多方位映射不同的干系人,如项目经理和对接部门、使用部门保持日常事项沟通,在关键环节、里程碑节点或遇到重大问题时向领导做专题汇报。要主动和相关部门交流,不能想当然地以为正式汇报他们也会参加,就省去这个环节。

项目干系人沟通可以分为正式沟通和非正式沟通。正式沟通如周报、阶段汇报、专题汇报等,非正式沟通需要项目经理灵活掌握。在项目实践中,只利用正式沟通基本能够保证项目拿到 60 分,但是如果想要拿到 80 分,让客户更加满意,项目经理就需要重视和利用非正式沟通。

项目干系人沟通和项目沟通是有区别的,项目沟通计划是项目计划中的附属计划,项目干系人沟通是将项目计划执行过程中的一些事和问题从人的角度来展开。但是笔者建议把这两项融合在一起做,以减少项目经理的工作量。

项目经理要有效沟通,不能把项目沟通变成闲谈,这样不仅是在浪费项目经理的时间,也是在浪费客户的时间。这就意味着项目经理要有效管理项目干系人沟通并运用一些工具和技巧。具体的项目干系人管理阶段、目的、输入、输出及工具如表 5-6 所示。

表 5-6 项目干系人管理阶段、目的、输入、输出及工具

阶 段	目 的	输 入	输 出	工 具
识别/判断	- 在项目早期识别客户决策链 - 判断出关键项目干系人	- 招标/采购文件 - 项目交底记录 - 客户组织架构	- 项目干系人决策链	- 组织架构分析 - 项目干系人权力 - 利益矩阵

续表

阶　段	目　的	输　入	输　出	工　具
策略/计划	- 基于干系人判断，确定响应策略，制订沟通计划	- 项目干系人决策链	- 项目干系人沟通计划记录	- 项目干系人沟通矩阵 - 头脑风暴
实施/维护	- 获取干系人支持，减少反对的声音 - 增加项目成功机会	- 项目干系人沟通计划记录	- 确认书 - 验收报告	- 周报/月报 - 高层汇报 - 专题交流会 - 评审会

表中列示的目的、输入、输出及工具，仅供项目经理实施项目干系人管理时参考。项目经理不要犯教条主义错误，要根据所承接项目的类型及客户的基本情况在现实项目场景中裁剪，有选择性地应用，不能形而上，陷入工具理性。

5.3.2　真诚：符合项目经理人设的沟通原则

就项目场景而言，项目经理在项目干系人沟通中最重要的恰恰是真诚，这非常符合项目经理的人设和技术人员的调性，因为只有真诚能经受时间的反复检验。我们现在经常看到各种沟通技巧、心理战术等，但笔者认为这些都是小术，不是大道。真诚永远是最可靠、最稳妥的沟通必杀技。

同样需要提醒的是，真诚最好不要单独使用，和其他沟通技巧一起使用，效果最佳。这是我多年从事项目管理的经验之谈。具体的项目沟通技巧有以下几点。

1. 沟通不是演讲，重点是听

沟通的重点是听，而不是说。要把倾听当成沟通的主调，甚至只听不说。要把对方的话认认真真记下来，而不是自己噼里啪啦地说一通，否则就是"演讲"，不是沟通。

2. 在互动中达成共识

除倾听和表达外，沟通还有一个关键功能，就是互动和协商。在沟通过程中，双方的表达和回应其实也是一个互动和协商的过程。沟通不仅是言语上的互动，还包括就某些具体的事情、观点、看法进行交流、磋商，以达成更多的共识。**项目经理要把对方的反应真真切切地看清楚，并且在沟通过程中配合地互动，让对方感受到被尊重。**

3. 强化沟通的目的性

要带着目的去沟通，别辜负彼此的时间和精力。沟通要么做信息分享，要么针对具体问题请求对方解决，要么大家一起商量对策。沟通的目的是让对方帮你、认同你。因此每次沟通一定要设定目标，并采取必要的跟踪、验证手段，确定是否达成沟通目标。

4. 多层次沟通

项目干系人沟通是多层次的立体沟通。项目经理需要发挥项目成员、公司方领导的作用，与客户方相关人员和部门进行多对多的沟通，而不仅仅是项目经理的一对多沟通。在这种多层次、多线的沟通中，项目经理是信息的汇集点。换句话说，在项目干系人沟通过程中，项目经理一定是责无旁贷的沟通主力，但项目经理并不是唯一的沟通主体。项目经理要发挥团队的多层次、多方位沟通能力。

5. 项目经理要有自己的人格魅力

有些项目经理比较惧怕沟通，宁愿在项目组中做具体的工作，也不太愿意与客户沟通。除了性格上的原因，这还和项目经理的阅历和人格魅力相关。在现实中，我们经常发现有的项目经理具有特别的人格魅力，不仅能够帮助客户建立起对项目的信任，也能够帮助项目成员建立起对彼此的信任。信心比黄金还要贵重，就是这个道理。

5.3.3 多人多面：项目经理的"脸谱"

项目经理的"脸谱"（见表 5-7）可以理解为项目经理的多人多面、千人千面。项目经理的"脸谱"不是指项目经理的脸谱化、刻板化，而是指项目经理灵活运用技术专长，面对不同的对象说合宜的话，以实现沟通目的。项目经理的"脸谱"底色是技术出身的专业人员，这是客户对项目经理的第一印象。但是项目经理不应据此展现给客户唯一一种印象，而要针对不同的沟通对象以共情的方式抓住对方的诉求，实现己方的目标。

表 5-7 项目经理的"脸谱"

项目干系人分类	项目经理的"脸谱"	备 注
客户方领导	能干的"半个"下属	- 专业底色 - 非下属身份却有下属心态 - 补充而非替代
对接部门	靠谱的战友	- 在一个战壕里战斗 - 关系紧密又懂分寸 - 靠谱
其他项目干系人	高水平的专业人士	- 专业水平 - 与对接部门的默契

1. 项目经理面对客户方领导的"脸谱"

项目经理面对客户方领导的"脸谱"是能干的"半个"下属。项目经理不能自视甚高,把自己放在与客户方领导对等的位置。即便客户方领导很客气,项目经理也要时刻警醒。项目经理对客户方领导的心态应该是下属向领导汇报的心态,但又不像对接部门及相关人员对己方领导那样有足够的机会和时间,因此项目经理的项目基本情况汇报应尽可能地简洁明了、直奔主题。这时使用的沟通技巧是摆出谦卑、请教、需要领导帮忙的姿态,客户方领导的指示要记下来,意见要认真听取。

2. 项目经理面对对接部门的"脸谱"

项目经理面对对接部门的"脸谱"是靠谱的战友。具体来说,一是要稳定地保持一定的沟通频率,但也不能过于频繁,影响别人的工作。不能想一出是一出,如这个月频繁沟通,恨不得天天在一起,下个月一点儿也不沟通。要把握沟通的火候,尽量延长项目"蜜月期"。

二是要开诚布公。项目经理与对接部门的沟通频率是最高的,需要共同面对项目中具体的问题、内容及需要应对的各项检查,因此双方都要把彼此当成一个战壕里的战友。对接部门要把项目组当成自家人,项目组也要把对接部门当成自家人。自家人对自家人一定要坦诚沟通,不要耍心机,否则绝对会聪明反被聪明误。

三是要注意分寸。虽说是一家人,但是项目经理千万不要得意忘形,他们毕竟是甲方,我们是乙方。问题的解决及责任承担都是我们的事情,他们帮忙是情分,不帮忙是本分。这点项目经理要拎得清,不要犯糊涂。

3. 项目经理面对其他项目干系人的"脸谱"

项目经理面对其他项目干系人的"脸谱"是高水平的专业人士。需要注意的是,应放低身段,千万不能炫技,尽可能地搞好关系,争取不吵闹、不争论。即使实在做不到,也要尽量不得罪他们。相关部门和人员虽然在项目中不是主角,但同样需要尊重。就算他们提出的意见我们做不到、没法做,项目经理也要做出合理的解释,以消除误解,并显示出对他们的尊重。这点至关重要,不要在小事情上吃大亏。

5.3.4 姿态:主动沟通也是一种态度

在项目管理实践中,很多导致客户不满的问题并不在于其本身,而在于项目经理对待事情、处理问题的态度。无论是领导、对接部门还是相关部门,项目经理被吐槽、被批评常常并不是因为出现问题,而是出现问题后项目经理的反应和态度让对方觉得不舒服、不满意。其实大家都知道,问题是不可避免的,遇到问题后解决问题就行了。项目经理不要想方设法推脱责任,试图把问题推给对方和其他人,以为这样可以减轻自身的责任和过失。这样的处理是不可取的,只会起到反效果。

项目经理即便被责怪、被批评,也不要回避问题,一定要直面问题,这样才可能有机会、有时间来了解事实真相;更不能无端猜忌,要尽可能把事情的真实情况摸清楚。在项目实施过程中,很多时候出现问题是因为信息不对称,项目经理要把事情的全貌向对方展示清楚,消除误会,而不是进行无谓的争执。试想,如果项目经理看似据理力争,其实是否认问题、推卸责任、强词夺理,那么结果只能是引发对方更大的情绪反应,问题不仅没解决,反而扩大了,变得更加棘手。**项目经理要做的是解决问题,不是情绪对抗,要用理性压过感性。我们要理解和接受对方的情绪,然后想办法化解情绪。**

总体来说,项目经理在与项目干系人的沟通中要有姿态。这个姿态必须是积极的、主动的、自信的,同时是谦卑的、低调的、乐观的。项目经理要时刻记住,无论我们与客户的关系有多好,都不能改变我们与客户之间的甲乙方关系,甚至要有敬畏心理。以客户为中心是我们一贯主张的价值观,需要在项目中切实贯彻。

第 5 章 先发制人：项目经理向项目干系人主动出击

项目经理除了把客户交给我们的事情做完、把项目做好，其实还要以感恩和谦卑的姿态来面对客户。

本章小结

- 项目经理要承担项目干系人管理的职责，更要化被动为主动，向项目干系人主动出击。
- 项目经理对项目干系人的识别和判断可以结合客户决策链和组织架构分析，并向销售和对接部门求助。项目经理也可以自力更生，重点是判断出关键项目干系人，并据此明确管理策略和行动方案。
- 项目经理要扬长避短，利用专业技术人才，运用技术交流和内容沟通的方式来维护项目干系人。
- 项目经理对项目干系人的维护要做到多人多面。面对客户方领导、对接部门及其他相关干系人时要有不同的"脸谱"和姿态。

第 6 章

掌握主动权：
项目经理沉着应对项目变更和风险

项目经理往往被动地应对项目变更和项目风险，其实项目经理可以转变一下思路，化被动为主动。因为无论是变更还是风险，只有做好了相应的预案，才有可能防范和控制，否则就只能被动地应对，这对项目、公司及客户造成的影响往往是难以预料的。所以在项目变更和风险控制场景中，关键是项目经理掌握主动权。

项目变更分为合同变更、需求变更及相关的项目计划和预算变更三个方面。其中，合同变更和需求变更一般是公司与客户的双重变更，而项目计划和预算变更则是公司及项目经理的内部单方调整。

项目合同与需求的关系就像明线与暗线、设计蓝图与具体施工方案的关系（见图 6-1）。合同是经过双方确认的设计蓝图，项目具体实施环节可能根据具体情况或遇到的问题做适当调整，但是有一点不会轻易改变，即局部微调一定不能影响整体框架。这就相当于工程领域的设计与施工，施工要严格按照设计方案执行，业主方可能在设计方案的基础上做一些调整，但是不会轻易改变框架、尺寸、参数等。

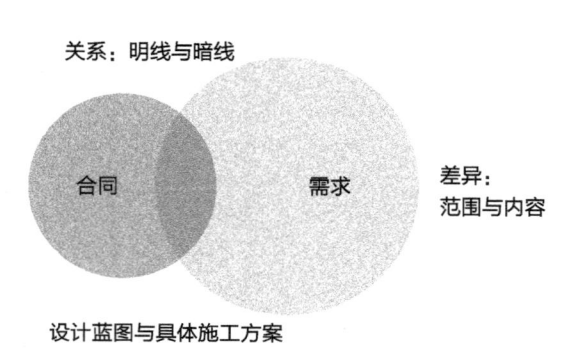

图 6-1 项目合同与需求的关系

项目合同与需求的差异体现在范围与内容的差异。合同是需求的初步归纳，需求是公司与客户双方签订合同的缘由。客户提出了需求，公司以解决方案或产品去匹配客户的需求，客户认可后，双方达成一致才签订合同，因此合同中大部分内容都是公司对客户需求的响应。合同签订后开始交付实施，就又回到了客户的现实场景中，客户可能对需求有所变更，如变动、更改、增加、减少需求等，这都是非常正常的现象。

在具体内容上可以这么理解：合同是静态的，需求是动态的，两者有出入，但不会也不能轻易地大幅调整。**如果需求变更变成大幅调整，无形中就变成了合同的变更，就会颠覆整个交付项目的源头**。正如前文所说，合同是交付项目的起点，如果起点变了，那么后面所有的一切都要跟着改变，这是连锁反应。

另外，与其说项目经理控制项目变更和项目风险，倒不如说项目经理应对项目变更和项目风险。有些风险是不能人为控制的，如同有些项目变更不是项目经理单方就能决定和制止的。项目变更和项目风险之所以放在同一章，也出于这样的考虑，如果项目经理对项目变更不重视，那么项目变更其实也能变成项目风险。因此笔者将项目变更和项目风险管理合并纳入项目整体风险控制范围。

6.1
慎之又慎：项目经理谨防项目合同随意变更

6.1.1　谨慎：项目经理要严肃对待合同变更

合同变更可能是客户提出的，也可能是公司提出的。但是**项目经理要明白其中的奥妙，那就是谁提出、谁主张；谁提出，谁就掌握主动权，我们提出和客户提出是不一样的**。合同变更大概率是由于双方在敲定合同的过程中对于一些需求和内容不那么清晰和明确，甚至有可能当初签订的就是一个框架协议，然后采取按工作量结算的模式。

项目经理为什么要严肃对待合同变更？因为合同从起草、谈判、修订到签订，本身就经历过双方多轮的沟通和协商，主要内容和关键技术参数、要点是经过双方严谨确认的。如果项目经理允许随意变更合同，本质上就是对前期客户和公司相关工作的不认可，或者说在签订之初，双方就存在很大的理解差异和分歧。换

项目管理场景技能

句话说,如果双方有很大的分歧,这份合同本身就不应该签署,这就是项目经理要非常严肃地对待合同变更的原因。

另外,项目经理是技术出身的,商务、法务及合同谈判等事宜并不是项目经理的强项,已经超出项目经理的知识和能力范围。项目经理如果盲目应对,就是用非专业对抗专业,就像业余选手去参加专业比赛一样,因此项目经理对合同变更的态度务必谨慎、谨慎再谨慎。

项目经理对合同变更持谨慎态度,不能因为客户提出合同变更就轻易顺从,也不能因为公司想变更合同就大力推进,一定要做详尽的合同变更分析(见表 6-1)。

表 6-1 合同变更分析

合同变更描述	
合同条款更改	
项目范围调整	
合同金额变化	
其他	
变更分析	
原因分析	
问题及风险	
对项目的影响	
补充	
应对措施	
解决方案(应对)	
责任人	
行动计划	

项目经理要分析合同变更的具体内容,查看是项目范围的调整,还是合同金额的变化,或者是合同条款的更改?这些改变背后的原因是什么?改变给项目带来的风险和问题是什么?对项目到底造成了哪些实质性影响?项目经理只有把这些因素都考虑周全,才能有针对性地制定应对措施。

合同的签订涉及销售、解决方案、法务、供应链、财务等多个角色和专业,而项目经理又在项目一线,是客户提出合同变更的首问责任人。因此,项目经理面对合同变更要有自己的主张和看法,要进行相应的应对,要落实责任和行动。

另外,原则上说,对待合同变更,项目经理一定要慎之又慎,要避免前期合同谈判过程中的交涉、拉锯、撮合等各种辛苦,在合同执行环节(交付环节)被轻易放弃和破坏。否则项目经理不仅抹除了前端人员的功劳,还让自己进入不擅长的领域,极可能被钻空子,给项目及公司带来极大风险。

6.1.2 交托:项目经理不要独立处理合同变更

合同不是不能变更,而是不能随意变更,因为如果项目经理个人随意应对变更,除了自己缺乏专业知识,还可能被掩盖实施过程的偷梁换柱,对公司来说往往风险极大,对客户来说也不合时宜。项目合同变更由客户提出时,其原因要么是项目实施过程中客户对项目背景或需求的理解发生了重大变化;要么是随着项目实施的不断深入,客户想对需求具体内容做相应调整,但无论是哪种情况,对公司来说都是风险。

经验表明,项目合同变更如果由**客户**提出,则往往损害公司利益,因为**客户的普遍心态是"加量不加价"**,合同的总价已经锁死,合同内容的替换和增加可能在无形中使前期合同谈判的努力白费。如果由公司提出,那么出发点一定是维护本身的利益,往往是项目内容超出原先合同谈判时约定的范围,想增加合同金额或减少合同内容。

一般来说,在项目实施过程中,如果成本没有超过一定的限度,公司就不会轻易向客户提出合同变更,因为合同变更需要客户和公司重新谈判、重走流程,漫长且费心费力,对双方来说都很麻烦。

因此,**如果发生了合同变更,那么项目经理一定不要自己独立面对,把公司蒙在鼓里,最后变成既定事实,使公司非常被动**。项目经理一定要拉着销售、解决方案、商务、法务等一同面对,或者把这件事情交托给销售,让销售来主导和处理,项目经理参与和配合。这样虽然会让合同变更的事情更复杂,但也规避或减少了很多风险,避免投机取巧、暗度陈仓的事情发生。

6.2 变则通:项目经理应对需求变更的有效策略

场景案例 15 项目需求突然变更,项目经理从容应对

背景:"WORKBRAIN"项目初验进入倒计时,客户突然提出增加两个合同

项目管理场景技能

外需求，项目经理措手不及。

角色：项目成员 A、洪经理、项目成员 B、郑经理、客户李总。

> 📋 **第一幕：针对需求，项目组内部进行讨论**

项目成员 A	洪经理，客户今天突然提出了两个需求，第一个是在"WORKBRAIN"系统项目经营分析模块中把超工期、超预算的双超项目放在一个单独的页面上展示，并在初验前完成，这不在我们原来的功能列表中。第二个需求是"WORKBRAIN"系统与 ERP 系统数据对接，能够直接抓取 ERP 系统中相应的物料、人工等成本数据。
洪经理	这些需求都是哪些部门提出的？上周我和郑经理拜访的时候，他们提出过，当时我们没答应。
项目成员 A	第一个需求是对接部门提出的，说是领导的要求。第二个需求是财务部提出的，他们觉得财务部手工录入数据增加了工作量，要求系统之间自动对接。
洪经理	还有 15 天就初验了，这时提出需求变更真麻烦。你们评估工作量了吗？需要多长时间完成？
项目成员 A	第一个需求预计需要 10 个人天才能完成，好在这些数据都在"WORKBRAIN"系统中，不需要跟其他系统对接。第二个需求是小 B 负责的。
项目成员 B	洪经理，我评估了一下系统间数据对接的工作量，因为他们采购的 ERP 系统是某品牌的，这个品牌的系统数据对接特别麻烦，不是我们不愿意做，是这个品牌不开放端口，短期内我们基本搞不定。而且系统之间直接对接会影响我们系统的稳定性，对项目初验造成很大的不利影响。你看这个问题怎么解决？
洪经理	好的，我知道了。我来跟销售和对接部门沟通一下。

> 📋 **第二幕：项目经理和销售沟通需求变更**

郑经理	（接听电话）洪经理，找我有事？
洪经理	郑经理，现在客户提出两个需求变更。一个需求是增加一个功

	能模块，支持数据抓取。另一个需求是跟财务 ERP 系统进行数据对接。9 月 10 日就要初验，这两个需求都会影响进度。
郑经理	洪经理，技术上的事情我不太明白，但是第二个需求，合同谈判时、我们拜访相关部门时对方都提出过，当时我们已经拒绝了。现在对方又提出，是不是还是财务部？
洪经理	是的，郑经理，就是财务部。
郑经理	第一个需求，你从技术角度来看，如果能够满足且不影响进度，就尽可能满足，提高客户满意度。第二个需求，找对接部门解释清楚，予以拒绝，这个需求我们满足不了。当时财务部提出这个需求的时候，我们提出可以用数据库解决方案，也提供了报价，对方没有接受，想不花钱包含在这个项目里，我们没有同意，因此财务部的这个需求我们不能满足。
洪经理	好的，我明白了，我跟对接部门李总沟通一下。
郑经理	需不需要我跟你一起去？
洪经理	暂时不需要，搞不定的时候再请你出马。

第三幕：项目经理和对接部门李总沟通需求变更

洪经理	李总，您有没有时间？有件事想跟您汇报一下。
客户李总	洪经理，是不是关于需求变更的事？
洪经理	是的，李总。关于项目经营分析模块中双超项目的展示，我们内部评估了一下，需要一定的时间才能开发完毕。这个需求不在我们原先的需求清单中，项目预算又卡得死，因此我想听听您的意见。
客户李总	我知道，每个项目都有严格的管理要求和标准，但这是领导提出的需求，而且是我们一把手提出的。我们要充分重视，有困难克服一下。我也知道为难你了，我心里有数，在其他地方想办法补偿吧。但是这个需求一定要实现，初验时领导肯定关注。
洪经理	好的李总，我明白了，我们加班加点干吧，肯定全力以赴。不过原来我们计划 9 月 5 日把所有系统界面过一下，这样就要推迟到 8 日左右才行。

项目管理场景技能

客户李总	没问题,初验时实现就行了,但要确保我们对领导有所交代。
洪经理	好的。第二个需求是财务部提出的,是关于系统自动数据对接的。我们目前做不到。我和郑经理也沟通了一下,他说当初合同谈判的时候就谈到过这点,不在合同范围内。这个需求我们实在满足不了。
客户李总	当初在合同谈判的时候他们提出这个需求,我们就让财务部出相应的费用,他们不愿意出,现在又提。这样,这个需求先放一放,我来和财务部说这件事,你先不用管了,专心把第一个需求实现。
洪经理	好的,我马上安排赶工。感谢您的理解和支持。
客户李总	不用客气,都是一家人,不说两家话。

6.2.1 平常心:项目经理面对需求变更调整心态

项目需求变更的频次和概率远远高于合同变更。 在项目实践中,合同变更比较正式,幅度也比较大,因此发生的概率也相对小一些。但需求变更是非常频繁的,往往既有客户提出的,也有公司提出的。因为在项目实施过程中,随着项目推进,大家对需求的理解更加明晰,肯定会出现需求增加、减少、替代等情况。另外,项目中遇到的技术瓶颈、资源匮乏、条件受限等困难,也会导致我们不得不主动变更。

如果说交付项目管理的要义是管理合同履行,那么交付项目管理的精髓就是管理需求变更,因为深度的内容就是需求。合同是明面上的,需求是潜藏的,可是令人担忧的是项目经理对需求管理的认识和重视程度并不到位。

需要注意,合同变更和需求变更存在较大的差异,具体如下。

第一,正式程度不同。合同变更往往有正式的审批程序,但是需求变更往往没有正式程序,这就是所谓的需求是潜藏的。需求的调整和变化没有合同变更那么明显,更不易被人察觉。但是需求变更又切实影响了项目计划,更与项目预算相关,影响了项目成本和利润。

第二,行为主体层级不同。合同变更是公司级行为,需求变更是部门级行为。合同变更需要很多部门参与,是公司级的、跨部门的组织行为,但是需求变更更多的是对接部门、使用部门的部门级行为，虽然都是组织行为，但是没有上升到客户方和公司方这种公司级的高度。需求变更比较具体和琐碎，很多公司领导对需求接触较少，并不重视，但是需求变更又频繁发生。即使项目计划都是按照合同制订的，但在落地的过程中若需求频繁变更，最后也会导致项目成本和毛利出现比较大的波动。

另外，公司级行为和部门级行为的差异就在于公司级行为更加谨慎，不会那么随意；部门级行为相对来说可以随意一些，或者说受到的约束少一些。

第三，应对独立性不同。合同变更时，项目经理还可以拉着销售、解决方案等一同面对，而需求变更时，项目经理往往独自面对。虽然需求变更基本不会超出项目经理的专业范畴和能力领域，但也考验项目经理的独立应对能力。

需求管理是项目经理的重要场景技能，需求管理有没有做、做得好不好已经成为判断项目经理水平的重要标准之一。**如果将项目管理的水平分层，那么浅层的项目管理盯着成本、进度、质量三要素，深层的项目管理则盯着需求变更**（见图 6-2）。这是因为进度、成本、质量都是随着需求变更而变动的。进度管控也好，成本控制及质量控制也好，其实都是浅层次的控制，并未触及深层次的内容，只在外围打转，所起的作用必然是有限的。

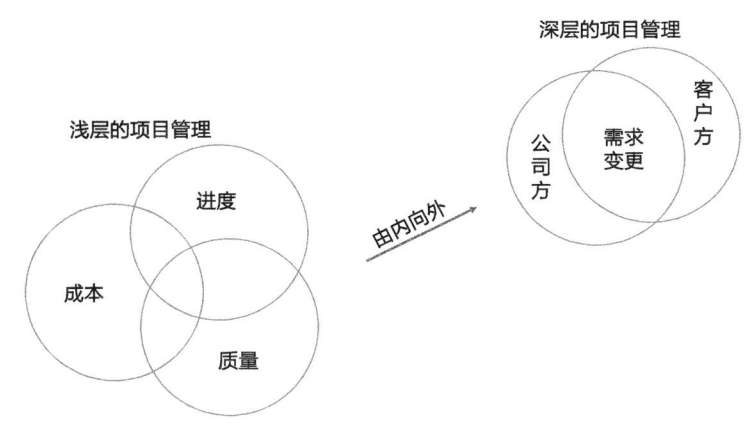

图 6-2 项目管理的水平分层

项目经理同样要分析需求变更，然后进行项目需求变更确认（见表 6-2）。针对客户提出的需求变更，项目经理要确定需求变更的内容和类型，搞清楚变更的理由，判断是否属于重大变更和超出合同范围，以及对接部门的意见。经过梳理

项目管理场景技能

和确认，项目经理掌握了需求变更相对完备的信息，才能开始下一步动作。

表 6-2 项目需求变更确认

变更内容	提出部门	变更理由	要求完成日期	变更类型	是否属于重大变更	是否超出合同范围	对接部门意见

确认需求变更后，项目经理就要组织相关人员进行更细致的需求变更评估（见表 6-3）。之所以把需求变更评估而非合同变更评估单独列出来，是因为合同变更时，项目经理可以将其交托给销售，重新进入合同谈判环节，项目经理只承担次要责任。但是对于需求变更，项目经理却是主要责任人。需求变更大部分是技术方面的，销售、解决方案都不会轻易干涉，这就意味着需求变更的评估成为项目经理推脱不了的责任。既然推脱不了，项目经理就要积极应对项目需求变更，主要分析需求变更对合同履行、客户关系的影响，对现行的项目计划、进度、预算及成本、毛利的实际影响，以及技术的可实现性，最后给出评估意见和应对策略。

表 6-3 项目需求变更评估

A. 项目信息

（填写客户、项目名称、项目经理等信息）

客户		项目名称	
项目经理		日期	

B. 项目需求变更概述

（填写需求变更具体描述、提出部门、变更理由、对接部门意见、项目经理判断及初步意见）

需求变更具体描述（与合同或计划对比）

提出部门

变更理由

对接部门意见

项目经理判断及初步意见（变更类型、是否超出合同范围、是否属于重大变更）

续表

C. 需求变更引起的项目工作变动

（描述需求变更具体内容引起的项目工作及进度、成本、质量等方面的变动）

需求变更内容分解	增减部分对比	工期增减	成本增减	质量及其他影响

D. 需求变更的实质性评估

（分别从客户与合同、技术与产品、质量风险、项目目标维度评估需求变更）

维　　度	评估内容
客户与合同	- 客户关系 - 合同履行（违约） - 项目范围
技术与产品	- 技术可实现性 - 产品匹配度
质量风险	- 质量隐患 - 连带风险
项目目标	- 进度（工期） - 成本预算 - 毛利

E. 评估结论

☐同意　　☐否决　　☐搁置再议

PMO/项目变更评估组意见（签字）

___

领导审批意见

___

需求变更评估是应对需求变更的基本功课，项目经理必须把这个功课做到位，形成自己对需求变更的意见及应对策略与方案，否则无论是PMO（项目变更评估组）还是公司领导，都无法有效、准确地对需求变更发表意见。项目经理的角色定位是在前线打仗的将军，项目经理必须对需求变更发表自己的意见，而且代表一线的声音。项目经理不能变相推卸责任。如果客户提出了需求变更要求，项目经理只当传声筒，直接转交给公司或PMO，这样的项目经理就是不合格的。

项目管理场景技能

6.2.2 满足、拒绝、拦截：需求变更的常规应对策略

应对策略以需求变更评估为前置条件，进行需求变更评估后方可探讨需求变更的应对策略。项目需求变更的常规应对策略为满足、拒绝、拦截（见图6-3）。

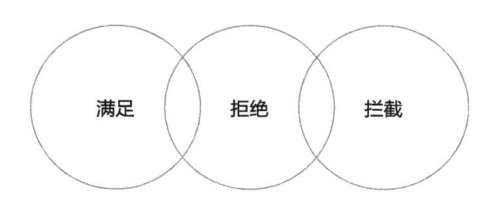

图6-3 项目需求变更常规应对策略

1. 满足

一般来说，不超出成本的一定范围，与合同条款偏差不大的需求变更，基本上予以满足。这种变更是项目过程中的常有之事。项目经理在实施项目的过程中（或合同谈判的过程中），为了项目顺利交付（或成功签单），需要让对方有占便宜的感觉。

2. 拒绝

对于明显超出合同范围、不太合理的需求变更，项目经理一定要明确、坚决、毫不迟疑地拒绝。大部分项目经理不善于拒绝别人，通常有怕得罪客户的心理，这就导致项目经理在项目过程中被不断试探。今天提了一个小的需求变更，满足了；明天可能再提一个小的需求变更，又满足了；最后发现在这种不断试探和叠加的过程中，项目成本不知不觉地增加了不少，有点"今日割五城，明日割十城，然后得一夕安寝。起视四境，而秦兵又至矣"的味道。因此，项目经理拒绝要坚决，要在需求管理中画出红线，既有对合情合理的需求变更的适当满足，又有对过界、过分需求变更的拒绝。

3. 拦截

项目经理不必坐等客户提出需求变更，可以预判客户需求变更。 对于那些难以满足、不能满足的需求变更，如当前公司的产品、技术不能匹配，就要发挥自己的预见性，在客户想法的萌芽状态予以拦截，"防患于未然"。

从本质上说，拦截和拒绝是同一种策略。拒绝是客户提出、我方拒绝，拦截

是我方预料到客户会提出，在客户的想法未成熟和坚定前打消客户的念头，甚至预判到对方的预判。

6.2.3 反客为主：需求变更的"高级玩法"

拒绝和拦截都是常规的需求变更应对策略，其实只是将需求压住或封存了。在当前条件下，我们不能满足，可以引导或说服客户将需求往后放。对于一些合同外又不得不做的需求，同时客户没有意愿增加相应费用，就可以考虑需求替换，用一些合同中已经明确，但是对客户来说不太重要的需求进行内容置换，将以前合同内的需求置换为此时提出的合同外需求。当然，项目经理需要考量项目成本投入及对项目计划进度的影响，这其实是对项目成本的计量。

前面所说的需求变更管理其实都是响应和应对，主动权依然在对方手中，项目经理在其中并没有掌握太多主动权。拿战斗打比方，依然是防御，不是进攻。本章的基调是掌握主动权，项目经理需要在需求变更管理上进行场景技能升级。与其被动应对，不如主动出击，这就是项目经理应对项目需求变更的高阶策略，具体包括转换、引导、衍生等策略（见图6-4）。

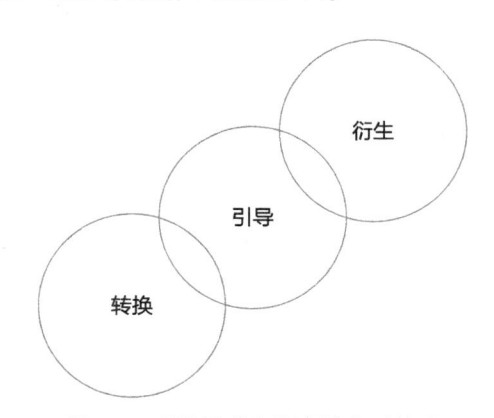

图 6-4 项目需求变更高阶应对策略

1. 转换

转换是先对客户提出的需求变更做出判断，是必须实现，还是锦上添花。如果是锦上添花，项目经理就可以把它转换成可替代的内容，或者以其他方式实现。需要提醒的是，转换必须在功能实现和保证质量的前提下进行，不能变成减配。项目经理如果在转换中动了偷工减料的心思，那么结果一定是客户不满意。

2. 引导

引导是指把客户提出的我方不能实现的需求变更，引导为我方能实现的需求变更，也可以将客户提出的超出我方能力的需求变更引导为我方能力范围内的需求变更。这种引导包括两个方面。一是引导到我方的能力象限中。二是公司现有的产品和解决方案与客户的需求变更有交集，但客户并没有完全采用。项目经理需要刺激客户消费，引导客户进行相应的扩容。

3. 衍生

在现有需求已经满足的基础上，项目经理通过对客户的了解，认为有更深层次的应用场景或更高级的拓展应用，就可以沿着公司的产品线和能力线衍生出另外的项目。引导和衍生的区别在于，引导基本上没有超出项目的边界，衍生则创造了新的项目机会。当然，如果客户并未另起项目，只是增购，也可以视为衍生。

6.3 万变守其本：计划和预算的变与不变

场景案例 16　客户加量不加价，项目增本不降利

背景："WORKBRAIN"项目，客户提出增加独立显示页面的内容，不在原来的计划内，这样项目成本又要增加，项目进度和毛利压力更大。项目组正在商议对策。

角色：项目成员 A、洪经理、项目成员 B。

项目成员 A	洪经理，项目经营模块的改动要赶工期，我们要加人，工作量大致是 10 个人天。可是这 10 个人天不在原本的预算范围内，要额外增加 1 万元成本。
洪经理	客户这种做法是典型的加量不加价。但客户方领导要加内容，我们不得不加。我和销售、PMO 也沟通了，商议的结果是加，没别的办法。
项目成员 B	加了内容，项目的成本就变多了。原来有 3 万元的缺口，我们前段时间填窟窿，好不容易减少了 1 万元，现在又多了 1 万元，一夜回到解放前。

洪经理	做项目就这样,有时真没办法,客户是上帝,我们只能为他们服务。公司也没办法。
项目成员 A	洪经理,你能不能跟公司提一下,把我们的预算也加加。
洪经理	我也想提,可是提了也没用,跟上次一样。公司不同意,不开这个先例,因为基本上每个项目都会出现这样的情况,不能开口子。
项目成员 A	客户加量不加价,项目增本不降利,两头压迫。
项目成员 B	说这些都没用,最后还得我们自己解决。
洪经理	是的,大家都想一想怎么消化这多出来的 1 万元成本。
项目成员 A	多出 10 个人天,只能在我们 3 个人身上想办法了。在外面借 2 个人干几天应应急,我们 3 个人都加班,这样就少了 6 个人天的成本,反正我们的工资是固定的。
项目成员 B	对,我们加班吧。项目到了后期,现在的这几个新手就可以放出去了,我和小 A 也可以考虑接别的项目,分担一下成本。
项目成员 A	没问题。后期我们都要分担一下项目成本,不把所有的成本都压在这个项目里,导致这个项目达成不了毛利目标。否则大家辛辛苦苦工作好几个月,奖金拿不到,白忙活。
洪经理	说得对!我们项目毛利目标不变,30 万元不动。我们也要让公司看看,什么才是能打仗、打硬仗的项目团队。
项目成员 A	是的。当时你要我们俩过来,公司还不同意,说你搞小团体,最后找了徐总才勉强同意。我们一定要干出成绩来。徐总说项目经理要学会项目经营,我们就把这个项目做成标杆,预算压得那么低,中间还增加这么多成本,我们还是如期达成毛利目标,让公司和大家都看看。
洪经理	小 A,你现在的觉悟提高了这么多,厉害。
项目成员 A	不提高不行,必须提高。

6.3.1 宗旨:计划变、预算变,但目标不变

计划变、预算变,但目标不变,这是项目经理应对项目变更的宗旨和指导方针,目的在于站在经营的高度去审视项目过程和实施管理动作。一切围绕胜利,

项目管理场景技能

一切为了胜利。从客户的角度看，胜利就是项目完整交付、客户满意；从公司的角度看，胜利就是项目毛利目标的实现。

项目经理在计划和预算变更中要始终记住，计划和预算并不是项目目标，只是实现项目目标的工具。**项目经理的眼睛要永远盯在毛利上**。前面所说的合同变更也好、需求变更也罢，既影响计划，也影响预算，即计划进度的延误、成本的额外增加，以及最终对项目毛利的负面影响。项目经理要在"加量不加价"的情况下，尽最大努力保证项目毛利目标的实现，或者减少项目毛利的损失。

项目计划和预算变更中的变是针对合同和需求变更的联动调整，不变的是项目经理对项目毛利目标的高度重视。项目经理要把自己当成项目的 CEO。CEO 怎么关注和重视利润，项目经理也要同样关注和重视项目毛利。两者虽然位置不同，但对项目毛利事宜应有同样的认识高度。

项目经理对项目计划和预算变更要两手抓（见表 6-4）。一手针对合同和需求变更引起的项目计划变更及项目预算变更做详尽的分析，一手紧抓项目毛利目标，然后在变更对项目毛利的冲击中找到差值，并对差值做出补救，以确保项目实现原始或修订的毛利目标。

表 6-4　项目计划和预算变更

A. 项目基本信息

客户名称	
项目名称	
项目经理	

B. 项目变更的类型及描述

类　　型	变更描述	备　　注
□ 范围		可引用合同变更表
□ 需求		可引用需求变更表
□ 工期/进度		
□ 技术要求		
□ 文档		
□ 其他		

C. 项目变更的实质性影响

续表

类　　型	实质性影响
工期	□ 增加（天数） □ 减少（天数）
成本	□ 增加（金额） □ 减少（金额）
项目毛利	□ 增加（金额） □ 减少（金额） 备注：增加的工期或赶进度额外增加的成本一并考量在内

D. 针对项目变更的补救措施

补救措施	需要的资源和支持	对项目毛利的影响

E. 项目毛利调整

原始目标	增　加　额	修订目标

F. 审批意见

PMO/项目变更评估组意见	
销售部门意见	
事业部总经理意见	

万变守其本并不是说项目毛利目标一定不能改变，而是说项目毛利目标不要轻易改变。项目经理分析出变更对毛利目标的影响之后，发现即使采取补救措施，依然不能保证达成项目毛利目标，就可以向公司反馈，要求修订项目毛利目标。如果项目经理完全顺着项目需求变更做计划和预算变更，不做任何补救和调整，就是典型的失职和无能。项目经理一定要为目标找方法、找路径，要作为，不能不作为。

6.3.2　攻坚克难：围绕目标创造价值

如果将项目经理应对项目变更的水平予以区分，一般的项目经理会随着项目变更相应地调整项目计划和增减预算，而优秀和卓越的项目经理会在项目变更中

项目管理场景技能

创造增量价值。打个比方，项目需求增加 10%，项目成本也增加 10%，这是一般的项目经理；如果项目成本仅仅增加 5%，就是比较优秀的项目经理；如果项目成本不但没有增加，甚至有所减少，就是卓越的项目经理，如图 6-5 所示。

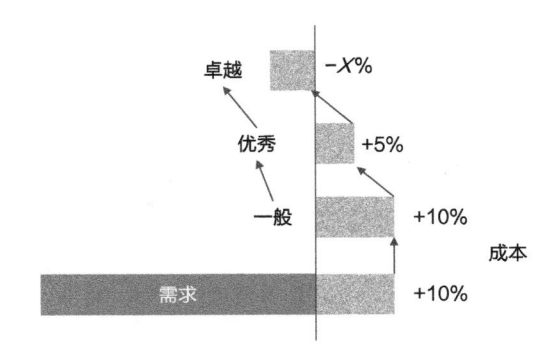

图 6-5 项目变更中的项目经理水平差异

这里不是项目经理能不能做到的问题，而是想不想做的问题。因为项目中非固定成本（如人工、外协等）的管理和调节都掌握在项目经理手中，项目经理是能够做相应变动的，并非完全没有施展空间。只是要看项目经理到底用不用心，有没有方法和策略。

需要提醒的是，计划和预算变更要有源头和前置条件，不能发现成本要超支、进度要延误，第一反应不是节约成本和加班加点地赶进度，而是变更计划和预算。如果项目经理都这样反应，项目经营就无从谈起。项目经理在项目管理过程中，除了带领项目成员攻坚克难，还是要在项目场景中实现价值和创造价值，不仅要有苦劳，更要有功劳。

6.4 月之背面：项目经理极易忽视的项目风险

场景案例 17 项目经理险些"阴沟里翻船"

背景："WORKBRAIN"项目组正在加班加点准备初验，关键时刻出现了一个棘手的问题。

角色：项目成员 A、洪经理、项目成员 C。

第6章 掌握主动权：项目经理沉着应对项目变更和风险

> 📋 **第一幕：项目成员发现问题，向项目经理汇报**

项目成员A　　洪经理，又遇到一件麻烦事了。

洪经理　　　什么事？别吓我。

项目成员A　　有一个小模块现在出问题了。本来这个模块没那么重要，按照计划进行问题不大，所以我也没太放在心上。但是现在这个模块开发进度太慢了，按照这个进度，初验前肯定完成不了。

洪经理　　　这是分配给谁的任务？

项目成员A　　是我负责的模块，分配给小C的。项目上有好几个新手，我这段时间把精力都放在他们身上。因为分配任务时说清楚了，小C也是老手，所以我就没怎么盯，结果现在出了点问题。

洪经理　　　问题很严重吗？

项目成员A　　问题不严重，但耽误时间。因为这个模块不是我们开发完就行了，还要跟客户的 PLM 系统对接，这就需要客户配合测试，前后需要5天左右。现在离初验只有3天了，怎么办？中间还有一个周末，客户可能不愿意为测试在周末回来加班。

洪经理　　　小C在哪？把他叫过来。

> 📋 **第二幕：项目经理和项目成员发生冲突**

洪经理　　　小C，这个模块交给你，为什么现在出了问题？有什么困难不能提前说吗？马上要初验了，你怎么捅娄子呢？

项目成员C　　我捅了什么娄子？这个模块的开发我是按照你要求的进度来做的。延误非常正常，哪个项目不延误？

洪经理　　　你自己延误，你还有理是吧？这个延误导致项目初验延误，你负责任吗？

项目成员C　　我负什么责任？我又不是项目经理。

洪经理　　　你这是什么态度！（发飙）

项目成员C　　（情绪上来）我没什么态度。不要当个项目经理，就真把自己当回事。

173

项目管理场景技能

洪经理　　　（气愤）我们项目组是并肩作战的战友，不欢迎自己掉链子还推卸责任的人。你想干就干，不想干就走。

项目成员A　好了好了，大家都消消气。现在出现了问题，我们就去解决问题，发火又不能赶进度。小C，你先下去。我跟洪经理一起商量商量怎么解决。

> **第三幕：项目组商量如何解决问题**

项目成员A　洪经理，小C就这样，你跟他发火也解决不了问题。3天的时间，我们只能从外面调人了，否则真的完成不了。

洪经理　　　我最烦的就是这一点，有什么事情不想着提前解决，都拖到最后，让别人来收拾烂摊子，还这个态度。不想干就别干，把项目组的风气都带坏了。

项目成员A　先消消气。你赶紧向公司求助，给我们增加一点人手。我们只有3天时间赶工。还要跟客户协商，请他们周末加班来完成测试，否则就来不及了。

洪经理　　　这叫什么事！幸亏你发现了，再迟一天，我们就要"阴沟里翻船"了。我们分头进行，这个模块你先接手吧，小C再做下去我也不放心，千万别耽误了验收。我给公司打电话要人。

项目成员A　好的，没问题。

6.4.1　理性：项目的常规风险

项目风险是客观存在的，不因项目经理看见与否而改变，因此项目风险不可避免，只能应对或规避。极端地看待项目风险是不合适的，对项目风险谈虎色变大可不必，但对项目风险极度忽视也不可取。

项目经理仅仅学会做相应的项目风险识别及判断是不够的，还要掌握项目风险分析工具，依靠科学的方法、模型识别和判断项目风险。

在实践中，项目的主要风险大致可以分为商务、需求、项目管理三方面。商务风险在于合同、销售交付交接及付款，需求风险在于需求变更，项目管理风险在于项目履行过程中的成本及人员胜任力。表6-5列出了项目风险类型及控制点，供大家参考。

表 6-5 项目风险类型及控制点

类型	具体风险	控制点
商务	过度承诺	内部规范、书面承诺会签审批
	合同内容或标准不清	非策略行为即需专业评估
	项目节点与付款节点	项目节点和付款节点互锁
	销售后期不介入	强制要求销售介入
	阶段款和回款	使用、验收、财务及 EB 书面确认
需求	合同外需求增加	销售、交付双方协商
	需求变更	补充协议或会议评审
	需求无边界或无止境	有从有拒
项目管理	计划与合同不配套	按照合同付款节点设置计划里程碑
	人员胜任力配置	核心人员稳定、强矩阵
	成本投入和进度投入不匹配	进度、产值、成本匹配与预警

风险管理的第一步是风险识别。如果项目经理不能识别风险，后续的控制和管理就无从谈起。因此，从项目经理的角度来看，风险识别先于风险控制。项目经理只有识别出或预判到项目具体风险的存在和可能的发生概率，才能有针对性地控制和应对。但是仅仅识别了项目风险，并不代表就能预防和控制风险。要控制项目风险，就是要理解项目风险的源头及控制重点和关键应对举措。

6.4.2 可承受力：项目风险管理的综合考量

项目风险管理是风险影响程度、发生概率和可承受度的综合考量（见图 6-6）。换句话说，是现实损失和可承受力的综合考量，并且这些要素之间存在乘数关系。

$$项目风险管理 = 风险影响程度 \times 发生概率 \times 可承受度$$

图 6-6 项目风险管理要素

一般来说，风险影响范围越广，风险等级越高。范围相同时，越能带来实质性、直接的经济损失，风险等级越高（见表 6-6）。如果风险局限于项目本身，则等级会相对低一些。例如，客户不满意，但这种不满意可以消除或通过其他方式弥补，就在可控的范围内。

项目管理场景技能

表 6-6 项目风险的影响范围与等级

风险影响范围	等级
直接财务损失（罚金、赔款）	5
间接财务损失（间接成本）	4
无财务损失，但影响后期项目	3
导致客户不满意，但可弥补	2
项目期间即可消除客户不满意	1

除了定性、概括性风险评估，还可以将项目风险按照成本、进度、范围、质量等维度进行分类评估，进一步量化（见表 6-7）。例如，将进度按照拖延比例从低到高进行等级评估。

表 6-7 项目风险的分类评估

	非常低（1）	低（2）	中（3）	高（4）	非常高（5）
成本	成本增加微乎其微，小于1%	成本增加小于5%	成本增加5%~10%	成本增加11%~20%	成本增加大于20%
进度	不明显的进度拖延	项目整体进度拖延小于5%	项目整体进度拖延5%~10%	项目整体进度拖延10%~20%	项目整体进度拖延大于20%
范围	范围减少几乎察觉不到	范围的次要部分受到影响	范围的主要部分受到影响	范围减少不被客户接受	项目最终产品实际上不能使用
质量	质量降低几乎察觉不到	只有某些要求非常苛刻的工作受影响	质量降低需要得到客户批准	质量降低不被客户接受	项目最终产品实际上不能使用

项目风险除经济方面外，还要考虑技术风险。相对来说，技术风险更深、更隐蔽。这里的技术风险评估是指评估项目所用技术和产品的可实现性、应用性、匹配度等。项目经理容易忽视技术风险评估，原因是客户在评标环节已经评估过，公司技术的响应性和可实现性已经在解决方案比拼时验证过。如果公司的技术和产品不足以支撑项目落地，在投标环节就已经被淘汰。需要注意的是，虽然前端已进行过风险排除，但并不等于后端可以完全忽视风险，必要时仍应进行技术风险评估。技术风险评估视产品、需求的技术参数而定，下面列举实际项目中的技术风险评估维度示例，供大家参考（见表 6-8）。

表 6-8 技术风险评估维度（示例）

分类	满分	评分	风险等级
系统规模功能	40		0~15分，低风险；16~30分，中风险；31分以上，高风险

续表

分类	满分	评分	风险等级
客户系统需求	30		0~10分，低风险；11~20分，中风险；21分以上，高风险
技术与外部相关性	30		0~10分，低风险；11~20分，中风险；21分以上，高风险
总体风险	100		10~30分，低风险；31~70分，中风险；71~100分，高风险

技术风险评估维度再细分为具体的评估指标、技术参数（标准）等硬性内容，相对来说比较容易判断。表6-9展示了技术风险具体评估指标及标准示例。

表6-9 技术风险具体评估指标及标准（示例）

编号	评估项	分值	评分标准
1	系统规模与功能		
1.1	系统开发的总工作量		□20 □21~100 □101~200 □200以上
1.2	项目内的子项目数量		□0~2 □2 □2以上
1.3	项目涉及的客户部门数量		□0~1 □2 □2以上
1.4	系统安装后的最终用户数量（含系统管理用户）		□1~30 □31~50 □51~100 □101~300
1.5	系统部署涉及地理位置数量		□1 □2~3 □3以上
1.6	与本系统接口的外部系统数量		□0 □1 □2 □2以上
1.7	系统的技术复杂性		□简单 □一般 □复杂 □非常复杂
1.8	主要体系结构或关键技术有书面记录且被正式批准		□是 □否
2	客户系统需求		
2.1	对系统的适当描述		□改进 □替代 □全新
2.2	项目开发团队对需求的理解程度		□充分了解 □大部分了解 □大部分不了解
2.3	系统的实时性能要求		□不重要 □重要 □极其重要 □未知
2.4	是否需要调整客户的组织结构或过程才能满足新系统的要求		□不需要 □很小 □很大 □未知
2.5	项目开发团队修改客户需求的灵活性和决策能力		□>10% □0~10% □没有 □未知
2.6	客户修改需求的灵活性和决策能力		□确定需求之后不能修改 □通过变更流程修改 □灵活性很强 □未知
2.7	本项目是否依赖于另一个项目的输出或产品		□不依赖 □依赖，但风险低 □依赖，但风险高 □未知
2.8	客户管理层对项目的积极性		□积极参与 □有限参与 □不愿参与 □未知
2.9	客户参与项目的程度		□全职参与需求和设计 □兼职参与设计和评审 □除了合同和管理没有参与 □未知

续表

编号	评估项	分值	评分标准
3	技术与外部相关性		
3.1	项目开发团队是否熟悉所需的硬件		☐熟悉 ☐不熟悉网络 ☐不熟悉终端 ☐不熟悉主机/服务器 ☐未知
3.2	项目开发团队是否了解应用领域		☐参加过类似项目 ☐有概念，没经验 ☐了解有限
3.3	对非标准件的需求		☐无 ☐网络 ☐终端 ☐主机/服务器 ☐未知
3.4	系统软件重新开发/二次开发比重		☐0 ☐1%~25% ☐26%~50% ☐51%~75% ☐>75%
3.5	项目开发团队对产品的熟悉程度		☐经验丰富 ☐经验一般 ☐没有经验 ☐未知
3.6	硬件/软件供应商的配合程度		☐好 ☐一般 ☐差
3.7	客户系统维护人员是否到位		☐到位，全职工作 ☐到位，兼职工作 ☐未到位，招聘中 ☐尚未确定

项目风险是客观存在的，但存在并不意味着一定发生，因此项目风险管理不仅要审视风险要素及影响程度，还要对风险发生概率进行判断。项目风险发生概率可以划分为 5 个等级（见表 6-10）。项目经理应当关注 3 级以上的风险。当然，发生概率并非一成不变，往往随着事态的发展而变化。

表 6-10 项目风险发生概率

概　率	等　级
一定发生	5
极可能发生	4
可能发生	3
不太可能发生	2
概率极小	1

接下来需要评估项目风险可承受度（见表 6-11）。可承受度涉及两种情况，第一种情况是项目本身是否能够消化直接或间接的经济损失，即项目毛利是否足够覆盖项目风险可能带来的经济损失。比较好的情况是，即便风险发生，也能在本项目中消化，不涉及公司或其他项目。第二种情况是项目本身的毛利空间不够，一旦风险发生，相应的经济损失就会超出项目本身的承受范围，超出的部分就需要公司来承担。

表 6-11 项目风险可承受度

项目风险可承受度	等　级
超出项目本身，涉及其他项目或公司（大于等于10%）	3

项目风险可承受度	等级
对项目毛利影响较大,但能在项目内部消化(大于3%,小于10%)	2
对项目毛利影响较小(不超过3%)	1

在此解释一下为什么仅将可承受度划分为 3 个等级。这是因为可承受度更偏向主观判断,等级划分过多,项目经理往往难以判断。

综上所述,我们可以综合评估项目风险并进行基准线划分(见表 6-12)。项目的影响范围、发生概率和可承受度,评分等级分别为 5 级、5 级、3 级,总体就变成了 $5\times5\times3$ 的 75 分制。分值越高,项目经理越要重视,越要预防、控制和应对。可以定一个基准线,如以中间值作为控制值,$3\times3\times2=18$ 分,那么 18 分就可以作为项目风险的红线,超过 18 分就要预处理。当然,每家公司对于风险的承受能力不一样,可以根据自己的情况调整。

表 6-12 项目风险综合评估及基准线划分

类型	释义	影响范围(5级)	发生概率(5级)	可承受度(3级)	红线
保守型	厌恶风险	2	2	2	8
居中型	态度适中	3	3	2	18
偏好型	追求高风险、高回报	3	3	3	27

6.4.3 警醒:非常规和极易忽视的项目风险

以上是常规的项目风险管理,但是还有一些非常规的项目风险,需要项目经理特别关注和预防(见图 6-7)。这些风险都是项目经理难以控制的。

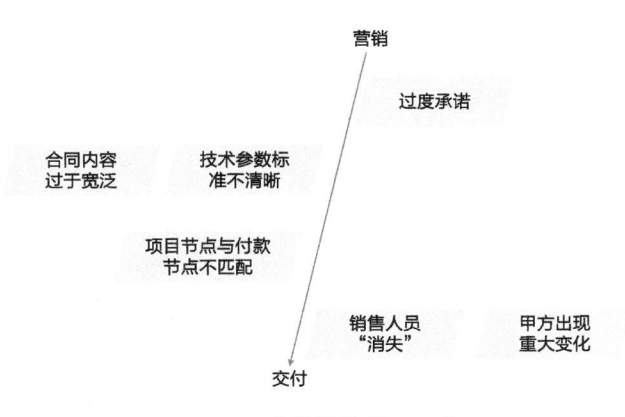

图 6-7 非常规的项目风险

项目管理场景技能

项目经理需要特别注意那些"天生带病"的项目。项目具有先天风险，接手的项目经理基本难以改变，这就是为什么总是强调项目交底。如果前期工作不到位，"带病放行"，那么最后所有的问题都会积攒到交付环节，让交付"背锅"。需要用"治未病"的思路把问题解决在前期，尽可能不把问题留到交付环节。对于那些已经明知会发生的风险或问题，要提前做好相应的预案和准备。在项目交底中，销售和交付应该坦诚相待，一同商量对策。

在项目实践中，有些致命的风险是事先难以预料的，这些风险往往发生在公司与客户的交接面上。项目经理的眼睛不能只向内看，或者说只盯范围内的风险，应该向外看。

项目组内部的风险及公司的风险其实都在可控的范围内，关键的风险往往发生在客户身上。项目经理往往受制于工作界面和眼界，仅仅去看客户的几个部门或几个人，忽视客户的整体状态。客户的整体状态对项目关联部门和人员有非常大的影响，如果项目经理没有这样的意识，客户发生了大风险，就会给项目带来毁灭性的打击。

另外，项目经理还有几个极容易忽视的关于自身的风险，如忘掉身份、犯糊涂、"反向忽悠"，需要特别提醒（见图6-8）。

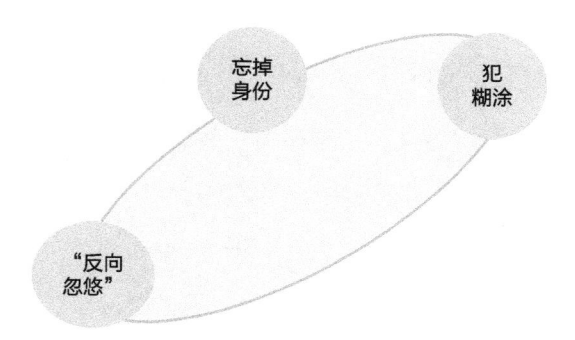

图6-8 项目经理极容易忽视的关于自身的风险

1. 忘掉身份

项目经理往往在现场与客户打成一片，与客户方称兄道弟，其乐融融。但是，项目经理干着干着可能就会忘掉我们和客户是两家公司，不是一家公司。这里有矛盾的地方，一方面强调项目经理和客户都是自己人，要融为一体。另一方面提醒项目经理不要忘了客户是甲方，我们是乙方的现实。这就是所谓的感性和理性的融合。很多项目经理在这个地方吃了大亏,前期跟客户相处得很好,觉得一切都很顺利,自认为项目结项也没有问题,但是真到了客户终验和回款的时候就会发现客户的态度判若两人。我经常说,项目经理可以融入客户,但不要忘掉身份。**项目经理的身份是公司在客户处的代表,是公司在给项目经理发工资、发奖金、交社保,而不是客户。**如果项目经理忘掉了自己的身份,就极有可能在不经意间站在客户的立场,损害了公司的利益。

2. 犯糊涂

项目经理经常犯糊涂,特别是在项目现场。项目经理处于项目各种信息的漩涡中,项目涉及多个部门、形形色色的人,他们都有不同的利益和诉求。项目经理往往被各种诉求搞得头昏脑涨,分不清敌和友。这对项目经理来说是比较大的挑战,也是容易被忽视的风险。

3. "反向忽悠"

"反向忽悠"涉及项目经理的职业操守,就是项目经理可能与客户联手,"忽悠"公司和高层管理者,甚至损害公司利益来换取个人利益。当然这是个别现象。

6.5
水来土掩:项目风险将至的预警及应对

场景案例 18 销售和 PMO 联手援助项目经理

背景:PMO 和销售接到项目经理的求助,赶到项目现场。
角色:曹主任、洪经理、郑经理、客户李总、客户王经理(客户测试部门经理)。

第一幕:项目经理和 PMO、销售商量对策

曹主任	洪经理,我们过来了,把事情详细跟我们说一说。郑经理刚好在公司,知道情况后,第一时间赶过来,多个人多分力,我们一起商量怎么解决。
洪经理	感谢曹主任、郑经理过来救场,这份人情我记下了。我也不跟你们客气了,现在有两个地方需要你们帮忙。曹主任,公司现

项目管理场景技能

	在还有没有空闲的人？我要赶工期，至少需要一个人。我们项目组的小 A 已经接手这个模块了。还要跟客户协调，让他们周末来加班，我们要做两轮测试。
曹主任	这项工作需要老手，新手不行。公司现在有空闲的人都不合适，只能想办法从别的项目组借人了。我统计了一下合适的人员，只有 D、E、F 三个人，他们都在项目上。洪经理，你自己的意向呢？
洪经理	我对小 E 熟悉些，原来一起做过项目。能不能把小 E 借过来？他在哪个项目上？
曹主任	在袁经理"MAXHUMAN"项目上。我来给他打电话协调人手，你和郑经理先商量客户加班的事情。我们自己公司的事情都好解决，但客户的事情你们要好好商量一下怎么处理。
洪经理	好的，曹主任，太感谢你了。郑经理，我们平时跟客户的测试部门打交道少，没什么交集，贸然向对方提出加班这个要求，我怕引起对方的反感，直接拒绝了。
郑经理	那是肯定的。我跟这个部门也没有交情。这样吧，我们一起找对接部门李总商量一下。

第二幕：项目经理和销售找李总帮忙

郑经理	李总，我们有件事想请你帮忙。
客户李总	郑经理也来啦。洪经理，这段时间项目组都在加班加点，我怕打扰你，所以也没过去。有什么事？
洪经理	是这样的。李总，我们有个模块，原先计划在这周四、周五测试，需要测试部门配合。但是我们开发有点延误，下周一就要初验了，只能加班赶进度了。我们自己加班没问题，就是得在周末请测试部门加班做完两轮测试。我们和这个部门不熟悉，不好意思提。
客户李总	这件事我想想该怎么办。让别人加班，他们肯定不愿意，不是所有部门都像我们项目组一样没日没夜地干，不休息的。这样吧，我给他们部门经理打个电话。算了，也别打电话了，我们

直接去找他吧。有求于人，我们把姿态放低一点。

郑经理	李总，实在不好意思，我们连累你了。我们自己肯定搞不定，只能劳驾你出马才能搞定。
客户李总	我们之间就别说客气话了。我们一起过去吧。

第三幕：李总带大家找测试部门协商

客户李总	王经理，你在办公室呢，好悠闲。
客户王经理	李总您无事不登三宝殿，你找我肯定没好事。有什么指示？
客户李总	哪敢指示，我想找你帮忙。
客户王经理	什么事？
客户李总	是这样的，我们原来计划周四、周五跟你们部门一同测试对接模块，但是开发有点延误。下周一不是就要初验吗？这是领导定死的时间。现在没办法，只能请你们部门周末安排个人加班，来配合测试。
客户王经理	我就说你找我没好事。这件事我知道了。我们刚开完例会，还在奇怪怎么没通知测试呢。你也知道，大家现在工作压力非常大，节奏也快，周末加班，多多少少是不太愿意的。
客户李总	我们也知道，没办法，干工作就这样。周末我们也陪你们加班。
洪经理	是的，王经理，主要是我们这边的延误给大家带来了麻烦。也请领导多帮忙，多支持。
客户王经理	你告诉我测试哪些内容，跟哪些人相关，我看看周末让谁过来，不要所有人都加班。安排两个人，一个周六过来，一个周日过来，这样也能完成测试任务，大家意见也少一点。
客户李总	好，我就知道没有王经理搞不定的事。
客户王经理	李总，你别给我戴高帽。回头我也有事找你。
客户李总	找我不是一句话的事嘛。
客户王经理	好，这件事我来安排，你们周六、周日直接对接就行了。
洪经理	谢谢王经理支持。

项目管理场景技能

> 📋 **第四幕：项目经理和销售回到项目现场**

曹主任	怎么样？问题解决了吗？测试部门愿意加班吗？
洪经理	李总出面了，测试部门王经理周六、周日各安排一个人，差不多。
曹主任	那就好。我跟袁经理和小 E 分别打了电话，商量好了，小 E 明天一早就过来，帮忙三天，下周一还要回到"MAXHUMAN"项目。那个项目也在赶进度，袁经理也是鼎力支持，换成别人肯定不会借的。
洪经理	老袁给力。这样安排太好了。我昨天知道这件事以后急得不行，就怕掉链子。初验结束后，我要把小 C 踢出项目组。
郑经理	问题都解决了，先不要想那么多。
曹主任	洪经理，小 C 的事情先放一放，等初验结束后再解决吧，是要批评他。
洪经理	我先解决问题，后面再处理小 C 的事情。感谢两位领导雪中送炭，事情忙完了我请你们吃饭。
曹主任	那都是小事。事情解决了，我跟郑经理就回去了，不打扰你了。有什么事再给我们打电话。
洪经理	好的，劳驾两位跑一趟，多谢。

山雨欲来风满楼，项目风险将至时，项目经理需要敏锐感知风险预警和提前预判风险情况，进而从容应对。项目中最重要的风险基本上集中在合同违约、项目延期、成本超支及客户不满意、客户投诉、应收款坏账等方面。这些风险不是毫无征兆地突然发生的，而是在发生之前就有一些苗头和迹象。项目经理需要对此有所感知，并未雨绸缪地做一些预案，不要后知后觉、措手不及。

6.5.1 条款审慎：合同违约的风险及应对

项目经理要清楚合同是以客户方的合同模板为准的，还是以公司方的合同模板为准的。如果以客户方的合同模板为准，那么前期公司方在审核合同时，法务部门就要对一些关键的法律条款做重点提示，如不合理的违约责任、赔偿责任等。

如果采用客户方的合同模板，就可能存在一些隐患，发生合同违约时，要搞清楚是既定事实认定，还是事前算计。**项目经理需要提防的是事前算计。如果对方的合同模板中出现了不合理、不对等的苛刻约束条款，这本身就是预警。**要怎么去调查呢？可以去核查一下对方有没有发生经济纠纷的案底，或者找与对方有过项目合作的同行打听一下。此处可以**将合同的苛刻条件或不合理条款作为预警信号，根据此信号进行证实或证伪**。如果证实了，在签订合同时就要更加谨慎。如果证伪了，这个预警就可以先放在一边，但也不要掉以轻心。

如果以公司方的合同模板为准，合同违约的风险就会相对低一些。对方如果提出增加一些不对等条款，那么处理的方式和前面相似。但话又说回来，如果公司方的合同模板中也隐含着对我方有利的条款或事前算计，那么合同违约风险的发生概率也不会太小。一般来说，无论以哪方的合同模板为准，对方的风险都会增加，因为每方的合同模板都是有利于己方的。

6.5.2 节点检验：项目延期的征兆及处理

项目延期的征兆一般有三个。第一个征兆是在项目计划的执行过程中，前几个步骤都出现了延误，那么后面的步骤大概率都会发生延误。第二个征兆是我方的进度没有延误，但是对方做阶段确认时总是不顺利，以各种理由往后拖或拒绝，这样项目延误的概率就会大大增加。第三个征兆是需求的频繁变化。需求变化是非常正常的，但其中有一定的规律。在项目进场时或一定时间内的需求变化一般是正常的。如果前期不说，后期才提出，或者提出集中性的、大面积的变更，那么项目延期基本板上钉钉，难以挽回。

对于已经出现的延期征兆，项目经理应如何对待呢？既不能不作为，也不能自乱阵脚，可以采用以下方法处理。第一，制订项目计划时就留下充足的调节空间，不要不留余地，以部分抵消延期可能带来的风险。第二，在项目需求发生重大变化或者没有完全确认时，不要投入过多项目成本，等到需求确认后再投入。

项目经理要避免项目延期和成本超支同步发生，因为项目延期不一定必然造成项目成本超支。在项目已经延期的情况下，项目经理采取有效的控制措施，仍然有可能避免项目成本也超支。在项目管理实践中，很多时候成本超支自然而然地伴随项目延期发生，其实其中有可调节的地方和可弥补的措施。例如，在需求

项目管理场景技能

没有确定前不投入大量成本，在阶段未确认时不开展下一步工作，等等。

6.5.3 同比审查：成本超支的预警及补救

成本超支的预警往往体现在项目过程中，并非只能在最后做项目核算时才发现成本超支。成本超支的预警体现在如下两方面。

1. 项目进度和成本投入之间出现较大差异

用一句话说，就是项目进度远远落后于成本投入。实践中经常出现双超项目，即工期超、成本也超。可以说成本超支的预警都在公司方，这是因为成本不是客户考虑的重点。**项目经理要根据项目进度对比查看成本是否超支，不能用总成本预算未超支来掩盖阶段成本超支的现实**。如果项目经理有这样的想法，那么成本超支的风险几乎是100%发生的。

2. 项目窝工

项目经理控制项目成本的重点在于对人效的把控。例如，项目出现空档，项目本身的工作停滞，但所有人员依然在项目组中，人员成本仍然要计入项目成本。如果这段时间项目成员的工作相对比较清闲，那么成本超支的概率就会增加。

项目经理应对成本超支的措施有如下两种。

第一，按照进度比例同步投入成本。项目经理要比照进度来控制成本投入，不能比照总体预算来控制成本投入，否则结果可能就是成本失控。换言之，项目经理要把总成本分解成每个阶段应该投入的成本，不能只算总账，还要算明细账、阶段账。

第二，抓人效。项目人效从本质上说是由项目经理对项目工作的掌握程度及人员安排的合理程度决定的。例如，**如果过早地调动资源，或者项目成员在项目过程中负荷不够，那么成本必然是超支的**。因此，项目经理在做计划时，不仅要确定事情的维度，即需要做哪些事，还要考虑这些事需要哪些人来完成，重点考虑人员的胜任力、投入度等。

6.5.4 态度首位：客户不满意与投诉响应

客户满意有征兆，客户不满意也有征兆。客户满意是项目过程中每个阶段小满意的叠加，客户不满意也是各种问题和不满的积累。在项目管理实践中很少发生客户满意与不满意的大反转,如项目前期很满意,但项目后期很不满意。

项目经理不要猜测客户满不满意,而要在项目过程中敏锐感知。关键不在于项目经理能否感受到客户的满意和不满意,而在于项目经理有没有去接触客户,或者说有没有去收集客户满意或不满意的信息。之所以强调项目干系人管理,就是为了防止项目经理陷入自我感觉良好的假象。如果项目经理不去接触客户,不去收集相应的意见,完全跟着自己的感觉和判断走,那么最后客户不满意,项目经理可能还觉得不理解,甚至委屈。

客户不满意的表现是非常直接的,包括批评、发表反对意见、投诉,等等。这种不满意既可以在技术交流的场景中体现出来,也可以通过对接部门的反馈表达出来,还可以通过客户对项目组的态度反映出来。对于客户不满意的风险,项目经理务必及时响应和快速调整。此处并没有所谓的技巧,项目经理只能多与客户沟通,发现问题及时整改,万不可坐等问题扩大。

客户的满意或不满意不是一个空洞的概念,它一定是客户方综合的、具体的意见。如果客户方高层管理者、对接部门、使用部门及相关部门都对项目基本满意,就很难出现对项目的全面否定。当然,项目经理在做项目的过程中不可能让所有部门和人员都满意,只要做到让关键部门和人员满意即可。这些关键部门和人员是能对项目定调、有决策权、能拍板的项目干系人,他们的满意能决定项目满意度的基本调子。

6.5.5 一顺百顺:应收款与坏账风险及预防

应收款风险大部分并非客户故意为之。我们先排除客户自身的经营状况变差带来的风险,那不是项目经理能控制的。应收款与坏账风险可以通过项目阶段确认和回款来判断,特别是项目合同约定的阶段确认与同步付款。如果首笔预付款顺利,第一个阶段确认及回款也顺利,后续的验收和回款风险相对来说就比较小。如果项目的第一个阶段确认及回款拖了很长时间或遇到了种种困难,项目经理就要做好出现应收款和坏账风险的准备。

很多项目经理在催款和商务方面并不擅长,遇到客户确认和回款这些事时就会有点害羞。这时最好和销售打配合,项目经理负责阶段确认,确保项目进度符合付款条件,销售负责回款,或者销售和项目经理一同负责回款。

需要提醒的是,项目经理和销售可以利用公司内部的财务规定,将回款变成公司给自己的压力,变成工作任务,得到客户方的理解甚至同情,这样就能巧妙地克服自己的恐惧心理。

6.5.6 各司其职:风险应对中的责任划分

项目经理和公司其他部门及人员在项目风险识别责任上要做划分(见表6-13)。

表6-13 项目风险识别责任划分

角色	风险识别责任
项目经理	- 第一责任人/首要责任人 - 技术风险 - 客户基本面、合同履行风险 - 计划、预算及成本超支风险 - 阶段确认、验收风险
销售	- 客情风险 - 回款风险
风控/审计	- 合同条款风险 - 违约风险及风险评估
PMO	- 项目经营分析风险 - 进度延误与成本超支风险
财务	- 呆坏账风险

项目经理是项目风险的第一责任人,这点毫无疑问。因为项目经理在项目现场,无论是商务、需求、计划还是项目管理中的风险,都需要项目经理及时处理。但是这并不意味着所有事情都应该由项目经理来完成。销售、风控/审计、财务及PMO应给予配合,否则项目经理会被各种其能力范围外的事情牵制,难以做好本职工作。笔者主张将项目风险管理责任拓展至这些部门也基于这样的考虑。**项目经理的本分是把项目做好、把活干好,至于其他相关的事情,项目经理可以去做,但是不能占用太多时间和精力。**

在项目风险识别方面,销售的责任是跟进客情关系和回款进度,向项目经理交底,并和项目经理一同作战。风控/审计的责任是对项目可能存在的风险进行评估,包括合同条款中可能存在的法律风险。财务的责任是运用财务工具帮助项目经理处理成本、回款等方面的事宜，并关注呆坏账风险。PMO 的责任是定期对项目进行风险扫描，可以与经营分析同步进行。经营既包括正向的收入和利润，也包括反向的风险和损失，两边都要抓，两手都要硬。

划分了项目风险识别责任，就要制定项目风险应对策略。一般来说，项目风险应对策略包括规避、转移、弱化、接受、观察等（见表 6-14）。总体来说，对于关系到项目生死存亡的风险，项目经理要采取规避策略；对于中等程度的风险，要采取转移和弱化的策略，减弱风险的影响；对于那些能承担的风险，采取接受或观察的策略。

表 6-14　项目风险应对策略

策　略	致　命	中　等	能承担	说　　明
规避	√			风险一旦出现就是致命的，局面不可挽回，只能提前规避
转移		√		将风险转移到可控范围内
弱化		√		降低风险出现的可能性，弱化影响
接受			√	有能力承担风险时，可直接接受
观察			√	风险暂时无法判断，需要更多信息

制定出项目风险应对策略后，项目经理就可以有针对性地制订项目风险应对计划与监控（见表 6-15）。针对具体的风险，项目经理在公司风险管理策略的框架下，实时掌握风险状态，确定风险责任人及拟采取的行动措施，同时设定这些风险的解除或结束条件，以便跟踪与监控风险。

表 6-15　项目风险应对计划与监控

风险识别				风险分析				风险计划			风险监控			
编号	风险项目	识别日期	识别人	风险类别	影响因素	紧迫程度	可能性等级	影响等级	风险等级	应对策略	应对计划	风险状态	负责人	结束条件	说明

项目管理场景技能

需要提醒的是，项目风险监控的主要责任人是项目经理，其余项目风险责任主体可以帮助项目经理承担具体事宜，但不改变项目经理的责任划分。

本章小结

- 项目变更和项目风险是关联的，大部分项目变更都伴随着项目风险。项目经理只有掌握主动权，才能沉着应对。
- 项目经理对于合同变更务必谨慎，超出自己能力范围时要学会交托。
- 项目经理对于需求变更要制定有效策略，常规策略是满足、拒绝、拦截，高阶策略是转换、引导、衍生。
- 项目计划与预算变更的宗旨是：计划变、预算变，但项目目标不变；紧紧围绕项目目标创造交付项目价值。
- 项目经理要掌握科学、成熟的风险管理方案，并将其应用到项目管理中。对于合同违约、项目延期、成本超支、客户不满意与投诉、应收款与坏账等风险要有针对性地应对和处理，而且要联合公司其他部门和人员一同面对，不要单独面对。

第7章

审时度势：
项目经理要学会利用项目过程考核契机

场景案例 19　项目经理对过程考核的态度从抵触到利用

背景："WORKBRAIN"项目阶段工作完成，PMO 组织常规性的项目过程考核。

角色：曹主任、洪经理、项目成员 A、项目成员 B、项目成员 C。

第一幕：PMO 通知项目经理考核事宜

曹主任	（打电话）洪经理，"WORKBRAIN"项目进行了一大半了，公司要组织项目过程考核。你什么时候方便？我们当面沟通一下考核的事情。
洪经理	曹主任，你真是不让我喘一口气。昨天项目才初验通过，今天你就要做项目考核。
曹主任	洪经理，项目过程考核是常规动作，你这个项目的整体情况我还是了解的。你有没有想过，我们做项目过程考核，不是为了考核而考核，而是为了向你提供帮助。
洪经理	提供帮助？
曹主任	是的。你前段时间跟我抱怨，有的项目成员拼命干活，有的却磨洋工、混日子。特别是项目成员 C，他的模块开发延误，导致项目组其他同事不得不救场，差点儿耽误项目初验。
洪经理	是的，我都想换人了。可是这和项目过程考核有什么关系？
曹主任	这就是我给你提供的助力。项目过程考核肯定关注这方面，你可以以此为抓手，整顿项目团队。

洪经理	说得也对,你们 PMO 代表公司对项目进行评价,我刚好利用这个机会调整项目节奏和整顿团队。你打算什么时候来?
曹主任	你什么时候有空?明天行吗?
洪经理	可以,明天我们在项目现场碰头。

📋 **第二幕:PMO 来项目现场组织项目过程考核**

曹主任	各位,我这次过来是为了组织"WORKBRAIN"项目过程考核,相关数据我已经在系统后台导出来了,并折算成了分数。下面我将通报公司对这个项目的考核结果。
洪经理	好的,曹主任,请说。
曹主任	项目过程考核分进度、成本和质量三个维度,各占 60%、30%和 10%,小项满分均为 100 分。"WORKBRAIN"项目进度 80 分、项目成本 90 分、项目质量 100 分,总体评价分数为 85 分,评价结果为优秀。
洪经理	曹主任,我们的项目不是按时完成了吗?在进度上怎么还扣了 20 分呢?
曹主任	虽然项目总体进度没有延误,但是在里程碑上有延误,依然要扣分。
洪经理	总体进度没有延误不就行了吗?为什么还在里程碑上扣分呢?
曹主任	公司的管理规定,包括你们签订的绩效协议就是这么规定的,你们不是都认可了吗?项目进度考核分总体进度和里程碑进度两部分,这 20 分扣在里程碑进度上。
洪经理	明白了,我们认可公司的考核结果。

📋 **第三幕:项目经理利用考核结果调整人员**

洪经理	大家都知道公司对我们项目的过程考核结果了。我们有两处扣分,一处是里程碑延误,一处是成本超支。成本超支的原因是客户需求变更,额外增加的需求导致项目临时加人,大家都清楚,我就不详细说了。但是里程碑延误是小 C 的延误导致的。

	大家有什么意见？
项目成员A	我有意见。项目需求变更导致成本超支，我建议你向公司申诉，修订我们的预算，否则按照这样的趋势，总成本肯定超支了。另外，进度扣分，我觉得有点委屈，因为我和小B都在拼命加班，还从别的项目借人。这里被扣分，小C要承担责任。
项目成员B	是的，我们加班加点，结果还被扣分，不是让老实人吃亏吗？
洪经理	成本的事情我们可以向公司反映，看能不能把成本超支被扣的分消化掉，因为的确是需求变更引起的。这次是过程考核，在最终项目结项考核中的权重不是太大，还能接受。
项目成员A	洪经理，你可以向PMO和公司反映一下，至少留个备案吧。
洪经理	好的，我去反映。关于里程碑延误扣分这件事，小C，你有什么说法？
项目成员C	我不认为是我的延误导致项目进度扣分的，我也是按照你的要求工作的。
项目成员B	小C，我们整个项目组都被扣分了，你还在狡辩。客户的需求变更是我和小A加班加点干的，这项任务完成后，我们还花了5天来赶你耽误的进度。你到现在还不当回事！
项目成员C	你们不能出现问题就把责任往我身上推，我觉得这样不公平。
项目成员A	你还觉得不公平？我们因为你的延误才被扣分，你还好意思说？
项目成员C	我怎么不好意思说？你们就是在针对我。因为里程碑被扣分，你们就把所有的锅都甩在我身上，排挤我。这样不公平，这个项目组我觉得待着没意思。
洪经理	你既然觉得待着没意思，就离开好了。大家都在帮你赶工，你还不领情，还倒打一耙。
项目成员C	我要向公司投诉。
洪经理	你去投诉吧。你今天就离开项目组，我会向PMO备案，也会向公司说明情况。我相信公司的判断，也相信公司一定会给出公平的评价。

项目管理场景技能

> 第四幕：项目成员 C 离开后项目组内部沟通

项目成员 A　　现在真是什么人都有。自己的事情没干好，我们替他干活、扛责任，他还这种态度，真是好人不能做。

项目成员 B　　是的。我们加班加点为他赶工，他还不领情。

洪经理　　　　好了，事情都处理完了，小 C 已经离开，背后说别人也没什么意思。本来我还想着怎么劝退他，他自己离开，这样更好。

项目成员 A　　洪经理，小 C 离开以后，我们项目组少了一个人，怎么办？从公司再拉一个人进来？

洪经理　　　　后面我还要控制成本呢。我的想法是不进人，大家多干一点，这样奖金也能多分一些。

项目成员 B　　这样也行，如果再来一个不靠谱的，干活像小 C 一样，还不如不来，我们自己顶。

洪经理　　　　是的。在公司的过程考核中，我们项目被评为优秀。项目奖金已经根据难度系数上浮了 50%，考核优秀可以再上浮 20%，这样项目奖金系数就变成 1.6，更多了。小 A 和小 B 都表现得非常优秀，我给你们评的等级是 S 和 A，这是因为小 A 在项目中承担了更多的模块作业任务，而且干得挺好的。小 B，你有没有意见？

项目成员 B　　我没意见。本来小 A 就比我干得多，还经常帮我，我认同这个评价结果。

洪经理　　　　好，既然大家没意见，我就上报给 PMO。大家努力干活，项目后期我们可以再接一个项目，两个项目并行作业，这样大家奖金可以更多些。大家辛苦一点，多增加点收入。

项目成员 A　　是的，多做项目，多攒经验，这样职级升得也快些。

项目成员 B　　多干活多拿钱。对了，洪经理，我们的项目奖金可不可以预发一些？

洪经理　　　　我考虑过预发项目奖金，但我个人的意见是不预发了。因为这个项目的周期比较短，也就 3~4 个月，我们现在向公司提出激励预发，然后走流程、报审批，基本也要 1 个月，还不如等到

	项目结案再发。大家的意见如何？
项目成员 B	这样也行，我没意见。
项目成员 A	我也没有意见。
洪经理	大家好好干，争取项目结项考核达到 S 级别，这样项目奖金系数就会变成 2.25。
项目成员 A	嗯，加油干。
项目成员 B	加油！

项目过程考核一直存在两种声音。一种声音是项目过程考核要强化、强化、再强化，紧扣细节，过程好才能结果好，放大 PMO 的权力，缩小项目经理的权力。另一种声音是项目过程考核应该放松，只看项目最后的结果即可，把项目过程管理交给项目经理，放大项目经理的权力。根据项目管理实践，笔者不太赞同走极端。

项目过程考核与其说是对项目的考核，倒不如说是项目的期间介入，因为过程考核为项目经理提供了调整机会和抓手。项目过程考核为什么重要？这是因为现今项目经理在项目制公司中的角色定位是"项目 CEO"，**但项目经理并不是真正的 CEO**，毕竟项目经理和公司的关系并不是股东、合伙人与公司的关系，项目经理并不能完全承担经营职责和结果。因此，项目过程考核至少能够在关键、底线的事项上帮助项目经理及时查找和分析其中的偏差，确保项目进展顺利，不走弯路或少走弯路。

项目过程考核的侧重点还是项目管理的基本要求，如果项目经理连这些基本要求都抵触，那么可以说他并没有理解项目管理的要害，对项目最后的成功并没有信心。**项目经理不应以抵触、反感的心理看待项目过程考核，应该学会审时度势，将项目过程考核和项目过程管理结合在一起**，特别是和项目团队管理结合在一起。项目过程考核不能烦琐不堪、频频搅扰，是指要把握好项目过程考核的度，让项目过程考核变成项目经理的助力而非负担，但这并不否认项目过程考核的必要性和重要性。

简单来说，项目过程考核要实现两个目的：第一是确保落实合同关键节点。在项目管理中一直存在两种声音，一种声音是结果导向，主张看结果就行，不要干涉过程；另一种声音是过程导向，认为只有好的过程才能确保好的结果。现实是项目经理的权责并不对称，也就很难把项目完全交给项目经理，公司甩手不管。项目管理其实是要比对合同的，确保项目的执行过程就是合同的履行过程，项目的关键节点和重要内容都是要一步一步去落实的。第二是减少进度、成本、质量的偏差。项目过程考核和项目监控其实是一回事，要紧盯进度、成本、质量这三个基本要素，确保项目拿到基本分。对于那些更高的要求，笔者不建议将其纳入过程考核。

7.1 应节合拍：利用项目过程考核调整节奏

7.1.1 基本面：项目过程考核的时机及要点

项目过程考核要遵循项目计划的节点，而不是按照自然月来确定。PMO可以以季度或月度为周期来推进项目过程考核，但是必须按照当期项目的里程碑和关键节点来确定是否对该项目进行过程考核。

项目经理必须掌握项目过程考核指标及标准，并理解项目为什么要考核，特别是对于同类项目，要理解这样考核的原因何在。只有知其然并知其所以然，项目经理才能在考核中理解和运用项目过程考核指挥棒。例如，对于进度、成本、质量的考核及评价规则，总体逻辑是相同的，只是不同类型的项目指标权重、评分标准也有所不同。

项目过程考核以常规指标为主，主要包括项目的范围完成情况、工期偏差、工时偏差、成本偏差、质量问题等（见表7-1），是对项目基本情况的扫描，类似于项目的定期体检，可与项目经营分析同步进行。不过项目经营分析是项目经理的高阶技能，很多公司和项目经理不具备项目经营分析的条件，这就需要把项目经营分析中必不可少的内容和要点纳入项目过程考核。

表7-1　项目过程考核的常规指标

项目名称	范围完成情况	工期偏差	工时偏差	成本偏差	质量问题	扣　分	阶段考核得分	备　注

项目过程考核要完成两个动作，一个是对项目阶段性工作的评估，另一个是对项目管理的监控。项目经理对项目过程考核有抵触情绪，是因为项目过程考核的确给项目经理增加了工作量，但是对公司来说，项目过程考核又是必要的。项目经理没有必要花心思和力气来讨论如何拒绝和规避项目考核，那样没有意义。项目经理能做的不是抵触和反对，而是尽可能抓住项目过程考核的重点，既实现目的，又节省时间。

项目过程考核对项目经理来说是项目阶段的评估和复盘，只是项目管理过程中的一个方面；但是对公司来说就是对所有项目的通盘定期扫描，是必备的监控手段。

项目经理还要利用项目过程考核来调整工作节奏，因为项目过程考核的指标是相对通用的，也就是进度、成本、质量等几个关键点。这些其实都是项目经理的必修课，是应该做到位的。项目经理如何利用考核调整节奏呢？可以从以下几个方面考虑。

1. 比照合同，瞄准里程碑

对项目进度的考核要比照合同和计划来进行。当项目成员不服管、消极怠工、磨洋工时，如果仅由项目经理进行督促，就容易引起双方的矛盾。项目经理可以利用过程考核，把督促变成公司的压力，传递到项目成员身上，即公司催项目组，自然而然地催项目成员。

项目进度的考核还要瞄准里程碑。每个里程碑都有相应的责任人，项目过程考核能够帮助项目经理压实这些责任。在项目实施的过程中，很多人都天然地把项目经理当成"兜底的"，出了事情、有了问题都会推到项目经理头上。从这个角度看，项目经理确实是"夹心饼干"，公司给项目经理施压，但是项目经理往下传递压力难度又大，这时就可以利用项目过程考核来做调整。

2. 项目成本的统计及考核

项目成本考核也需要相应地通报和告知项目成员。在项目成本控制上，项目经理的调整空间基本都集中于可变成本，而可变成本大部分是人工成本。项目成员在作业的过程中，其实是对成本没有概念、不敏感的，对项目成员而言，项目人工成本恰恰是他们的收入。这种天然的矛盾需要调整，却无法消除。

项目经营压力从理论上说可以传递到每个人，但是实际上往往只到项目经理层级就传递不下去了（有的公司甚至无法传递到项目经理层级）。项目成员可能认为项目经理的成本控制是项目经理个人抠门、苛刻，其实这并不是项目经理的本意。我们要利用项目成本考核，把项目中的浪费、窝工、怠工等问题暴露出来，让项目经理就这个问题进行整改，同时实现项目人员调整的目的。

3. 项目质量考核

质量是项目的生命线，但是笔者在很多公司都建议过质量部门要"不作为"，因为项目质量考核很多时候要么是"送分题"，要么是"送命题"，很难把握合适的度，极可能变成缺乏硬性标准的人为评价，为后续的拼人情和钻漏洞埋下隐患。所以项目质量考核应该按照红线管理的思路进行，变成扣分项，出现重大问题一票否决，直接追责。

4. 项目过程考核与项目阶段总结一体两面

项目经理要把过程考核当成契机，进行项目阶段总结（见表 7-2）。项目阶段总结一般包括如下几个要点：项目实施情况、过往问题及解决情况、当前项目问题分析、解决思路及方案、下一步计划。这不仅是为了应付公司的项目过程考核，也便于项目经理阶段性地对项目进行梳理。

表 7-2 项目阶段总结

要　点	说　明
项目实施情况	项目进展、主要成就
过往问题及解决情况	以前遇到的问题、解决情况及对当前的影响
当前项目问题分析	当前或预见可能出现的问题
解决思路及方案	解决这些问题的方案有哪些？计划采取哪些措施？
下一步计划	项目下一步计划及需要的资源支持

项目过程好，结果才会好，这是朴素的道理。项目经理不要图省事，只抓结果，不管任何过程。项目结果一定来自项目实施过程中对合同履行、需求、预算、成本、进度、质量的严格控制，发现问题及时补救，这样才能保证达成项目目标。

至少在项目管理领域，那种只要结果、不管过程的观点是一个伪命题，并不适合基层组织作业。项目恰恰需要项目经理带领项目团队在客户现场进行协调配合、集体作业，这也决定了项目过程监控是必要环节。

7.1.2 观照：项目经理利用考核结果调整节奏

项目经理利用项目过程考核结果调整节奏，要重点关注进度和人效。如果发现项目进度延误，就要让项目成员加班加点赶进度。如果成本超支，就要削减不必要的成本，以及在人员工作量安排和空闲人员的调出上做相应调整。项目经理调整节奏的总体目的是达成项目目标，项目过程考核对项目经理来说，只是提供了契机和抓手。**所有节奏的调整都是为了实现项目毛利，确保项目能够按时、按质、按量交付。**

项目经理的节奏调整一定是在项目过程中进行的，等项目结束以后再调整已经无济于事了。节奏调整考验项目经理的目标感，是为了目标去调整节奏，而不是因为成本去调整节奏。具体调整时，既需要依赖项目经理的经验和感觉，也需要借助一些工具和方法，如项目进度分析、项目偏差分析等。

1. 项目进度分析

项目进度分析主要包括三个方面（见表 7-3）。第一是进度情况，如项目总工期、项目计划总工时、实际完工百分比等。第二是成本情况，如实际成本、预算成本等。第三是偏差分析，如工期偏差、工时偏差、进度偏差、完工比偏差等。从实际情况看，项目的完工百分比是表面现象，进度偏差和成本偏差更能反映问题。前者是客户的关注对象，后者是公司的关注对象。

表 7-3 项目进度分析

进度情况			
项目总工期（天）		已过工期（天）及占比（%）	
项目计划总工时（人天）		项目实际工时（人天）及占比（%）	
实际完工百分比（%）		计划完工百分比（%）	
成本情况			
实际成本（万元）		预算成本（万元）	
实际成本/预算成本（%）		实际成本/预算成本（%）	
偏差分析			
工期偏差（天）		工时偏差（人天）	
进度偏差（天）		完工比偏差（百分点）	
成本偏差（绝对值）		成本偏差（%）	
预算超支偏差（百分点）			

项目管理场景技能

在项目工期与进度的对比中,不能简简单单地去算总工时、总工期,需要拆开细看,比对各项里程碑任务的计划工时与实际工时,以及累计至当前这个节点的计划工时和累计工时。**项目管理本身就是微观的企业行为,我们需要在微观处做文章**,对工时、成本等要素的绝对值、相对值的差异进行交叉对比,从而准确地找到非合理偏差,如项目任务计划工时与实际工时的对比(见图7-1),以便后续进行进度调整和成本控制。

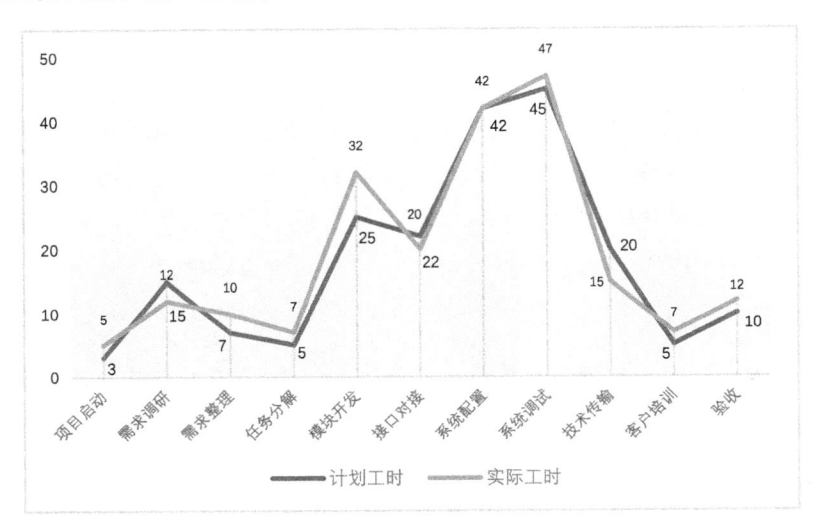

图 7-1 项目任务计划工时与实际工时的对比

项目过程考核与项目经营分析预警联动,效果更佳。既然项目经理可以把项目过程考核当成契机,那么项目经营分析也可以当成契机,项目经理应该以更广阔的视角去看这件事。如果说项目过程考核是公司对项目基本要求的考察,那么项目经营分析就是从财务、运营的角度反馈项目目标达成情况。两者的差异在于,项目过程考核和项目经营分析有时是融合的,有时是分开的。如果两者融合,那么项目过程考核一定把项目经营分析结果和对经营分析的预判反馈给项目经理;如果两者分开,那么项目过程考核更多地偏向具体的事,项目经营分析更多地偏向经营。此时两者仍然要结合起来看,因为做事是为了达成经营目标,不能本末倒置。

2. 项目偏差分析

项目偏差分析主要包括进度偏差分析、成本偏差分析及项目毛利偏差分析(见

表 7-4）。项目成本偏差是跟随进度偏差变动的，因此要先做进度偏差分析，再做成本偏差分析，最后综合分析毛利偏差。在成本偏差分析中，需要特别关注人效，因为大部分物料，无论是主设备还是辅助料，其实相对来说都是比较容易控制的，反而人工成本不太容易控制。

表 7-4 项目偏差分析

进度偏差分析

计　划	实　际	偏　差

原因：

补救措施：

成本偏差分析

类　型	计　划	实　际	偏　差	原　因	补救措施

项目毛利偏差分析

计　划	实　际	偏　差

原因：

补救措施：

7.2
一体同心：运用考核结果调整团队状态

7.2.1　向心：用考核将项目团队拧成一股绳

项目过程考核从行为上说是一种结果，但是项目经理要把项目过程考核当成起点和抓手来使用，从某种意义上说，项目过程考核为项目经理提供了调整契机。

项目经理不要把项目过程考核简单理解成监控和约束，要利用项目过程考核结果有针对性地调整一些日常不宜改变的事情。

项目经理应该利用过程考核的结果来调整项目成员的状态，把项目组打造成具有向心力、一体同心的项目团队。从某种意义上说，组织管理比较宏观，并不能很好地适用于微观的项目组，因此在项目管理中，我们更多地谈及团队管理，确切地说是临时的、组合型的团队管理。这时项目经理就要考虑如何调动项目成员的积极性，如何把项目团队拧成一股绳，如何促进项目团队为一个目标而努力。

项目考核的结果基本上分为两种情况。第一，项目考核结果是正面的，项目经理应该把这种良好的结果当作对过往工作的肯定，鼓励项目成员再接再厉，取得最后的胜利，即项目的完整交付和毛利目标的实现。第二，考核结果是负面的，需要整改，项目经理就需要调整项目成员的状态。

负面的结果出现时，其实不是项目经理通过一个人的努力就能改变的，就像项目的成功不可能是项目经理一个人的功劳，永远都是项目团队的集体功劳。项目经理和项目团队永远是一体的，一荣俱荣、一损俱损。项目经理对项目团队心态的调整，完全可以利用考核结果辩证进行。结果不佳，就向自己和项目团队施压，实时调整；结果较好，就继续保持，再接再厉。

7.2.2 高频：项目成员的日常考核

项目过程考核是针对项目的整体考核，它并不完全等同于项目成员的过程考核。经常出现这样的差异，即项目过程考核总体还行，但是项目成员考核结果不好，反过来也经常见到。两者不在一个方向，出现反差和矛盾。

我们不禁要发出这样的疑问：既然项目成员考核结果好、评价高，那为什么项目总体结果不尽如人意？这可能就是项目经理在做人情，这种人情或者说虚假的表现好，会被项目的总体考核戳破。

如果项目过程考核结果好，那么项目经理要把**这种好传递给那些真实表现好的项目成员，让他们好上加好**。如果过程考核结果不好，那么一定有某些项目成员表现不佳、业绩不好，项目经理要利用这个契机进行相应调整，如谈话、劝勉、劝退，使项目成员意识到正是由于他的表现不佳，才使项目总体过程考核结果差。

项目经理当老好人，最后可能变成受气包，不能把项目成员表现不佳这个问题掩盖在项目组内部。无论公司项目过程考核的频次如何、周期如何，项目经理都要善于利用考核结果来考察项目成员的胜任和绩效情况。但这种考察需要项目经理掌握一定的策略，要让数据说话、让制度得罪人。

1. 将绩效考核转化为任务评价

项目经理平时不要偷懒，要积累和收集一些项目过程数据。项目经理不要把项目成员考核变成一两个时间节点上的对项目成员的笼统评价，应该把项目成员考核变成日常任务评价结果的累积。要把项目成员考核做得更细致，让考核的颗粒度更小，基于任务进行评价，每分配一次任务，就及时给予评价。

分配任务时，应在项目任务书中明确任务内容、承接人、成果要求、验收标准、有效工时、进度要求（见表7-5），务必简单、清晰。需要提醒的是，项目任务宜小不宜大，大任务也要分解成小任务，原因在于小任务时间短，可及时查看并调整；大任务往往周期比较长，出现延误不能及时发现，而且项目成员对时间的感受不太一样。举个简单的例子，一项任务如果跨月，项目成员在执行的过程中一定前松后紧，期间肯定有时间浪费。而小任务只有3~5天，更紧凑。项目经理分配小任务时肯定已经考虑到时间的紧迫性和宽松度，这样就不会有太大的延误。

表7-5 项目任务书

任务内容	
承接人	
成果要求	
验收标准	
有效工时	
进度要求	

2. 任务评价及时、简要

任务评价要采用简单的评分制，就像网约车一样，每结束一个订单就有一个评价，这样的评价日积月累，就形成一个相对来说有一定样本量的数据库。网约车App上司机的评分就是这样积累形成的，司机和乘客都非常关注这个评分，而且这些数据不太容易作假。同理，项目经理和PMO或HR可以把这种行为指标评价数据汇总，成为项目成员考核的数据。

项目管理场景技能

这样做的好处是，基于任务的考核非常及时，因为每项任务基本上都会控制在一周甚至两三天以内，这样就能对项目成员的任务完成情况给予及时反馈。任务完成得不好、评价不好，还有机会去整改。就怕项目经理平时不反馈，最后盖棺定论，这样做项目成员肯定是很不服气的。

任务评价的方式越简单越好。 项目过程考核在项目经理手中转换成任务评价，奥妙在于将原先的低频行为变成高频行为。项目经理对项目成员的考核不能像日常职能部门人员考核一样以月度为单位，应该围绕事的维度来开展，在项目中就体现为一项项任务。项目经理可以给项目成员分配任务，任务完成后给予评价。无论是 5 分制还是 3 星级都可以，最后形成累计的结果。这样就将原先以月度、季度为周期的评价转化成几天一次的任务完成情况评价，在几个月的项目周期内得到多次任务评价。**一次评价也许并不能完全反映出项目成员的绩效表现，但是多次评价一定能够相对客观、公允地反映出项目成员的绩效表现。**

项目经理对项目成员不能"一评定终身"。如果不改变原来的过程考核方式，就不能改变这种状况。我们可以将项目成员考核转化为高频的任务评价，然后在评价中调整任务安排。只有经过单项目的多次及多项目的多轮任务分配和评价的循环，项目成员的考核才能准确和可信，这样的评价数据才应该被公司、PMO、HR 所采纳。因为**一次评价很容易作假，但多次、多项目经理的评价就很难作假。**

7.2.3 纠偏：项目过程中的人员调整

项目经理对项目成员的调整可以分为几种。对于那些绩效差、态度差，还不积极配合的项目成员，直接踢出项目组，不必心慈手软。对于那些没有严重到需要调整工作或退出项目组的项目成员，可以给予一定的时间或另外的机会，看他的绩效表现。对于错误轻微的项目成员，通过简单的谈话和反馈就能纠正他的问题。

项目人员调整的策略和方式其实是灵活多样的，这也给项目经理留足了调整空间。人员调整除了任务评价方面的原因，还有效率方面的压力。项目人效不能简单依靠项目经理的主观判断，而要拿数据说话。人均产值就是人效的重要标准之一，项目经理需要做项目人均产值分析（见表 7-6）。这是比较难的部分，但必须做。人工成本的投入产出分析基本上用比例的方式来进行，如果人工成本占项目总产值的比重没有超出范围，就不能反映出人效的深层次情况。

表 7-6　项目人均产值分析

时　间	产　值	人　数	人均产值	基准值	平均值	差　异	差异分析

人效要和产值挂钩，但是人效不是比例，而是绝对数，这个绝对数既可以与本项目不同的时间、周期比较，也可以与同时间内公司其他同类项目比较，甚至可以与行业的平均值比较。只有经历过这些比较，我们才能客观地判断出项目中人效的高低，明确到底存不存在窝工、效率低下问题。

项目经理要成为经营性的项目经理，就必须时刻关注人效，因为人效对项目毛利目标的达成具有关键作用。其中的逻辑在于，公司对毛利率的控制和期望并不是单方测算的，而是以市场上相应的参考值作为参照的，意味着盈利空间基本已经锁定。如果项目经理不抓人效，就意味着失去了一个重要抓手，从项目伊始就将自己置于利润下滑的被动局面。

7.3
恰如其分：掌握项目激励预发的时机和分寸

7.3.1　分寸：项目激励预发的目的

项目过程考核的另一个功能是项目激励预发。因为项目奖金一般都在项目结项后才发，但很多项目周期比较长，跨越数月甚至跨年，所以不得不随着过程考核提前预发项目激励，相当于预支部分项目奖金。激励预发的金额、对象及如何分配都是项目经理需要考量的。

首先要搞清楚激励预发的目的，不仅是分配奖金，更重要的是让项目成员感受到项目经理和公司的诚意，稳固信心。项目激励预发需要考虑的因素如下。

- 让项目经理和项目成员对公司、对项目有信心。
- 注意预发的时机，在什么时间点发也是非常讲究的。
- 掌握分寸。如预发比例，以及是否人人有份。

以下几种情况建议不要预发项目激励。

- 项目已经延期。
- 项目挣值为负（项目成本已超过项目收入）。
- 客户投诉（客户不满意）。
- 质量瑕疵或质量事故。

项目并未做好，才出现这些负面的情况。如果这时还预发项目激励，就给项目成员传递了一个错误信号，即干不好也一样有激励。这就违背了项目激励的初衷。

7.3.2　合宜：项目激励预发的比例及时机

项目激励预发只是将预计良好的项目结果提前兑现了，本质上是"寅吃卯粮"的做法。预发主要考虑的是项目周期过长，想办法让大家保持积极性。如果项目团队及公司的整体氛围很好，项目成员对项目激励平时没有过多的诉求，可以考虑不予预发，待项目结项、整体考核结束后再分配。项目激励预发并不是按照时间节点，而是按照项目进度的节奏，这就意味着项目激励预发的时机一定是重要的节点或里程碑。例如，项目尚未结项，但是初验通过，可以考虑预发；重大的里程碑任务完成以后，可以考虑预发。最好不要按照时间来分配项目激励，如一个项目需要三个月，项目奖金按月预发到项目成员手中，这种做法会损害项目激励设置的初衷和应当起到的效果。如果项目成员平时的固定收入不多，我们就需要靠项目激励来增加一些保底的收入。项目经理可以将项目激励做更细致的分配，与项目过程考核的节点关联起来。

项目激励预发的比例不宜超过项目激励总额的 50%，一般以 30% 左右为宜。如果比例过高，就会缩小后续真正的项目激励分配的弹性和腾挪空间，因为**项目激励的本质是取得胜利后的论功行赏**。

在具体发放上，项目经理需要比对一下项目完工比例、客户付款比例等，以此决定项目激励预发比例（见表 7-7）。**项目激励预发比例不应该超过项目完工比例和客户付款比例，两者就低不就高，防止压缩项目经理对项目激励的调整空间，失去主动性。**

表 7-7 项目激励预发比例

项目里程碑	项目完工比例	客户付款比例	激励预发比例

本章小结

- 项目过程考核其实是项目监控的一种方式。项目经理不要抵触项目过程考核，要把项目过程考核当作外部对项目的观照。
- 项目经理要善于利用项目过程考核的契机来调整项目节奏和项目团队，利用考核结果把项目团队拧成一股绳，形成一体同心的有战斗力的项目团队。
- 项目激励的预发要掌握分寸和时机。项目经理要从项目团队和公司两个角度综合考虑项目激励预发事宜，并找到合宜的方式。

第 8 章

"承担呼唤炮火的成本":
项目经理要对项目经营心中有数

🏠 场景案例 20　项目经理解锁项目经营分析新技能

背景：公司组织经营分析会，发现很多数据不能细分到项目级，只能细分到部门级，数据的颗粒度不够细。公司要求 PMO 开展项目级的经营分析，这超出了 PMO 现有的能力范围，PMO 顿时压力变大。

角色：曹主任、丁经理、洪经理、吴经理（H 公司 HR 经理）、袁经理（H 公司项目经理）。

📋 第一幕：PMO 接到任务后不知怎么开展，找财务部帮忙

曹主任	丁经理，上次公司组织经营分析会，要求我们 PMO 开展项目经营分析，我不太清楚怎么操作，向你求助，请你多多指教。
丁经理	指教不敢当。项目经营分析和公司经营分析还不太一样。公司的经营分析会你也参加过，主要内容和分析模型你都看到了，但在项目这个角度，你就要结合项目管理的实际来做。
曹主任	是的，我想向你请教经营分析都有哪些工具、方法和模型，看看怎么在项目中借鉴使用。
丁经理	好，经营分析的常用模型及相应模板，我都详细地解释一下，供你参考。你在项目中应用时可以裁剪，但总体的思路和想法应该是相通的。
曹主任	太感谢了，有劳丁经理了。

📋 第二幕：PMO 准备以"WORKBRAIN"项目作为试点

曹主任	洪经理，公司现在要求我们 PMO 做项目经营分析，我想以

第8章 "承担呼唤炮火的成本"：项目经理要对项目经营心中有数

"WORKBRAIN"项目作为试点，需要你配合和支持。我想听听你的意见。

洪经理　　曹主任的工作我肯定全力支持，就是项目经营分析要怎么做呢？

曹主任　　我向财务部学习了经营分析工具、模型和方法，大概掌握了，但需要实操，就以"WORKBRAIN"项目来尝试分析，我们一起做。项目经营分析也是项目经理的拓展技能，你也可以多掌握一项技能。

洪经理　　好，我也利用这个机会学习一下。

（双方学习经营分析模型和模板）

洪经理　　我看了一下模板，基本上能够套用，但有一部分是需要详细分析的，就是项目人工成本分摊。有的项目成员在多个项目上，人工成本分摊怎么算才合适？

曹主任　　是的，人工成本分摊是一个难点。我们一起跟人力资源部沟通一下，看看他们有没有好的方法和建议。

📋 第三幕：PMO和项目经理找人力资源部沟通人工成本分摊

曹主任　　吴经理，我们在做项目经营分析时，发现人工成本分摊是难点，就是一个人在多个项目中工作，他的成本应该怎么分摊？我们把握不准，需要你的帮助。

吴经理　　人工成本分摊的确难，以前财务部和我们也做过尝试，但是效果不佳。人工成本分摊难就难在项目经理确认，需要项目经理认账。项目经理如果不认账，那么我们强行分摊其实也不太合适。

洪经理　　你有什么建议呢？

吴经理　　人工成本分摊可以按照工时来切。例如，一个人在两个项目中工作，一天报了8小时工时，其中A项目6小时、B项目2小时，按照比例分摊就可以。这是比较简单的模式，两边的项目经理简单确认即可。

曹主任　　你说的也是一种思路。洪经理，我们就举"WORKBRAIN"项

	目的例子。有段时间你们从袁经理"MAXHUMAN"项目借了个人,我们就按照工时先切一下,然后和袁经理沟通一下,看他是否认可。如果认可,这件事就这么办,可以吗?
洪经理	好。我打电话不太合适,曹主任沟通更合适些。
曹主任	好,我来打电话。(打电话)袁经理,有件事需要和你沟通一下。我们现在正在做项目经营分析,涉及人工成本分摊。小 E 有段时间既在"MAXHUMAN"项目上,也在洪经理的"WORKBRAIN"项目上,并行作业,前后 5 天。小 E 每天都在分项目报工时,我看你和洪经理都确认了,那我能不能按照他报的工时比例来分摊成本?
袁经理	按照比例来分摊成本?
曹主任	是的,例如小 E 在周一这一天在你这边报的是 3 小时,在洪经理那边报的是 5 小时。如果小 E 一天的成本是 100 元,你这边分摊的成本就是 100÷8×3 元,就是这个意思。
袁经理	这样也可以,但是你们 PMO 要复核一下项目成员每天报的工时是不是超了,因为他每天向两个项目经理报工时,每个项目经理只能看报给他自己的工时,这样有可能加在一起就超报了。
曹主任	你放心,我会复核,以你们确定的工时为准。还有,这和项目人工成本分摊的关系不大,因为无论他报了多少工时,成本都是固定的、锁死的。
袁经理	好的,没问题。
曹主任	好的,谢谢袁经理。那就按照这个方案来,我和洪经理也说一下,有什么问题我们随时沟通。

第四幕:项目经营分析发现问题

曹主任	洪经理,我们俩一起看看这些具体的数据,看看问题分析对不对。
洪经理	好,我来学习一下。
	(看完分析资料)
洪经理	总体数据我感觉没问题,完工比、成本、毛利都可以确认。但是你提出的具体问题,我们要再详细地分析一下。

第8章 "承担呼唤炮火的成本"：项目经理要对项目经营心中有数

曹主任	是的，这也是我想跟你沟通的两个重点问题。第一个问题就是总成本。虽然总成本在预算范围内，但是分项成本有所超支。你看，项目费用里差旅、招待（团建）这两项费用，招待费公司定的是1万元的标准，目前花了1万5千元，超了5千元。差旅费这一项，预算是2万元，现在只花了1万元。
洪经理	我解释一下。那段时间加班加点，兄弟们都比较辛苦，而且想和客户搞好关系，所以多吃了两顿饭。上次客户测试部门周末加班，我请他们吃顿饭表示感谢，要不然这个项目的初验怎么这么顺利呢？差旅费没花完的原因是那段时间大家往返得少，都在项目现场，既没有回公司，也没有回家。常驻酒店也给了较大的折扣，节省了不少。
曹主任	明白了，没问题，公司只总体控制成本，具体的成本结构性调整交给项目经理自己处理。第二个问题就是项目毛利设定的是30万元，但是我在做测算的时候发现，如果按照现在的投入和进度，30万元的毛利大概只能实现28万元，会有2万元左右的差额。
洪经理	曹主任，这个问题你也知道。我们当初做测算的时候没考虑需求变更，现在额外增加了需求，本来要增加5万元的成本，后来项目组节俭，从别的地方节省出一些成本。
曹主任	我明白了，看看怎么在后面把这项成本消化掉。我们还有一个半月左右的时间，控制一下成本，或者跟客户补签一份合同，让客户额外加点钱。对了，上次"经营型项目经理训练营"培训，客户不是补了一个单子吗？和销售商量下能不能分担成本。
洪经理	让客户加钱几乎是不可能的，看后期能不能再续一个小单子吧。关于那个数据接口的小项目有可能，但那也是另一个单子了。这个项目还是想着成本控制吧。那个培训单子，客户是承担了费用，但是公司没利润，都变成讲师费用了。幸好客户承担费用，否则这个项目的毛利更低。
曹主任	是的，客户还是不错的。洪经理，如果后期项目没那么忙，要么你再兼一个项目，要么释放一些资源，这样成本也消化得快一些。
洪经理	我也是这么想的，也准备这么去做。小A肯定是不能动的，我和小A两个人必须留一个人在项目现场。小B如果有机会可以兼顾

项目管理场景技能

　　　　　　一下，所以要么就是我带别的项目，要么就是小 B 参加一下别的项目，分摊下成本。我和小 A 两个人不能同时调动，否则会影响项目进度。

曹主任　　洪经理，你是现场主官，具体安排你做主，我只是提个建议供你参考。我们努力把项目做好，那天徐总也说了，如果这个项目做得漂亮，还可以额外申请专项激励呢。

洪经理　　还有这种好事？那我们更要努力干，把活干好。

　　项目经营分析是项目经理的高级技能，是将公司经营管理的模型、工具应用到项目管理领域，以项目为主体进行微观分析和判断。**项目只有定位为最小的经营单元，经营管理才能在项目级实现穿透和应用。项目级的预算、核算、结算及经营分析预警，才是将经营管理落实到具体应用场景的务实做法。**

　　然而，很多公司的经营管理很难达到项目级。项目经理虽然被定位为项目的"CEO"，但是项目经理在项目管理中所起到的作用及在项目经营中所承担的责任还是有所差异的。项目经理要从项目管理走向项目经营，与 CEO 同频共振，否则项目经理是项目的 CEO 就只是一句口号，当不了真。

　　项目经理在调动资源的时候，往往存在一种认知误区，只知道"一线呼唤炮火"，却忘记了"呼唤炮火要承担呼唤炮火的成本"。因此项目经理对项目经营的把控就成为区分项目经理是管理型还是经营型的显著标志之一。

　　项目成本核算主要有两个目的。第一是项目成本归集的准确性，保证项目成本能够真实地还原业务现状，如该是哪个项目承担的成本就归到哪个项目，项目和项目之间的共有成本该怎么分摊，这些都需要明确制定相应的规则，并且被大家接受。第二是项目成本核算的精确性，这点非常重要，因为这关系到最后核算项目毛利，并影响项目团队的切身利益。

　　项目经营分析的目的主要有以下三点。

1. 通盘掌握项目经营情况

　　项目经理要及时通盘查看负责的全部项目，大致了解项目经营状况。如果一个项目经理兼顾好几个项目，而每个项目又在不同的阶段，那么只有经营分析才能帮助项目经理建立起对项目经营的最直观印象，帮助项目经理掌握项目经营的基本盘。

2. 标识和预警问题项目

项目存在的问题，特别是经营和成本方面的问题，基本都与金钱相关。因为项目经理大部分是技术出身，所以项目经营分析可以在项目预警上帮助项目经理，避免因知识缺乏而出现疏漏。

3. 督促问题整改

项目经营分析要做闭环，即发现问题后给出相应的应对措施，或者说督促问题整改，并且整改过程还需要闭环。这个闭环就是从提出解决方案到落地再到解决问题的拉通。举个例子，项目需要中止，公司和客户双方对此已经达成一致意见，按理说接下来的操作就是释放项目组资源，项目封账，不允许报项目工时，项目成本不能进入。但是现实可能是项目成员还在急需报工时，项目成本还在增加，这其实就是变相的"项目损耗"。

8.1 精打细算：项目经理对成本核算的"认账"与"算账"

8.1.1 诟病：成本核算的准确性

当前项目成本核算一直为项目经理所诟病，主要集中在以下几点。

1. 项目成本归集与实际脱节

项目成本的归集与项目实际发生的成本不相符。财务人员按照财务方面的专业理解所做的归集，与实际脱节太多，项目经理对此不认账，觉得有些成本来得莫名其妙。

2. 项目成本核算不及时

财务人员负责整个公司或者说部门级的成本统计，项目级的成本核算并不及时。项目经理拿到的项目成本及经营数据往往比较滞后，这就导致项目经理按照财务人员提供的数据做决策时，往往前期数据很好、成本不超，到项目快结束或结项后结算时，大量成本涌入项目，项目经理措手不及，项目一夜之间从盈利丰厚变成薄利或亏损，此时木已成舟、难以改变，项目经理只能无奈接受。久而久之，项目经理就对财务部门产生了很大意见。

3. 公共费用分摊不清晰

直接项目成本其实是比较明确的，主要是一些涉及公共费用分摊的非直接成本，项目经理对此没有太多的话语权。也就是说，**一些公共费用的分摊是财务说了算，不是项目经理说了算**，这就意味着这个项目应该分摊多少、要分摊多少，项目经理只能被动接受。项目经理对项目经营分析的数据本身产生了质疑，后续的工作就很难开展。

项目成本核算的工作量比较大，大家都知道项目级的成本核算非常重要，但是这项工作应该由谁来承担？有的公司让财务部来承担，但财务部觉得工作量太大，现有的人手不够；财务人员对项目的真实情况也并不了解，很难保证成本的归集核算与实际业务是完全匹配的。如果要保障核算的准确性，财务部就需要增加很多人手，而且财务人员的专业强项在于会计处理，而不在于鉴别项目成本发生的真实性和合理性。

有的公司让 PMO 来承担此项工作，但另一个问题又出现了：PMO 非财务专业出身的较多，他们对项目成本发生的真实性和合理性有基本的判断，因为 PMO 很多时候都是从项目一线抽调上来的，但是缺乏专业的财务知识。

因此建议，项目成本核算要结合项目本身的业务特性和财务的专业知识合力完成。从可操作性和实践经验来说，项目经营分析的责任应划归 **PMO**，同时允许 PMO 借用或招聘财务专业人员，以弥补其财务专业知识不足的短板。

8.1.2 信服：项目成本的归集、划分和反馈

项目成本核算的要义是公允和信服。项目成本核算不是单项作业，关键点为**项目成本的归集、划分和反馈**（见图 8-1）。项目经理对项目成本划分的意见可能没那么大，但是在项目成本的归集和反馈方面意见较大。项目成本归集是要让项目经理认可和信服的，要符合真实的业务，不能由财务人员随意归集。此处还涉及反馈的问题，就是财务人员对项目成本的归集要由项目经理确认，即项目经理要审核和认账。

项目经理对一些项目成本不认账，集中体现在两个方面：第一，这项费用并不是真实发生的，不是其项目中的直接成本，因为关系到最后的毛利目标考核，所以项目经理会斤斤计较。第二，项目成本的归集原则和标准不明确。对此，项

目经理要么不知晓,要么不认可。项目成本归集需要同时满足业务的真实性和财务的规范性两个要求。一般情况下,项目经理要对项目成本发生的真实性做出判断和确认,财务人员对财务的规范性做出要求,只有两者结合,才能保证项目成本核算顺利。

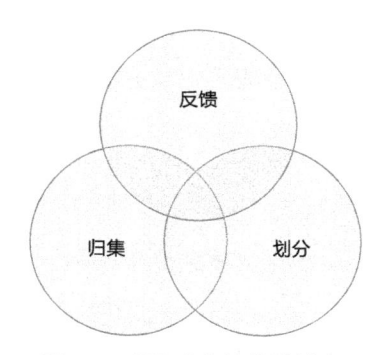

图 8-1 项目成本核算关键点

项目成本科目的统一及费用报销的正确性是合作的成果,需要财务部及财务部派驻各业务部门的财务人员一起讨论公司每类项目的成本科目应该怎样设置,目的是既符合业务现状,还原业务真实面貌,又符合会计准则和财务规范。

公司的项目总体来说就分为几大类,根据过往的数据及当前的项目情况,可以明确项目成本主要科目(见表 8-1),形成统一的模板,并对项目经理明示。这样就避免了让项目经理自行判断成本归集,以及由于在成本科目设置上存在认知偏差而引起不必要的冲突和问题。这样既减少了财务人员的工作量,也减轻了项目经理的负担。

表 8-1 项目成本主要科目

一级科目	二级科目
人工成本	- 工资(基本工资、绩效工资) - 社保(五险一金)、福利 - 奖金
业务费用	- 差旅费(交通费、住宿费) - 招待费
管理费用	- 房租、物业费 - 水电费 - 办公费 - 折旧摊销

项目管理场景技能

项目成本核算中比较头疼的是项目的公共成本分摊，特别是办公费分摊。个人建议尽量减少公共成本（如办公费、水电费等）的分摊，**不要在项目中做复杂的分摊，应该考虑在设定项目毛利目标时就将此部分纳入公司的公共费用，不做分摊。不要把项目经理和财务人员的精力牵扯到这些意义不大的事情上。**

举个例子，水电费分摊无论是按照人数还是按照使用量来分摊，都有局限性。如果按照人数分摊，项目组天天都在项目现场，不在公司，水电用得很少，这样不合适。如果按照使用量分摊，又不可能在用水、用电处安排专人统计或安装分水表、分电表等计量工具，否则就是自寻烦恼和徒加成本。**公共成本分摊就是典型案例，看似将项目各类成本算得清楚、明白，其实在实际中往往行不通，可能陷入解决这个问题又滋生另一个问题的死循环。**

因此，公共成本分摊可以只在公司级，最细到部门级，但不宜细分到每个项目，否则只是徒加管理成本。对此有两种方式解决。一种方式是从项目金额中扣除一定比例作为公共成本，比例越统一越好。另一种方式是在项目的毛利计算中不将此部分的费用扣除，而是提高利润目标及减小项目激励系数。具体采用哪种方式，要看公司的具体情况。

项目人工成本分摊是相对比较难的部分，项目中其他成本如物料、采购件等用途非常明确，只有人工成本分摊的争议较大。例如，一个人在多个项目中工作，人工成本到底以什么样的规则在多个项目之间分摊，是需要明确和明示的。最好不要让项目经理之间通过协商来解决，而由 PMO 和 HR 制定一些指导意见，在这个指导意见和框架标准下，允许项目经理之间进行磋商，局部调整。在具体实践中，我们往往依靠申报工时或填报日志等方式来确定人工成本分摊。

8.2 了然于心：项目经理要像 CEO 看财务报表一样看项目报表

8.2.1 体检：项目数据的定期反馈

项目报表参照公司财务报表的样式，但是重点内容不尽相同。公司需要编制出规范的项目报表，让项目经理既能够看明白，还能够应用，如同财务报表要让**董事长、CEO 看懂**一样。项目报表要成为项目经理进行项目经营分析的抓手。因此,项目报表除了简单的数据列示,还应该同时配上参照数据,便于项目经理判断和感知。为了使项目经理更容易掌握,可以将项目报表再拆分为项目数据报表和项目经营报表两部分。

项目报表不是简单的数据统计,而是要帮助项目经理查找问题。项目报表往往是 PMO 编制的,发给项目经理,项目经理需要认真审视,必要时亲自编制。

项目经理首先要能够读懂项目报表,就像 CEO 必须能够读懂财务报表一样。其次要懂得利用项目报表。项目报表基本上是以月为周期编制的,项目经理不能等项目结项时再看总体的报表,否则就太滞后了。项目经理需要定期查看项目报表,并在项目经营分析中予以关联和应用。

项目数据报表的重要内容包括项目数据类型与指标,主要有项目的经济、进度、成本、需求、质量、人员等类型(见表 8-2)。这些内容是项目的第一手资料,并不需要做太多加工和分析,完整展示出项目当前的真实情况即可。

表 8-2 项目数据类型与指标

类　型	指标（单位）	当　期	累　计	备　注
经济	收入（万元）			
	回款（万元）			
	核算产值（万元）			
	实际成本（万元）			
进度	计划完成数（个）			
	实际完成数（个）			计划+延迟
	按时完成数（个）			
	延迟完成数（个）			
	延至下期任务数（个）			
	里程碑进度偏差（天）			
	里程碑进度偏差率（%）			
	非里程碑进度偏差（天）			
	非里程碑进度偏差率（%）			
成本	人工成本（万元）			
	业务费（万元）			
	办公费（万元）			
	分摊（万元）			

续表

类　型	指标（单位）	当　期	累　计	备　注
需求	需求数（个）			
	需求增加数（个）			
	需求减少数（个）			
	需求替换数（个）			
	需求变更率（%）			
	按时完成数（个）			
	延误数（个）			
质量	需求缺陷（个）			
	设计缺陷（个）			
	编码缺陷（个）			
	测试缺陷（个）			
人员	员工人数（员）			
	离职人数（员）			
	工时总计（人天）			
	加班工时（人天）			

项目数据需要做定期汇总。以项目数据为载体，能够完整收集项目的基本数据。项目数据如实反映出项目的真实情况，为后续进行项目分析奠定了基础。没有这些数据，所有经营分析都是巧妇难为无米之炊。

8.2.2　要害：项目经营报表框架、指标及改善计划

项目经营报表在项目数据的基础上进行分析、对比、定准、找差。特别是比例、比重类指标，只有标出同类的、公司指导的标准，才能让项目经理清晰找出其中的差异。

1. 项目经营报表框架与指标

项目经营报表既涵盖项目的大部分经营指标，还包括一些管理指标。项目经营报表主要分为以下三个部分（见表8-3）。

- 项目损益，如项目的确认收入、回款、核算产值、实际成本、毛利等，相当于项目的利润表、损益表。
- 项目经营分析，如总费效比、各类成本占比、人均产值等。
- 项目管理，如客户满意度、离职率、加班工时/总工时、饱和度等。

项目经营报表涵盖财务、资源和绩效视角，这三个视角基本上能够完整地展示项目的经营情况，帮助项目经理对项目做出分析和判断，特别是参考值部分。**项目报表就像医院的各种体检报告和化验单一样，除了给出患者当前某项指标的数值，还要标出参考值，这样既能为医生提供参考，也能让患者知晓。**这样，项目报表就从原先的数据维度转化为报表维度，项目经营报表与项目数据之间的关系就相当于财务报表与会计凭证之间的关系。

表 8-3 项目经营报表

类型	指标	当期	累计	参考值	数据提供
项目损益	确认收入（万元）				
	回款（万元）				
	核算产值（万元）				
	完工率（%）				
	实际成本（万元）				
	毛利（万元）				
项目经营分析	实际进度/计划进度（%）				
	实际成本/预算（%）				
	实际成本/预算—实际进度/计划进度（%）				
	实际成本/预算—回款比（%）				
	总费效比（%）				
	人工成本占比（%）				
	业务费占比（%）				
	管理费占比（%）				
	人均产值（万元/月/人）				
	人均毛利（万元/月/人）				
	毛利/人工成本				
	挣值（万元）				
	人均产值（万元/月/人）				
项目管理	客户满意度（%）				
	员工满意度（%）				
	离职率（%）				
	加班工时/总工时（%）				
	饱和度（%）				
	人均工资（元/月/人）				
	人均项目奖金（元/月/人）				

2. 项目经营改善计划

项目经理除了要看项目经营报表，还要针对项目经营分析中的弱项、问题做数据监控、改善和落实，制订项目经营改善计划（见表 8-4）。项目经营改善计划对应项目经营报表中的关键指标，如进度改善、工作成果及复用、业务/管理费控制、人工成本控制及人员复用、验收回款跟踪等方面。项目经理可以把项目经营改善计划视为项目经营报表的附录，有助于改善经营状况。

表 8-4 项目经营改善计划

A. 进度改善

任务名称	当前进度	改进措施	节点要求	责任人

B. 工作成果及复用

工作成果名称	新开发的成果规模 （代码行、类、文档页数）	复用或自动生成的成果规模 （代码行、类、文档页数）

C. 业务/管理费控制

费用类别	主要开支用途	金额	调整	调整后目标

D. 人工成本控制及人员复用

姓名	职级	当前任务安排	调整	人效及成本改善目的

E. 验收回款跟踪

分工	跟进事宜	时间节点要求

8.3
条分缕析：项目经理能掌握的项目经营分析预警高阶技能

8.3.1 定位：项目是最小的经营单元

项目是最小的经营单元。传统的经营单元更偏重组织维度划分的事业集群（BG/BU），但是仅仅贯穿到部门级是远远不够的。很多公司在做经营单元划分时，也把很多组织和团队界定为经营单元，但是既没有准备好相应的配套，又缺乏相应的基础，现实中就无法真正做到经营分析。

经营单元界定的前提是经营结果能够贯穿，简单来说就是能够直接承接经营目标和指标。如果经营单元不能直接承接这些经营目标和指标，那么无论表面上如何宣传，都无法真正担负起经营单元的责任。因此，项目只有定位为经营单元，才谈得上项目经营。这是项目经理转型为经营型项目经理的前提，也和公司对项目经理的角色定位相关。

项目经营分析的起点是合同，这是项目经营中最初的输出。交付项目管理的要义是管理合同履行，因为只有合同履行完毕，我们才能达成经济目标。管理合同履行就是要把合同中与期限、付款等有关的要求转化为项目经营管理的要求和输入。

原则上说，一份合同对应一个项目，当然也存在一份合同对应多个项目的情况。无论哪种情况，每个单独的项目都可以成为一个独立的经营单元。根据这种项目与合同的对应关系，就可以将合同履行情况与项目执行情况融合在一起，做项目合同执行情况记录（见表8-5）。

表8-5 项目合同执行情况记录

合同编号	合同名称	项目名称	合同金额（万元）	合同期限	累计交付产值（万元）	累计已付款（万元）	待付款（万元）	批准延期（天）	剩余期限（天）

项目管理场景技能

项目工作反映到合同中就是合同履行的具体情况，如累计交付产值、累计已付款、剩余期限等。项目经理只有将合同中的这些要素了然于心，才能在经营分析中做到心中有数。

项目经理要紧盯合同、聚焦成果，谨防"做得多"但"没做准"，务必进行项目交付成果对齐（见图 8-2）。这方面与项目经营密切相关，因为所有多做的工作都意味着付出额外成本。项目经理在项目作业过程中，往往把客户提出的一些合同外的需求当成加分项，认为满足客户的这些要求能够使客户更加满意，至少可以抵消某些漏做的任务，或者代替某些不做的任务。**其实项目经理这种想法是不对的，多做未必就是好的。**不是不可以讨好客户，而是要有保障、有选择性地讨好客户，牢记靠苦劳、听话、好说话、自我牺牲并不一定能得到客户的认可。

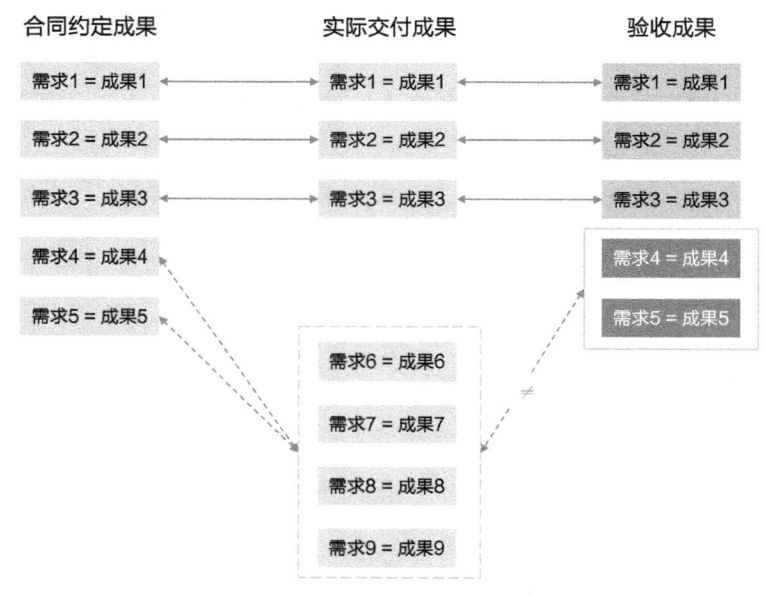

合同约定成果	实际交付成果	验收成果
需求1 = 成果1	需求1 = 成果1	需求1 = 成果1
需求2 = 成果2	需求2 = 成果2	需求2 = 成果2
需求3 = 成果3	需求3 = 成果3	需求3 = 成果3
需求4 = 成果4		需求4 = 成果4
需求5 = 成果5		需求5 = 成果5
	需求6 = 成果6	
	需求7 = 成果7	
	需求8 = 成果8	
	需求9 = 成果9	

图 8-2 项目交付成果对齐

项目经营就是对投入产出的考验。对项目来说，合同要求的交付物必须满足，而且这一点的优先级必须置于合同外需求之上。项目经理不要简单地考虑客户满意度、工作量，而要从经济上算笔账。不要自己一厢情愿地以为可以用多做的置换少做的，客户往往未必认账，除非客户和公司双方明确修改事宜。因此从项目经营的角度看，就是将合同约定的内容先履行完毕，然后可以考虑适当满足其他内容，这和项目需求变更是联系在一起的。

在实践中经常出现这样的情况：项目经理自认为为客户额外做了很多事情，客户是满意的，然而在阶段确认、验收付款的时候，客户拿出合同比对，然后告诉项目经理某项工作没有完成，这时项目经理往往要吃哑巴亏。我们要避免这样的情况。项目经理应先确保拿到及格分，再考虑附加分，不要总想着上来就拿附加分。优秀一定是从 60 分到 70 分、80 分，再到 90 分这样累积形成的，不是跳跃形成的。

我们说项目是最小的经营单元，项目经理是项目的 CEO，目的并不是让项目经理感觉到自己的地位和身份提高，而是让项目经理能够站在经营者的角度去思考问题。从这种角度看，需求增加本质上是客户的压价。我们要保证优先满足合同约定内容，再在额外投入方面做总体考量，只要不超出一定的范围，原则上都是可以满足的。

8.3.2　降维：经营分析方法在项目中的应用

有了项目数据基础，就具备了开展项目经营分析的条件。项目经营分析是 PMO、财务、经营等部门在理解公司业务的基础上，借助专业方法、工具和模型赋能项目经理的举措。后台职能部门不能把项目经营分析当成"私货"，不想让项目经理知道，而要鼓励项目经理掌握这些工具、模型，让项目经理具备自我经营分析能力。项目经营分析是公司经营策略在项目场景中的具体应用，项目经营分析预警是经营方法论与项目场景的深度融合。管理的创新点往往就在交叉点，只要落到实处，就会取得意想不到的效果。项目经营分析完全可以借鉴公司经营分析方法（见表 8-6）。

表 8-6　常用项目经营分析方法

类　　型	方　　法
对比分析	绝对数分析法、对数增减变动比较法、百分比增减分析法
趋势分析	均数法、趋势线法、指数平滑法
结构分析	因子分析法、弹性分析法、乘数分析法
标杆分析	内部基准法、竞争性基准法、一般性基准法
因素分析	连环替代法、差额分析法

项目管理场景技能

为什么说项目经营分析预警是项目经理的高阶技能呢？这是因为项目经营分析预警是公司级经营分析模型在项目管理领域的降维应用。笔者将项目经理区分为管理型项目经理和经营型项目经理，呼吁项目经理从项目管理走向项目经营，其实也出于这方面的考虑。项目经营分析是一种交叉能力，它将运营、财务、战略等能力在项目场景中融会贯通，改变了项目管理就项目谈项目的局面，将项目经理的技能拓展到更多维度。项目经营直接承载着公司经营，是公司经营的直接体现。我们判断一家公司经营的深度时，可以看看这家公司的经营分析预警是否做到了项目级。如果做到了项目级，其经营管理工作就是非常扎实的。

对于项目经营分析，项目经理需要建立如下认识。

1. 项目与经营不能"两张皮"

如果公司战略解码和经营断层，项目与经营"两张皮"，项目经营分析就无从谈起。很多公司的经营只到部门级，没到项目级，项目依然停留在管理这个层面，没有经营的要素和理念，项目经理对于项目的经营也漠不关心。公司的高层领导者对项目的经营看似关心，实则没有抓手。

2. 项目经营是对公司经营的验证

经营是公司总体与局部、上级和下级双向验证的过程，而项目则考验经营的颗粒度。经营必须深入项目，否则就是高谈阔论。项目经营分析和公司经营分析具有相互验证的关系。很多公司的公司级经营分析做得很好，但问题在于很难向下穿透到项目级，因为没有项目经营分析的细化数据。也就是说，**很多公司只能算大账，不能算小账；只能算总账，不能算明细账。但是对经营来说，大账只能反映出大问题，不能反映出体系问题。**

打个比方，仅有公司级或部门级经营分析，没有项目级经营分析，就像一个人感到身体不舒服，知道自己生病了，但不知道自己的病生在什么地方，这时就很难做到对症下药。笔者经常和客户开玩笑地说，大家都知道整体人效在下降、毛利率在降低，但是没有项目级的数据，就很难知道人效的下降到底是哪个项目拖累的，毛利率的降低到底是哪个项目导致的，这恰恰就是问题所在。

3. 公司经营结果是项目经营结果的累积

就业务层面而言，公司经营结果是项目经营结果的累积，而非相反。这可能颠覆大家的观点,即项目是一线,是价值创造地和实现地,公司的毛利是项目毛利的累积。进行经营分析时不能把公司当成一个"黑匣子",而要把公司拆分成一个个独立的经营单元,这些独立的经营单元在一线创造利润,然后向上、向内输入毛利,向公司供血,而不是公司在创造利润向项目供血。不是我为了强调项目管理的重要性而特意这么解释,而是现实中很多公司,包括很多项目经理都没有认识到这种逻辑关系和事实。

项目经理可以利用经营分析工具对项目经营报表中的数据进行分析,出发点是找出问题和偏差。例如,费效比过高,就要运用层级分析法一层一层地看,找到超标的具体成本。只有找准问题,才能解决问题。又如,人效不高,就要运用杜邦分析法对人效的各类数据进行排查,弄清楚人效不高到底是人多还是产值低造成的。项目经理还可以运用项目挣值分析(见表 8-7)工具,将项目各阶段当期及累计的实际价值、实际成本、挣值统计出来,反映项目的运行质量。一般来说,当期挣值为正,则表明项目状态良好。如果当期挣值不为正,则至少要做到累计挣值为正。

表 8-7 项目挣值分析

类 型	当 期	累 计	过去阶段累计
实际价值			
计划百分比			
进度偏差			
计划价值			
已挣得的百分比			
实际成本			
计划成本			
成本偏差			
已花费的百分比			
挣值			

项目挣值统计(见图 8-3)其实就是项目经营分析的雏形。它将项目的效率、效果指标以时间节点切面的方式反映出来,这样就能总结出项目的运行状况。

项目管理场景技能

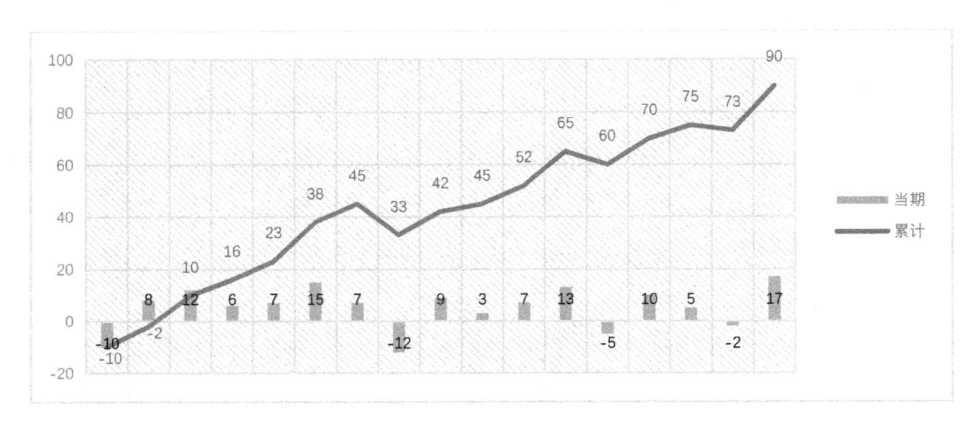

图 8-3　项目挣值统计

8.3.3　经营探针：项目经营预警及处置措施

项目经营分析就像经营探针，深入鲜活的项目，因此经营不再是公司高层的事情，而是与项目经理、PMO 密切相关的事情。**任何部门和人员，如果和公司的经营不相关，都要反思这个部门、岗位和角色的存在价值。**

经营探针解决了项目数据鲜活的问题，来源于数据、指标及参考标准。**把项目经营分析做好，就相当于把项目最鲜活的脉动、心跳等各种参数和指标进行及时汇总、反馈和调整，解决了高层级经营分析的滞后性问题。**

项目经营分析的核心思想是聚焦于项目目标达成情况和经营情况，进行查漏补差，因此项目经营分析的主要目的和动作如下。

- 根据项目目标达成情况，按照联动式预算和增量计算方式核算项目毛利。
- 分析获得利润空间的原因，明确增量机会，增加投入，减少无效益的产出和资源配置。
- 以财务指标为源头，通过关联的方式发现问题、定位问题、解决问题。
- 通过预设经验数据及时发现问题并预警，通过关联路径分析和解决问题。

项目经营分析包括内容和方式两方面（见图 8-4）。内容主要包括经营情况、费用比例及结构、计划完成率和人员及激励结构。

指标对比方式多样，既可以与历史比，也可以与目标比，更可以与公司同类项目的均值比，以及与同业比。正因为有比较和参照线，数据价值才得以凸显。没有比较，就只是数据的罗列。

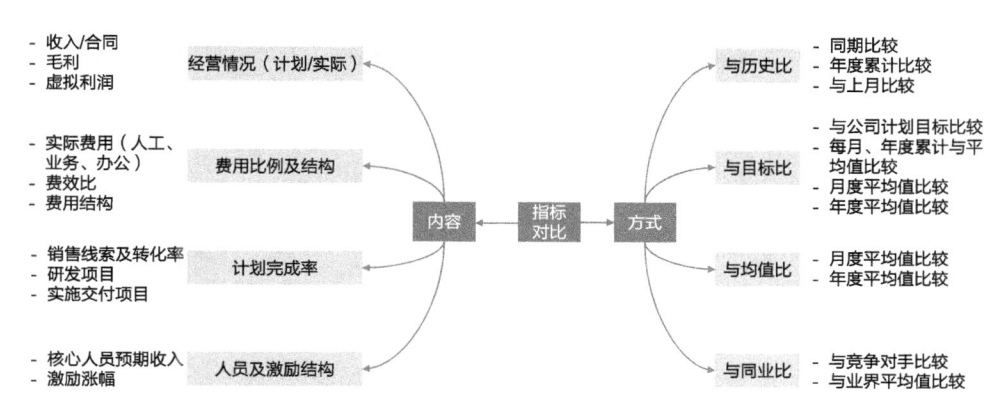

第 8 章 "承担呼唤炮火的成本"：项目经理要对项目经营心中有数

内容：
- 收入/合同
- 毛利
- 虚拟利润
→ 经营情况（计划/实际）

- 实际费用（人工、业务、办公）
- 费效比
- 费用结构
→ 费用比例及结构

- 销售线索及转化率
- 研发项目
- 实施交付项目
→ 计划完成率

- 核心人员预期收入
- 激励涨幅
→ 人员及激励结构

指标对比

方式：
- 与历史比
  - 同期比较
  - 年度累计比较
  - 与上月比较
- 与目标比
  - 与公司计划目标比较
  - 每月、年度累计与平均值比较
  - 月度平均值比较
  - 年度平均值比较
- 与均值比
  - 月度平均值比较
  - 年度平均值比较
- 与同业比
  - 与竞争对手比较
  - 与业界平均值比较

图 8-4 项目经营分析内容及方式

项目经营分析也可以采用项目偏差的 S 曲线分析（见图 8-5）。项目实施过程中累计产值与计划、成本与计划的对比形成两条曲线，一条是计划 S 曲线，一条是实际 S 曲线。将这两条曲线置于时间和进度的坐标系中，通过分析这两条曲线之间的差异，就可以得出项目的完整情况。当实际进度落在计划 S 曲线左侧时（a），表明进度超前；当落在计划 S 曲线右侧时（b），则表明进度落后。这同样适用于成本，只是结论相反。通过 S 曲线比对，我们可以分析出实际进度相比计划进度超前（落后）的时间，以及体现超前、落后的任务量，并预测项目进度。项目经理可据此判断是否需要调整进度。

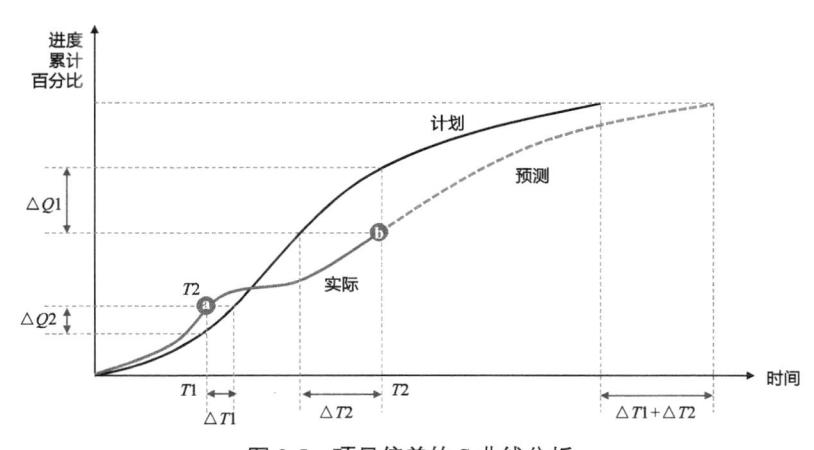

图 8-5 项目偏差的 S 曲线分析

此处需要提醒的是，经营分析不是数据汇总、情况通报，其目的是发现问题、定位问题、解决问题。很多公司在做项目经营分析时，将大部分时间和精力都花在数据收集和整理上,但在数据分析及相应的整改建议上花费的时间太少,把项目经营分析会开成了情况说明会、数据通报会。这是很不应该的。

发现问题就要予以预警。项目经营预警是指提前商定反映项目经营状况的指标并设定参考值,将其像探针一样嵌入业务,像雷达一样定期扫描,当运行值超出参考值时就发出预警。预警的动作是亮灯,并针对不同项目经营预警级别亮不同的灯(见表8-8),本质上是提醒项目经理及时纠偏、调整和改进。

表8-8 项目经营预警级别

预警级别	偏差率	亮灯
正常	低于预期,目标偏离<10%	绿灯
轻微预警	低于预期,目标偏离10%~20%	黄灯
严重预警	大大低于预期,目标偏离>20%	红灯
突变	目标发生重大变化,需要置换或重新设定	红灯
观察	有统计值,但无参照标准,无从判断	黄灯

项目亮灯和路口信号灯规则一样,绿灯行、黄灯提醒、红灯停。对于亮红灯和黄灯的项目,需要进一步跟进,并给出项目预警处置措施(见表8-9)。

表8-9 项目预警处置措施

亮灯	处置措施	说明
黄灯	- 说明原因(以报告形式说明或召开会议现场说明),并提出改进措施 - 控制项目成本额度,减少开支,冻结项目报销,费用超标采取个人借款方式	
红灯	- 取消项目激励或取消项目经理的项目激励分配权 - 对项目经理、核心项目成员进行组织谈话 - 项目组述职并接受质询,PMO、HR参与监控该项目绩效管理过程 - 解散项目组,重新配置项目经理和项目成员	在黄灯处置措施基础上叠加

8.3.4 重在闭环:问题分析与解决

项目经营分析将问题暴露出来,但并不意味着问题得到了解决。项目经理需要做问题的定位分析和闭环解决。问题定位分析可以使用问题解决工具矩阵(见图8-6)。对于不同的问题,可以采用多种方式,如界定问题中的选择目标问题,可以采用询问原因法、标准评估、简化列表、帕累托分析、情景评估法等工具。这些都是管理通用工具,项目经理完全可以借用。

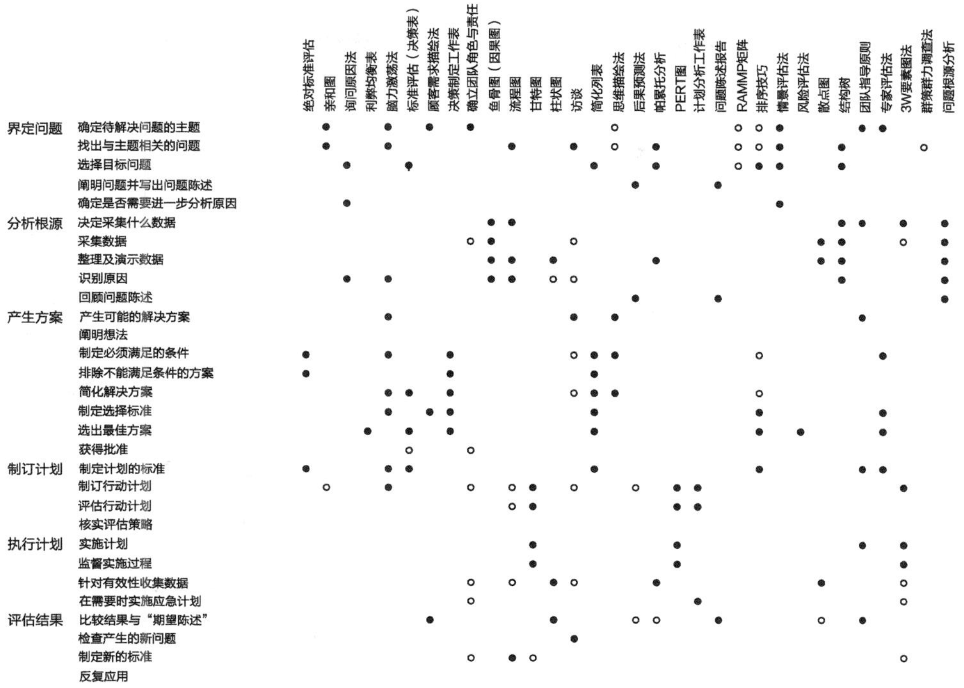

第 8 章 "承担呼唤炮火的成本"：项目经理要对项目经营心中有数

图 8-6 问题解决工具矩阵

项目经理定位问题后，需要分析项目问题类型，以便找出问题的专业领域并落实责任归属。项目问题类型具体如表 8-10 所示。

表 8-10 项目问题类型

问题类型	责任归属
需求开发	
需求管理	
产品集成	
技术解决方案	
确认	
验证	
项目集成管理	
项目监控	
项目策划	
风险管理	
配置管理	

续表

问题类型	责任归属
决策分析	
度量分析	
质量保证	
组织过程定义	
组织过程焦点	
组织培训	

项目经理对问题进行定位和分析后，可以标识问题，明确项目问题状态与重要性（见表8-11）。问题状态包括待解决、未响应、解决中、已解决、延期、撤销等。同步评估问题重要性，可参考第6章风险等级评估相关内容。

表8-11 项目问题状态与重要性

问题状态	重大（5）	重要（3~4）	一般（1~2）	合　计
待解决				
未响应				
解决中				
已解决				
延期				
撤销				
合计				

问题定位和归责后，就要进行项目问题整改（见表8-12）。每次项目经营分析会前跟踪重点事项，相关责任人就督办事项在会上做出说明，问题解决则关闭，未解决则滚动至下次会议。对于久未解决的问题，重新界定责任人并兑现奖惩。

表8-12 项目问题整改

要　素	具体内容
问题（5W2H）	
重要程度	
紧急程度	
提出部门	
负责解决部门	
责任人	
参与解决部门	
解决思路、预期目标及效果（SMART）	

续表

要　　素	具体内容
承诺完成时间	
目标达成情况及实际效果	
实际完成时间	
计划完成率	
考核部门	
是否关闭	

需要注意的是，项目经营分析中暴露出的问题大部分与经营性指标相关，与客户的交集虽然有，但是比重不会太大。项目经理在问题分析与解决的过程中需要把握分寸，注意传播的范围。有些问题不宜公开就不能公开；专项问题与相应部门和人员一对一解决即可。项目经理要牢记，**我们的目的是解决问题，不是找茬、挑起矛盾**，更不要陷入情绪对抗。

8.4 言之凿凿：项目经理在项目经营中用数据和事实说话

8.4.1 临界点：区分事实和观点

项目经理在经营分析的过程中会不可避免地遇到各种声音和观点，这时可能比较迷茫。当出现两种截然相反的观点、看法并发生激烈冲突时，项目经理就比较为难，不知道到底听谁的。这里提出一个建议，项目经理在处理事情时要区分事实和观点。这也是衡量项目经理处事能力的一个标志性临界点，项目经理只要跨过了这个临界点，思维就会发生很大变化，抬杠、争吵这样的事情就不会再发生。**这个临界点就是区分事实和观点，高段位沟通往往只讲事实，不争论观点。事实胜于雄辩，争论观点往往是为了面子和赢过别人，并不能解决问题。**

事实是指能够被他人判断，不因人的立场、角色而改变的事物，如成本、进度。一般来说，经营性的数据、结果数据都可以纳入事实的范畴。此类数据相对来说都是比较客观、公允的，无论对当事人是有利还是不利，都不容辩解。举个例子，项目初验时间定在 10 日，结果 10 日没有初验或初验没有通过，这就是事实，可以被论证和判断。

项目管理场景技能

而观点是基于立场的判断，带有当时的利益和价值导向。举同样的例子，10日还没有到，公司方和项目经理认为进度还可以，初验没问题；客户方认为进度慢了，会影响初验。其实各方对进度快慢的各种表达都是观点。

项目经理要做的是只论事实、不争观点。这一点在项目管理实践中非常重要。因为事实是不因人的观点或看见与否而改变的，而观点天生是出于立场、角色和利益的。很多项目经理特别喜欢发表和争论观点，这是不太好的习惯，要加以改正。

延伸说一句，观点本质上都是出于利益和立场的，项目经理对于观点不要争论或判定对错，否则容易引发情绪对抗。到了情绪对抗的时候，其实事情已经脱离了本来面目，其中夹杂着各种纷争，甚至上升到对人不对事的状况。因此项目经理要用理性压住感性，在出现问题和矛盾的时候足够冷静，不在慌乱中做出错误的应答和决策。这里所说的理性就是尊重事实，事实的背后是行为和数据。只有强调事实，才能相对从容地面对各种观点，经受住时间的考验。

8.4.2 理性：用数据说话

项目经理强调事实，在项目管理中的直接表现就是用数据说话。无论是面对客户方，还是面对项目组，都用数据说话，这样会减少很多不必要的麻烦。用数据说话是非常有利的策略，让数据得罪人，而不是自己得罪人。

项目经理培养经营分析技能也是对项目管理数字化要求的响应。项目经营和管理是要用数据说话的，以数据为前提，没有数据就谈不上精细化经营。对项目关键数据的获取、汇集、分析尤为关键，重点在于两方面：一是项目经理、PMO、财务部门必须找到项目经营的关键数据，以及这些关键数据在各系统间的对接。二是这些数据能够反映项目经营全貌，不能选取边缘的、无关的数据来反映经营情况。原则上说，项目经营数据要从业务中获取，只要业务活动在进行，相应的数据就会源源不断地产生和更新。

项目经理要善于利用项目报表（项目数据报表和项目经营报表），多引用报表中的数据，因为报表是统计结果，并且是第三方提供的。例如，项目成员都觉得自己的工作时间长、负荷大，就用公司实时数据或行业通用数据来研判，因为在项目管理中可以将人员饱和度折算出相应的比较数据。用项目经理承接的项目做横向对比更有说服力，以费效比指标为例，公司同类项目的费效比是 35%，项目经理当前项目的费效比是 40%，这就意味着成本超支了，需要精简。

本章小结

- 项目经理从项目管理走向项目经营，首先要了解项目成本核算，其次要看懂项目报表，最后再进行项目经营分析。
- 项目经营分析是项目经理场景技能中的高阶技能，是项目经理从管理型走向经营型的分水岭。
- 项目是最小的经营单元，项目经理就是项目的 CEO。项目经理要像 CEO 经营公司那样经营项目。
- 项目经营分析重在闭环，数据收集只是起步，问题的定位、分析和解决才是关键。

第 3 篇

用胜利迎接胜利：
总结、复盘，准备下一场战斗

如果用一句话来形容项目经理在项目收尾阶段的状态，比较恰当的表述是"用胜利迎接胜利"。虽然完成了项目的主要工作内容，但是项目还没有结束，需要做两个收尾。第一个收尾是项目验收和客户回款，只有验收和回款了，在客户界面上项目才算结束，转回公司方。第二个收尾是公司内部结项、考核和激励，完成项目管理的闭环，这些动作结束后项目才能关闭，项目才算真正结束。

收尾阶段的主题是检验和升华。检验既包括客户对项目及项目经理的满意度，标准就是验收和回款；也包括项目经理的项目经营能力，标准是项目目标是否达成及是否实现了毛利目标。升华是指项目复盘，总结项目作业过程中的经验教训。这不仅仅是项目经理的自我复盘，也是组织能力建设的重要途径，以项目复盘沉淀组织案例库和知识库，推进组织能力建设。只有通过不断总结、复盘，项目管理的组织能力才有可能沉淀和养成。项目经理也在复盘过程中持续改进，实现整体能力的提升，为下一场战斗做好准备。

第 9 章

回款才是硬道理：
客户验收、回款才是对项目经理的真正肯定

场景案例 21　项目经理与销售并肩作战，搞定终验、回款

背景："WORKBRAIN"项目终于到了终验环节，项目经理正在为验收的事情做准备。

角色：洪经理、郑经理、客户陈总、客户李总、客户马经理（客户财务部经理）。

第一幕：项目经理和销售沟通如何顺利终验

洪经理	郑经理，项目进入收尾阶段，马上就要终验，我们是不是应该商量一下怎样才能顺利通过终验？
郑经理	洪经理，我跟你的想法不谋而合。我也特意过来了，想和你一起商量商量。
洪经理	前段时间的初验，我们基本上把客户的验收流程摸清楚了。关于终验评审人员，我和对接部门李总初步沟通了，和初验人员基本一致，但是领导要参加。初验的时候，陈总临时到集团开会，没能参加。陈总非常重视这个项目，觉得初验效果不错，说终验一定参加。
郑经理	这是好事，也是压力。你平时向陈总汇报得多吗？
洪经理	没有单独汇报过，但是有两次交流会，陈总参加过，也做出了一些指示。上次那个双超项目展示功能就是陈总提出的，我们也实现了，陈总还是挺满意的。
郑经理	我觉得还是应该提前专门向领导做个汇报，让领导更加心里有数，也请领导帮我们站站台、讲讲话，这样终验会更顺利一些。

	我们一起跟李总商量一下，听听李总的意见。
	（一同前往李总办公室）
洪经理	李总，有时间吗？我们有事向你汇报。我和郑经理有个想法，想征求一下你的意见，你看是否合适？
客户李总	什么样的想法？说说看。
洪经理	项目马上就要终验，我们想专门向陈总做个汇报，以联合项目组的方式汇报一下项目的进展和总结，既让领导提前了解一下情况，也听听领导有没有新的指示，我们还有一点时间来落实。
客户李总	好，我也有这样的想法。我来和陈总约时间，到时候就以联合项目组的名义向陈总汇报。我约好时间和你们说，你们也准备一下。到时候我再带上部门的两个骨干。
郑经理	好的，那我们就等你消息。

第二幕：联合项目组向领导做专题汇报

洪经理	陈总，"WORKBRAIN"项目马上就要终验，我们想向您做专题汇报，请您指示。
客户陈总	好，项目的总体情况我基本上是了解的，也听了李总和其他部门的一些反馈，还是不错的。有些小细节调整一下，项目就更圆满了。
洪经理	陈总，请您指示。
客户陈总	第一，对"WORKBRAIN"系统的使用部门和相关人员，组织一次使用培训，让大家知道这个项目对公司和相关部门的意义，认识到使用"WORKBRAIN"系统的好处。上次"经营型项目经理训练营"效果就很好。第二，现在的项目经营大屏功能已经比较全面了，但是重点不突出。领导们比较忙，是不是可以考虑在技术上处理一下，将那些需要领导关注的事项用比较醒目的颜色标示出来，或者放到更显著的位置，这样看起来更清晰。
客户李总	陈总，培训的事情我们已经和人力资源部的王经理确定了，计划在这周三下午进行，今天下午应该就能够发出培训通知。
客户陈总	好，这件事情你来落实。在培训现场，你多介绍下这个项目的成

项目管理场景技能

	果,让大家都积极用起来。让大家感受到使用这个系统的好处,他们就愿意用了。多引导引导。
客户李总	好的,陈总,培训中有一个环节就是沟通和交流,我来主持。
洪经理	陈总,您刚刚讲的项目经营大屏重点事项突出这件事,我想跟您确认一下,领导们关心的重点有哪些?我怕我对领导的意图理解不到位。
客户陈总	不用大改。我们今年运营的导向是利润,现在的项目经营大屏我看了一下,把那些成本超支、延期及核算利润为负的项目,就是项目经营分析中亮红灯的那些项目凸显出来就可以了。系统能够支持项目钻取,领导们想看具体的项目,可以再点击查看。
洪经理	好的,陈总,我回去立刻落实,保证在项目终验前到位。

> 📋 第三幕:项目终验顺利通过,销售催回款

郑经理	洪经理,项目终验后的第二天我就把尾款的发票开给了对方,但是都过去一周了,怎么还没回款?你了解这个情况吗?
洪经理	我听李总说过,他们的流程都已经走完了,是不是在财务环节卡住了?
郑经理	财务马经理你熟悉吗?打过交道吗?
洪经理	打过一两次交道,但交情不那么深。你有什么想法?
郑经理	我们去沟通一下,看看流程走到哪儿了,然后请求付款。
洪经理	付款这件事,我们直接找财务合适吗?是不是先和李总沟通下?就是催,也是我们催李总,李总催财务,这样更合理一些。
郑经理	我催过李总了,上周就催了,李总也催过财务了,但就是没有付款。
洪经理	我估计和"WORKBRAIN"系统与财务 ERP 系统对接有关,毕竟财务提出的要求我们没答应。这样,我们请李总带着我们一起把那个需求的事情再聊一聊,顺便催催款。
郑经理	这样挺好。项目经理做技术交流更好,我们销售一去,对方就知道我们要催款,有可能都不见我们。
洪经理	各有各的难处。我们一起去找李总,见见财务马经理。

第9章 回款才是硬道理：
客户验收、回款才是对项目经理的真正肯定

> 📋 **第四幕：多方沟通协调回款事宜**

洪经理	马经理，关于"WORKBRAIN"系统和ERP系统数据对接需求，我们想跟你再沟通一下。
客户马经理	你们不是说这个需求不能实现吗？你知道你们这个系统上线以后给我们财务增加了多少工作量吗？我们要定期把ERP系统里的数据导出来，按照你们的格式整理好，再导入你们的系统，每个月底我们都要派三四个人干一整天。
洪经理	马经理，我们这次过来就是为了谈谈后面怎么做好数据对接。我们当时提出了建中央数据库的思路，这个思路你也认可。ERP系统轻易不能动，我们可以把数据导出来，然后自动抓取数据，把运算放到中央数据库里进行，不必人工操作。
客户马经理	这个思路我是赞同的，我也向李总阐明过我的观点。
客户李总	马经理，你要是同意这个思路，就走内部立项。立项审批后，我们就可以具体开展工作了。你不立项，后面的事情也不好做。
客户马经理	李总，我们是使用部门，你们是建设部门，我们提需求，你们立项，我们认不就行了嘛。你的意思我明白，费用算我们财务部的。
客户李总	其实哪个部门都一样，不都是公司的嘛。
客户马经理	也是。你们这次这么多人过来，不仅仅是找我谈需求的事情吧？
郑经理	马经理，你真是明察秋毫，我们的一点小心思都瞒不过你。
客户马经理	（笑）我知道你们是来谈回款的事情的。是这样的，月底了，要付的钱很多，公司要控制一下现金流，你们再等等。
洪经理	马经理，你也知道，我们就是干活的，公司到月底的时候都是催进度、催回款，像催命一样。你就多关照关照，兄弟们干活不容易。
客户马经理	洪经理干活还是比较扎实的，这点我明白，我心里有数。好吧，这两天我就把款给你们打过去。
洪经理	好的，多谢马经理。

项目管理场景技能

有的项目经理把项目结项当成公司内部管理，笔者对此有不同看法。**项目结项是公司的内部管理行为，但是大家要明白，项目因客户而生，项目结项从经营的角度来看，其实没那么重要。项目经理不要把精力花费在项目结项这种程序性事项上，应该花费在客户的验收和回款上。**这方面的工作项目经理实际上都在做，但是没有当作专项技能看待，可是客户验收和回款又是项目经理不可回避的场景。无论公司内部如何规定，销售和项目经理如何划分职责，项目验收都是项目经理的责任，回款也是项目经理逃避不了的。因此，本章将客户验收和回款作为特定场景技能，顺带介绍项目结项部分。

很多公司非常重视客户满意度，声称以客户为中心，开展诸如满意度调查、项目走访等活动，征集客户对项目经理的评价，并将其作为项目考核的依据之一。当然，这样的做法是常规做法，无可厚非，也是必要和可行的。但就项目经理本身来说，**客户验收和回款才是对项目经理的真正肯定。就算客户对项目经理的满意度是 100%**，但就是不验收、不回款，那么这个满意度也是假的、虚的。我经常和项目经理讲，客户对项目满不满意，不是靠一份书面的满意度调查表来体现的，那都是外在的。**真正的客户满意是及时验收和回款**，否则客户和项目经理平时再怎么称兄道弟，**最后都是虚情假意**，只有验收和回款才是硬道理。

在此延伸一句，**客户对项目经理最大的满意是续单**。项目经理承接的项目能够顺利验收、回款，这样的项目经理可以称为合格的项目经理，可充其量只有 75 分。但是如果项目经理能够通过努力实现续单，那么这个项目经理就达到了 85 分以上的水平。

我们判断客户满意度或项目经理的水平，可以直击要点。现实中有很多项目经理将 75 分当成上限，认为客户顺利验收、回款，项目结项了，就是卓越的项目经理，这是认识还不到位。概括来说，**项目结项是项目经理的下限，不是上限。项目经理的上限是续单**，项目经理不仅可以管理项目，还可以经营项目、经营客户。

9.1 理所应当：确保客户顺利验收是项目经理的职责

9.1.1 步步为营：客户验收的累进做法

确保客户顺利验收是项目经理的职责，也是必备技能。让客户痛痛快快地在

第9章 回款才是硬道理：
客户验收、回款才是对项目经理的真正肯定

验收报告上签字并不是一件容易的事。部分项目经理想当然地认为，既然活干完了，顺利验收就是理所应当的，结果在现实中被频频"打脸"，感到非常委屈和郁闷。这就是项目经理的技术思维惯性，不明白客户验收的诀窍。

客户验收的诀窍在于将验收准备做在前面，不能坐等客户主动验收。当然也有个别案例是客户主动要求验收的，但大部分不是这样的。在实践中可以将客户验收分成若干次阶段确认，这种阶段划分可以不与项目计划完全吻合，但务必卡住合同的付款节点，不宜遗漏。

项目经理不要将验收拖到最后做一次性确认，应将验收工作分解和做细，进行每个阶段的小确认和最后的大确认。这样做的好处在于，每个阶段的确认既能让客户了解项目的阶段工作进展，也为项目经理提供了检验客户满意与否的机会。试想，如果客户连阶段确认都不满意，那么初验和终验必定不会那么顺利。阶段确认还有一个隐藏的含义，即形成正式的书面确认文书，这样后续就不容易推翻。项目经理可能在这方面吃过很多亏，感觉得到客户的口头认可就够了，结果最后都不算数。

无论是阶段确认还是最终验收都是组织行为，不是个人行为，无论这些动作是否给客户增加了工作量，是否麻烦了对接部门和相关人员，项目经理都应该坚持去做。有的项目经理有一种怕麻烦，总想最后一起确认的畏难心理，这是不对的。**阶段确认本身就是一种对双方的检验。对项目经理的检验就是项目经理的工作有没有做到位，项目进展是否让客户满意。**项目经理做得不到位，客户不满意，客户是不会轻易确认和验收的。对客户的检验就是项目任务完成了，客户是否真的认可。如果客户连阶段确认都不认可，那么可想而知最终的验收有多难。

💡 快问快答

Q：项目阶段确认是否必须做？

A：项目阶段确认是项目经理保障和促进客户验收的策略，并不是项目管理的必要动作。但是阶段确认是项目管理实践中非常有效的防止项目后期整体推翻项目前期工作的手段，建议项目经理根据实际情况考虑是否采纳。

客户验收是需要策略和方法的，如提前放出风声要准备验收，让客户有心理准备；确定好验收的时间，提前把客户验收要走的程序摸清楚。这些准备工作都

项目管理场景技能

要提前做好。

需要提醒的是，即使确认和验收是组织行为，但组织行为也是分层级的。阶段确认一般不需要上升到公司层面，往往到部门层面即可。但是**项目经理要明白，就算不是公司行为，只是部门行为，也远远比口头确认和个人表态有公信力**。客户验收涉及很多方面，最重要的是对接部门和分管领导，前文阐述的项目干系人管理，此时就会发挥很大作用。如果项目干系人管理没做好，最终确认相对来说难度就大些，至少没那么顺利。对于这些干系人，项目经理不能"平时不烧香、临时抱佛脚"，因为不要说客户，就算我们自己也反感和讨厌这样的做法。

项目经理在终验前需要制订项目验收计划，确定验收内容、功能模块、验收标准、责任人等，并将终验分解为项目组模拟验收、公司预验收、客户验收三个环节。只有准备充分，才能保证验收万无一失。

1. 项目组模拟验收

项目组模拟验收可采用项目组内部交叉验收的方式（见表9-1），各模块负责人对其他模块进行验收，采用客户终验的方法、标准和技术参数。项目组模拟验收的目的是为客户验收做预演，一方面查漏补缺，发现问题及时补救；另一方面让项目组熟悉验收内容。

表 9-1 项目组内部交叉验收

功能模块	验收标准	责任人	交叉验收意见	验收人
			□合格 □不合格 □整改	

2. 公司预验收

项目组模拟验收后，项目经理可提请公司预验收（见表9-2），预验收主体为公司 PMO 组织的验收小组。一般来说，公司对项目经理的要求是内部未验收或验收未通过，不得提交客户验收。

表 9-2 公司预验收

功能模块	验收标准	验收意见	项目经理确认

验收意见：

□验收合格，准予提交客户验收

□验收不合格，整改项为：＿＿＿＿＿＿＿＿＿＿＿＿＿＿＿＿＿

质量部门/项目验收标注（签字）：

日期：

3. 客户验收

项目经理提请客户验收，需要确定验收确认事项。如果客户有验收确认表模板，就可以直接用；如果没有，项目经理就要编制客户验收单，包括功能模块、交付成果、验收方法、验收标准/技术参数、验收结果及意见，并经验收部门和项目经理双方确认（见表 9-3）。

表 9-3 客户验收单

功能模块	交付成果	验收方法	验收标准/技术参数	验收结果及意见	验收部门确认	项目经理确认

验收意见：□验收合格　□验收不合格　□需复议

验收小组（签字）：

日期：

客户验收后，项目经理只是完成了公司方的要求。对于客户方，除了验收单，还可以考虑叠加项目验收总结报告（见表 9-4），以便客户对接部门向客户方领导报告，这也可以作为对接部门的工作成果。通常，验收单只能作为凭证，不能作为主报告。验收总结报告才是正式的文件，各项验收单、测试报告等可作为附件和凭证。

表 9-4　项目验收总结报告

项目名称：_____

A. 项目基本情况

　合同：名称、合同额、计划工期

　需求（功能模块）：主要功能、性能

B. 实施情况分析

　需求：增加、减少、替换

　进度：实际工期、偏差

　质量：缺陷、质量事故

　成本：增加、减少、替换

C. 项目评价

　项目执行情况评价：

　项目效果及效益评价：

　产品、技术、方法评价：

　部门协调、协同评价：

D. 经验总结与教训

　项目经验：

　风险控制：

　存在问题及改进建议：

E. 附件

　《项目验收确认单》

　《阶段成果确认书》

9.1.2　组合拳：项目经理主攻，销售辅攻

客户验收最好不要由交付项目经理单方面承担，最好和销售一起攻关。这里不讨论项目经理的职责划分和能力强弱问题，意思是需要打组合拳。在很多公司，项目经理和销售之间有明确的分工，确认、验收是项目经理的职责，回款是销售的职责。但在实践中，确认、验收、回款密切关联，不能完全分开。合理的做法是验收以项目经理为主、销售为辅，回款以销售为主、项目经理为辅，不能各自为政、单打独斗。因为验收环节必然涉及客户关系，项目经理对项目干系人的维护还是比较偏重技术交流的，这种相对单一的关系并不能完全覆盖顺利通过验收所需调动的客情关系，所以需要销售去配合和补充。

其实不仅在验收这个环节，在项目的很多其他环节中，项目经理和销售也是需要相互配合的（见表 9-5），这是一个机制问题。只有相互配合，才能实现组织能力的提升；不是单兵作战，而是协同作战。

表 9-5 项目各环节中项目经理与销售的配合

项目交付环节	销　　售	项目经理
执行合同	参与	主责
项目干系人管理	同责	同责
阶段确认/验收	参与	主责
回款	主责	次责

前面我们谈到了销售与项目经理交接棒，提出了交付前置和销售后延的机制设计。在项目验收、回款事项上，项目经理与销售相互配合，这也是对前文的呼应。术业有专攻，项目经理有项目经理的长项，销售有销售的本领。我们都希望项目经理成为全能型的人才，但现实中难以实现。跨行、跨专业没那么容易，看似简单的事情，只有当你真正去做时才会发现原来如此复杂。**笔者主张销售辅助验收也基于这样的考虑，因为对人情世故的把握、对项目干系人的关系把控，销售是强于项目经理的。验收事宜，项目经理主攻、销售辅攻，方能从容面对。**

凡事总有例外，如销售特别厉害，项目经理只管交付，只要工作完成得不太差劲，销售都能搞定验收。或者项目经理非常强悍，不需要销售介入，自己就能搞定验收。可惜这对销售和项目经理的水平要求太高，常规的组织很难复制，因此只能**将项目经理和销售在验收过程中"拼"成复合型人才。**

9.2
胜券在握：项目经理要使客户回款顺理成章

9.2.1 联动：不同阶段的回款策略

在项目验收以后项目经理如何让回款顺理成章，涉及很多技巧。**需要声明的是，回款的主责在于销售，但并不代表项目经理对回款没有责任。对于回款这件事，销售是第一责任人，项目经理是第二责任人；对于某些款项，两者共同承担责任。**

客户回款大致可分为投标保证金、履约保证金、预付款、阶段款（初验款、

项目管理场景技能

终验款)和尾款(质保金)几类。项目应收款的主责界定如表 9-6 所示,销售和项目经理基本上是按照前后阶段进行责任划分的。投标保证金、履约保证金及预付款,销售是第一责任人;进入交付环节后,项目阶段款、尾款,项目经理就是第一责任人。

表 9-6 项目应收款的主责界定

应收款类型	责任部门	第一责任人	收款条件	说 明
投标保证金	销售部	销售	开标结果公示	- 销售与财务核对投标保证金回收情况 - 制订收款计划,落实到人 - 销管(PMO)督促销售回款
履约保证金 (如有)	财务部	销售	终验	- 财务根据 PMO 提供的项目状态清理履约保证金应收账,制订收款计划 - 销管(PMO)督促销售回款
预付款	销售部	销售	合同签订	- 销售部/项目部根据合同确定预付款 - 销管(PMO)督促销售回款
阶段款	项目部	项目经理	阶段确认/验收	- PMO 根据合同和项目进展情况制订收款计划 - PMO 督促项目经理回款
质保金	项目部	项目经理	质保期结束	- PMO 根据合同和项目质保情况制订收款计划 - PMO 督促项目经理回款

预付款是在合同签订之初就已经约定的,一般情况下预付款(首款)没有到账,项目组不会轻易进场作业,因此回款难度不大。难度比较大的是初验款、终验款等项目进场后的回款,顺利回款不仅要靠项目经理的努力,还要综合考虑合同签订时对应的付款条件,如阶段款的设定和比重,这些都是与项目作业的进度密切相关的。我们一直强调项目经理要紧扣合同做项目计划,原因就在于此。从项目经营的角度看,项目技术维度的里程碑对公司经营来说没那么重要,与项目付款节点相关的那些节点反而更加重要。项目经理既要完成项目任务,还要完成阶段确认,更要顺利回款。

项目的阶段款是以阶段确认为前提的,一般情况下,合同约定付阶段款的次数不会太多。如果项目的阶段款有明确的时间节点要求,项目经理就必须在这个时间节点之前搞定阶段确认。通常,第一笔阶段款基本能够反映后续客户回款情况。有的客户相对积极些、快些,有的客户消极些、慢些,通过预付款或第一笔阶段款这两项回款，我们就基本能够摸清客户的风格。需要提醒项目经理的是，一定要弄清楚是客户本身的流程就这么长，才导致付款周期长，还是有人为障碍或项目问题导致付款延误。

还需要注意，项目回款和项目验收相关，但不是同一件事。项目验收偏重技术，只要技术和功能达到客户设定的目标，那么顺利通过验收一般不是问题。但是回款涉及财务、质量等多个部门及领导等多个角色，并不是对接部门、分管领导签完字以后，就能顺顺利利地回款。因此，在项目干系人维护中，一些辅助部门（如财务部门）的关系，如果需要打通，则务必打通。如果项目干系人正好包括这些部门，则刚好兼顾；如果没有包括，就需要求助于对接部门。在财务付款这个环节，项目经理不太有机会直接去催财务部门付款，需要对接部门帮助，这就考验了项目经理和对接部门的关系到底铁不铁、硬不硬。

💡 快问快答

Q：项目经理可以不管回款吗？
A：不可以。交付项目属于现金流项目，必须关注回款，并且项目阶段款、尾款（质保金）等与项目交付的进度、质量密切相关。项目经理如果不管回款，就会在无形中损害交付项目管理的完整性或置换项目目标，造成交付与销售相互扯皮、推诿。

9.2.2 水到渠成：回款考验日常功夫

项目回款要想顺理成章，有两个前提：第一个前提是顺利验收。任何客户付款都要走流程，这就需要相应的凭证（确认书、验收单等），否则就是缺项，过不了审批。第二个前提是了解付款流程且流程通畅。客户付款流程也有相应的财务规定，项目经理在做项目干系人维护时要打听好客户付款流程，知道需要走哪些审批环节。若发现流程停滞或被拒，就要弄清楚卡在哪个环节、哪位领导手中。

前面讲过，就算业务部门的审批都非常顺利，也极有可能卡在财务部门，这时就需要项目经理与对接部门发挥作用。试想一下，如果项目经理连付款流程都没有摸清，流程的审批人都不清楚，流程被卡在哪都不知道，则说明项目经理对

项目管理场景技能

项目干系人的维护不到位,连这些信息都不知道。厉害的项目经理一定知道流程走到哪、卡在哪,因为他们事前就做好了充足的准备。

一般来说,项目验收通过以后,回款原则上都不是大问题。回款不顺利有时是因为项目本身,有时是因为客户的资金现状不佳,有时是因为关系不到位。财务部门虽然是职能部门,却是强势部门,而对接部门与财务部门的关系好坏,项目经理只能接受,无法改变和左右。关系好,付款会更顺畅;关系不好,付款就会被拖延,这种拖延本质上不是针对项目的,而是针对对接部门的。但是既然我们与对接部门在一个战壕,就要一同承受这些。

从项目经理的角度看,项目回款是头等大事,但是从客户的角度看,付款仅仅是其众多事项中的一项而已。每天都有那么多笔款项要支付,客户会综合考虑每笔款项的优先性,并非付给我方的款项就是高优先级的。项目经理在维护项目干系人时,对于财务经理、财务总监及分管财务的领导,至少不要产生矛盾,将关系处糟糕,否则到最后付款的时候可能被刻意针对。如果关系处得好,则完全可以将我们项目付款的优先级提升。其中不是没有调整余地,只看愿不愿意而已。

9.2.3 释放资源:项目结项的目的

项目验收回款标志着项目客户界面的事宜全部结束,但是公司内部的事宜并未结束,项目经理还需要执行公司的项目结项程序。项目结项一般需要项目经理写一份项目结项报告(见表9-7),对项目的基本情况、总体评价、交付成果、过程评价、团队考核及遗留问题等做简要描述,类似于项目经理为客户提供的项目验收总结报告。项目验收是项目内容的结束,但并不是项目工作的结束,项目结项、绩效考核、激励等事宜均结束以后,项目工作才能真正结束。

表 9-7 项目结项报告

A.项目基本情况			
项目编号		项目名称	
项目经理		所属部门	
客户经理		客户名称	
项目开始日期		计划完成日期	
实际完成日期		项目结项日期	

续表

B. 项目总体评价

简述项目范围、特点、工期、质量、进度、成本等情况及项目管理过程合规情况

C. 交付成果

交付内容	预期目标	达成情况

D. 项目过程评价

- 客户评价：
- 项目计划：
- 进度、成本、质量偏差：
- 资源调配与跨部门协同：
- 项目干系人管理：
- 项目团队建设：
- 技术创新：
- 成果复用：

E. 团队考核

姓名	项目角色	总体考核	主要评价

F. 遗留问题

问题	描述	解决思路	责任人

项目结项后需要进行项目成果移交（见表9-8）。项目成果虽然在验收环节已

经提交给客户，但是在公司内部也需要相应移交，作为项目资产，以便后续核查。因为很多公司的项目交付和运维并不是由同一个团队负责的，如果不移交，后续运维团队就像进了新项目，这样对客户和公司均不利。这里的项目成果移交就相当于项目开始时销售与交付的项目交底。

表 9-8 项目成果移交（示例）

A. 项目基本情况

客户		项目名称	
项目经理		所属部门	
客户经理		项目结项日期	
质保开始日期		质保结束日期	

B. 合同主要内容

简述待完成的服务内容及关键条款

C. 成果物目录

类型	数量	存放位置	保管人	双方确认签字
系统				
设备				
文档				

D. 未尽事宜及特别注意事项

项目结项的基本要求是规范、及时。除了规定文档、交付物等要求，如果还有一些特殊要求，如软著、专利等，则需要趁着项目组热度未退时抓紧时间完成。如果此时不完成，就会导致后期补材料，比较麻烦，无形中增加了工作量。

项目结项最重要的目的是从业务层面停止项目，实现项目关闭，截至项目成本，并释放项目人员等资源。项目管理中经常出现这种困境，明知人效在降低，但是项目经理都不愿意释放人员，这就造成了人效在降低，人员却在不断增加的尴尬局面。从人均产值来看，人员应该是足够的，可是各部门和项目还在要人，关键就在于资源释放。

本章小结

- 确保客户顺利验收是项目经理的职责。客户对项目经理的真正肯定就是及时验收和按时付款,项目经理不要被表象迷惑。
- 项目经理在客户验收上要步步为营,将项目验收变成阶段的小确认加最终的大确认。
- 项目经理在回款上要讲究策略,针对不同的款项采取不同的应对方法,而且要与销售分工,打组合拳。
- 项目结项最重要的目的是关闭项目、释放资源。

第10章

好树结好果：
核算项目利润同步检验项目经理经营能力

场景案例22 考验项目经理真功夫的时刻到了

背景："WORKBRAIN"项目验收通过、回款到位、结项完毕，公司组织项目经营核算。

角色：曹主任、丁经理、洪经理、吴经理、徐总。

第一幕：PMO和财务一同核算项目利润

曹主任	丁经理，"WORKBRAIN"项目验收通过，全部回款了，结项也完成了。我们把这个项目的毛利核算一下，看看最终毛利和毛利目标相差多少。
丁经理	好的，曹主任，我们已经核算好了，稍等，我找出来。这个项目目前核算的毛利是32万元。
曹主任	32万元？超过目标了！原来设定的毛利目标是30万元。你核对一下明细，看看是不是有什么地方遗漏了，或者有成本没摊入。
丁经理	嗯，我再详细核实一遍，做成项目报表，让项目经理确认一下，你们PMO再复核下。
曹主任	好的，项目报表你做完了发给我，我转给洪经理，同步看一下。报表后面最好附上相应的明细，这样方便核对。

第二幕：项目经理核对项目报表

洪经理	曹主任，"WORKBRAIN"项目报表我看了一下，有个地方需要再核对一下。

曹主任	什么地方？
洪经理	我们当初讨论人工成本分摊的时候，小E是两边项目都兼的，我们说好了按照比例分摊。但是我看了一下明细，没有按照比例分摊，都算在"WORKBRAIN"这个项目里。
曹主任	是吗？我看看。还真的都算在"WORKBRAIN"项目里了。丁经理、吴经理，你们也看看。
丁经理	是没有分摊。这个分摊和对方项目经理沟通过吗？他认吗？
吴经理	这个分摊我们人力资源部和曹主任、袁经理、洪经理都确认过，大家都认可。后来我还在邮件里说明了。
丁经理	我们财务没看到这封邮件。下次这样的邮件你也发给我们财务，在做分摊的时候按照你们的约定去做就行了。
吴经理	好，我马上把确认邮件转发给你。以后这样的分摊，我发邮件时也抄送给你们，或者我们把成本分摊好，你们直接用我们的数据。
丁经理	我们财务最后引用你们的数据就好。
吴经理	好，没问题，以后就按这种方式进行。
曹主任	公司"WORKBRAIN"系统也快上线了，这些数据系统里都有，大家以后都可以直接在系统中查看。
丁经理	这样太好了，减少了我们的工作量，效率还更高了。以后项目预算、核算、决算都在"WORKBRAIN"系统里做。
曹主任	是的，好几个客户都上线了"WORKBRAIN"系统，我们公司自己也要上线。丁经理和吴经理多多支持。
吴经理	放心，我们一直支持。

第三幕：确定最终项目利润

丁经理	曹主任，我们重新调整了财务报表，最后核算的利润是33万元。
曹主任	洪经理，你还有什么意见？
洪经理	我没有意见了。
曹主任	恭喜洪经理，你们不仅达成了公司设定的项目毛利目标，还获得了超额利润，相当于帮公司多赚了3万元。

项目管理场景技能

洪经理	都是项目团队兄弟们拼命干出来的，公司一定要给奖励。我个人其实无所谓，主要是兄弟们太辛苦了，要劳有所得。
曹主任	好的，按照签订的项目绩效协议，项目结项考核完毕后就兑现项目激励。我向徐总汇报一下这个项目的情况，看看超额利润这块怎么奖励，因为公司原先没有相关的规定。我们既然要把这个项目做成双标项目，那就打个样，后面也可以按照这个样板去执行，同时鼓励项目经理都向获得超额利润努力。
洪经理	好，我等你的好消息。

第四幕：PMO 与总经理沟通超额利润激励事宜

曹主任	徐总，向您汇报，"WORKBRAIN"项目核算毛利是 33 万元，比原定目标 30 万元多出 3 万元。
徐总	小洪还超额达成目标啦？不错。
曹主任	是的，这个项目作为双标项目，客户满意、验收、回款也比较顺利，项目管理方面也做出了榜样。您上次说如果超额完成任务，就给特别的激励，算不算数？
徐总	当然算数，你想怎么激励？
曹主任	规定的激励标准是毛利的 8%，难度系数为 1.5，这样总激励金额就是毛利的 12%。项目结项考核虽然还没做，但是经营考核这方面相当于超额完成任务，因此考核得分肯定高。
徐总	按照规定走，该怎么激励就怎么激励，这个时候别抠门。
曹主任	徐总，那特别激励怎么确定呢？
徐总	这个项目超额完成了 3 万元毛利，就拿出 50% 作为特别激励，公司留 50%，看看大家的意见和反馈。如果可以，你们 PMO 就形成正式的规定，这样大家就更有干劲了。
曹主任	好的，我拟方案，然后请您审批。
徐总	小曹，既然这个项目是公司的双标项目，就要做出标杆的效果，多宣传。可以搞一个表彰大会，让大家都知道这件事，会上让小洪介绍经验，鼓励大家都向他学习。小洪虽然有时候脾气冲一点，但是在工作上的确是把好手。我们天天讲项目经理要与 CEO 同频

第 10 章 好树结好果：
核算项目利润同步检验项目经理经营能力

共振，从项目管理走向项目经营，这就是从管理走向经营的标杆案例。利润绝对是检验项目经理经营能力的绝对标准。

曹主任 是的，徐总。我也有这样的想法。项目经理就应当定位为经营角色，最后凭利润结果说话，这也是最硬气的。

项目经理要有目标感。项目管理的好坏、项目经营的效益，最终体现在项目毛利目标是否达成上。项目经理的核心价值是经营贯穿下的项目毛利达成，最终检验项目经理能力的并不是那些辅助的指标，恰恰是结果。**毛利目标达成与否，是决定项目经理能否胜任的关键要素。** 如同对销售的评价是业绩为上，如果销售人员达成了业绩目标，那么其他辅助指标，如日报填写、客户拜访、客户满意度等，虽有影响，但不能左右销售绩效评价大局。项目经理也一样，只要达成了项目毛利目标，那么至少能拿到中等评价，诸如计划完成率、员工满意度等只能作为补充指标。

好树结好果，我们用果子去判断和检验项目经理。项目经营考核既是对项目经理项目经营能力的检验，也是对项目作为最小经营单元的考验。试想，如果项目利润核算不出、核算不准，那么项目经营就是空谈，项目就无法作为最小经营单元来承接公司经营，公司经营和项目是脱钩的。**项目利润核算就是对项目经营成果的检验和考核，** 因此项目利润核算就是项目经理经营能力的绝对标准，容不得含糊，一切凭结果、凭数据说话。

10.1
烈火见真金：项目经营考核是对项目经理经营能力的绝对考验

10.1.1 算账：项目成本核算与结算

项目经营考核之前要对项目成本做相应的核算。核算的目的一方面是将相应成本正确归入项目，另一方面是算出项目真正实现的毛利。

项目结算的要义是及时和准确（见图 10-1），因为项目结算中的数据要作为项目结项、考核、激励等的输入。项目结算不仅为这些动作提供数据，也反哺后续同类项目预算。可以这么说，在前期项目预算管理不太成熟的情况下，项目经理要为每个项目单独编制预算和进行立项评审。当项目数据积累到一定程度时，可以形成同类项目预算的参照线，届时项目预算就不再需要项目经理一笔一笔地估计，公司可以直接给出相应的标准和参照系数。

准确 → 及时 → 项目结项 项目考核 项目激励 → 数据 反哺预算

图10-1 项目结算的要义

🎯 小贴士

名词解释

- 项目预算：是指对项目预计支出的成本费用的估算，以确定项目成本定额，并在项目各具体的活动或事项上进行分配，此外项目预算还要框定项目开支的使用范围和规则，并为项目绩效（毛利目标）提供依据，项目预算的主体为项目经理或PMO。

- 项目核算：是指对项目过程中实际发生的成本费用的复核、评估和统计，不仅是对项目各种成本、费用的统计考核，还要建立项目成本清单，对项目成本按照费用类型（科目）、阶段等进行分门别类，为后续项目核算提供准确的数据基础，项目核算的主体为PMO或相关财务人员。

- 项目结算：是指项目验收后对项目实际成本的核对与审定，并与项目预算进行总体和分项审核，以确保项目结算的准确性，项目核算为过程复核，项目结算为总体审定，项目结算的主体为PMO或相关财务人员。

- 项目决算：是指对项目目标、绩效的经济性评估，反映了交付项目的最终经济结果，对交付项目而言即项目毛利，项目决算的主体为PMO或相关财务人员。

项目结算的最终结果是审定的项目报表。项目报表贯穿项目过程和项目结项两个阶段。结项阶段侧重于项目报表的确定和审定，就像审计财务报表一样。过程阶段的项目报表侧重于流水式记账，以真实记录为原则，并不做过多调整。项目结项以后，则需要对相应的内容进行一些调整和审计，形成最终的项目报表，这样就经过了业务真实性、合理性和财务专业性的双重审核。

项目成本结算分为以下两部分。一部分是人工成本决算。因为大家在这方面的矛盾或分歧相对来说是比较大的，所以需要和人力资源部一起确定项目人工成本分摊的规则和标准，把话说在前面，后面就按照规则和标准去做。另一部分是人工成本之外的成本核算，项目经理会同或依靠财务、采购部门就能确定，因为外采物料、设备、辅料等，以及外协、外包的工程，相对来说比较明确，容易核算。

人工成本结算涉及多方复核，既有项目经理对项目中发生的人工成本的复核，也有人力资源部及相关部门经理、项目经理对人工成本及人员进驻项目时间的复核。项目人工成本结算对项目管理来说是非常重要的，因为人工成本在项目成本中占的比重比较大（见表10-1）。项目经理、PMO、HR对此要给予重视，否则**项目经营分析采集的数据就会失真，所有关联决策就会失误，对应采取的动作也会无效**。

表 10-1 项目人工成本结算

姓　名	职　级	工资标准	工　时	初步合计	复　核	审　定	备　注

项目结算是将项目的收入、成本费用、毛利（核算利润）等数值复核清楚、最终审定（见表10-2）。项目结算需要借助财务的专业知识和力量，各相关部门对相应的成本做复核。例如，采购部门复核采购的物料、设备等成本，人力资源部门复核人工成本。

表 10-2 项目结算

科　目		计算公式	预算值	结算值	差　异
收入	①				
税金及附加	②				
销售费用	③				
直接实施费用	④				
采购成本					
外协、外包费用					
人工成本					
固定工资					
社保福利					
项目奖金					

续表

科　　目		计算公式	预算值	结算值	差　　异
管理费用					
财务费用					
间接分摊费用	⑤				
公共费用					
项目毛利	⑥	⑥=①-②-③-④			
毛利率（%）					
核算利润	⑦	⑦=⑥-⑤			
核算利润率（%）					

至于销售费用（含销售、解决方案的人工成本）是否纳入交付项目核算，要视公司的具体情况而定。为了保持预算的完整性和连贯性，营销阶段的项目预算和交付阶段的项目预算应该具有同一维度、同样的科目，但如果公司已经切分了营销域和交付域，销售费用就不宜在交付项目结算中体现。

但这又涉及另一个问题，那就是销售费用不仅产生在营销环节，在后续的交付环节中也有销售人员的相关投入。如果在做前期预算时并没有将后续的销售配合成本纳入其中，就会导致销售在交付阶段的成本没有归处，变成销售部门的例外费用，或者销售人员"倒贴"。因此需要通盘考虑，或者换一种思路，将销售在交付阶段发生的费用都纳入交付成本，但这又会给会计处理带来麻烦，因为销售人员成本不便纳入实施成本。

笔者一直倡导交付前置、销售后延，就是为了解决这个问题，其实可以变通处理。销售人员在后续交付环节产生的费用计入交付实施成本，同样，交付人员前端支撑、技术交流的成本也要计入销售费用，同等对待，然后采取部门之间结算的方式解决。笔者之所以主张将销售后延和交付前置的成本都纳入其所支撑的环节，就是因为"呼唤炮火要承担呼唤炮火的成本"，防止滥调资源。

项目决算后需要确认和审批（见表10-3）。审定项目最终的毛利、核算利润将用于对项目经理进行经营考核，因此复核、审定项目利润是非常严肃的组织行为，需要相关部门确认。当然，如果所有数据都已经在系统中确认和复核，就无须走审批程序，直接核算即可。

表 10-3　项目决算审批

项目名称		客户	
归属部门		项目经理	
项目毛利		项目核算利润	

项目经理确认（签名）：

时间：

项目归属部门确认（签名）：

时间：

财务部审核意见（签名）：

时间：

销售部审核意见（签名）：

时间：

PMO 审核意见（签名）：

时间：

总经理审核意见（签名）：

10.1.2　经营考核：考验项目经理的经营能力

在进行项目经营考核之前，先要明确交付项目的本质。交付项目从本质上说是现金流行为，是企业最重要的项目类型，因为其他项目类型都要靠交付项目所带来的利润和现金流来输血和供养。无论是技术开发、产品开发还是管理改善类项目，都是短期内不能创造直接现金流的，唯有交付项目能为公司提供各类活动的现金。当然非经营性的公司行为除外，如融资、政府补贴等，属于营业外收入，

项目管理场景技能

这里不做讨论。

项目经营考核是在项目结项后对项目的预期目标达成情况进行计算和评估。一般来说，项目经营考核可以只考量某项指标，也可以综合考量多项指标。项目经营考核的主要指标有收入、产值、毛利、回款、成本费用、核算净利润等（见表10-4）。

表10-4 项目经营考核的主要指标

序号	指标名称	优 点	缺 点
1	收入	简单	- 不能反映成本、利润及现金流 - 不能体现项目进度（会计准则要求验收后一次性确认）
2	产值	准确反映项目进展（完工比）	- 不能反映成本、利润及现金流
3	毛利	突出项目经营结果	- 不能体现间接费用
4	回款	强调现金流	- 回款和确认收入、产值不同步
5	成本费用	强调成本费用控制（含成本结构）	- 与预算强关联，以项目预算准确、合理为前提
6	核算净利润	项目盈利核算更细致	- 操作复杂 - 时间滞后更多

产值是项目的确定收入，或者是公司内部结算的工作量，但是产值并不能直接反映出项目的利润情况。回款关系到现金流，是否将其作为主要指标，各公司可以根据自身情况选择。如果项目需要垫资或现金流紧张，回款就是当前的重点，就有必要将回款作为重要的考核指标。

如果一定要给上述项目经营考核主要指标排序，建议以毛利作为最重要的指标，其次才是产值和回款，这是因为这几个指标考虑的重点不一样，只有毛利关系到项目经营结果。之所以推荐用毛利而非核算净利润作为项目经营考核的主要指标，是因为**项目经理不能掌控间接分摊费用，我们不能要求项目经理对其不能控制的内容负责。**

在指标的权重划分上，建议毛利（核算净利润）作为主指标，权重不低于70%，其余指标总权重不超过30%，且控制在2项以内，根据项目类型、属性及公司的当前经营导向来确定。如果公司当前强调成本控制，就可以将成本作为项目经营考核的主要指标。这里的成本控制不仅是总额控制，还要反映出成本的结构情况。例如，有的项目总成本没超，但是一些细化的分项成本如人工成本超了。

项目利润指标包括毛利和核算净利润（见表 10-5），这两个指标可以采取不同的计算方法。需要提醒的是，项目利润指标并非越"净"越好，要根据具体情况选用，不仅要考虑项目属性，还要考虑公司的经营导向和要求。

表 10-5　项目利润指标

指标名称	定义/公式	备注
毛利	毛利=核算收入-税费-第三方成本费用-直接实施费用	- 第三方成本费用包括采购、外协等非公司方的成本费用 - 直接实施费用包括公司方产品、设备、人工成本、差旅费用等
核算净利润	核算净利润=毛利-间接分摊费用	- 间接分摊费用为公共费用的分摊

需要说明的是，项目利润为收入减成本，但是项目收入核算方式有三种（见表 10-6）。第一种直接采用收入；第二种采用分配收入，即按照领域或体系分配收入；第三种采用项目预算，即将项目预算视为项目收入。当然，无论采用哪种方式，对核算收入的定义都要统一，以保持政策的延续性。

表 10-6　项目收入核算方式

核算方式	定义	说明
收入	会计准则要求	
分配收入	分配收入=收入×分配比例	相当于收入在公司领域间分配，思路如同费用包模式，需要在公司层面分配
项目预算	项目交付的成本预算	存在博弈过程

项目经营考核一定是计算出来的，而不是评价出来的，也就是说所有的考核指标最终的计算公式一定是数学公式，而不是几位评委的综合评价。另外，营销阶段预估的毛利及计划预算阶段测算的毛利都只是测算，并不是真实的项目毛利，只有项目结项以后，才能真正确定项目毛利，并且需要进行差异分析，找到差异点。除了查看毛利目标的达成情况，还要进行毛利增量部分的认定，这和项目激励相关。

项目经理需要思考为什么项目利润核算不到位。一方面是技术上的原因，如账算不清楚、缺少相关数据、项目级核算工作量太大、人手不够、相关人员的能力不够等。另一方面是意识上的原因，如老板不想把账算得那么清楚，因为这涉及商业秘密，账算清了，就没有秘密可言了。其实算账没那么难，难的是后续的应用和兑现。

项目经营考核是对项目经理经营能力的绝对考验，它是一个非常硬性的要求，效果和信度都非常高。我们经常谈项目经理的能力评估和价值评价，其实项目经营考核本身就是考验项目经理能力的极为可靠的标准。所谓真金不怕火炼，能否经受住项目经营考核的真火考验，非常反映项目经理的真功夫。因此，识别和评价项目经理不要依靠述职，而要依靠项目经营结果；项目经理的任职资格也要不同于一般员工，要加入经营的硬性要求。

10.2
出类拔萃：超额利润才是项目经理创造经营价值的显著体现

10.2.1 超额利润：合格与卓越项目经理的区分

我们经常讲创造价值、实现价值和分配价值，那是公司层面的 LTC 业务流在贯穿价值链；具体到项目层面（特别是 OTC 阶段），就需要落实在具体的项目场景和行为上。对交付项目经理来说，项目是销售拿下单子交给项目经理去实施的，验收、结项、回款等都是项目经理对交付项目价值的实现，但并没有体现出价值创造。项目经理的价值创造一定是超额利润和增量价值，其余都是价值实现或传递。项目经营在项目过程中体现价值的行为分散在项目场景中，具体如表 10-7 所示。

表 10-7 项目经营在项目过程中体现价值的行为

价值过程	项目经理行为
价值创造	- 超额利润（项目利润核算）
价值实现/传递	- 项目人员调整（项目监控与过程考核） - 问题改进（项目核算及经营分析预警） - 阶段确认和验收（客户验收与回款） - 项目人员考核（项目整体考核与人员考核）
价值分配	- 结构化分配（项目激励与分配）

实现项目毛利目标只能表明项目经理的经营能力合格，获得超额利润才是项目经理经营能力的显著体现，这也是项目经理在项目经营上合格与卓越水平的区分（见表 10-8）。这里的合格和卓越是针对经营型项目经理而言的（+3 段位），是

优中选优、好上加好，因为管理型项目经理和经营型项目经理本来就处于两个段位。

表 10-8　卓越与合格项目经理的差异

水　　平	价值行为	目标体现
卓越	价值实现+价值创造	超额利润
合格	价值实现	预算项目目标（正常含修订）

超额利润和增量价值就是超出项目经营目标的部分。举例来说，某项目在交底时预算的项目合同金额是 80 万元，项目经理接受后制订项目计划和预算，预计项目实施成本为 50 万元，初步核定的项目毛利为 30 万元。然后项目经理带领项目团队实施交付，最后实现了项目毛利 35 万元，那么超出的 5 万元就是项目创造的超额利润。对应上面所说的经营型项目经理的合格与卓越之分，实现毛利 35 万元，创造出超额利润显然是卓越水平；仅实现 30 万元毛利，就是合格水平。

为什么如此强调项目经理创造价值和获得超额利润？这是因为这关系到项目经理的职业空间。如果项目经理只停留在目标达成上，只能说项目经理是合格的，但依然停留在做事的层次上，并没有捅破项目经理的职业天花板。只有创造出超额利润，才表明项目经理在其岗位上是价值溢出的，具备了经营管理者的触发条件，其晋升就是自然而然的。项目经理职业发展参见 12.2 节。

10.2.2　共创：超额利润的实现路径

超额利润和增量价值不是凭空而来的，而是项目经理与项目成员和销售一起创造的。这里的创造可以理解为"无中生有"，不仅要实现原定目标，还要取得超出预期的结果，这就要求项目经理既要在"时来天地皆同力"时顺势而为，也要在"运去英雄不自由"时逆境翻盘。

超额利润的实现路径无非开源、节流两方面。具体来说，第一降本，第二提效，第三谋求收入增项（见表 10-9）。相对来说，项目经理擅长降本、提效，谋求收入增项则难度较大，这相当于项目经理在已有项目的基础上另加一个项目，从而增加了收入。

表 10-9 项目超额利润的实现路径

路径	方法	备注
降本	- 运用成熟产品及技术 - 减少二次开发量 - 自己承担项目任务 - 压缩项目组人数（少用人） - 节约差旅费	降本的前提是保证质量
提效	- 人员及资源复用 - 及时、快速释放资源 - 杜绝返工	涉及公司内部、项目组之间的成本转移
谋求收入增项	- 额外服务、配件的收费 - 衍生项目并行作业 - 导入资源变型	客户认可和买单

超额利润设定的目的是鼓励项目经理创造价值，这就要求项目经理在项目过程中既实现项目价值，又创造额外价值。因此，对于实现超额利润的项目，不仅评价系数要上浮，还需要增加特别激励，当然最直接的是超额利润分享（共享），参见 12.1 节。

本章小结

- 项目利润是对项目经理真功夫的绝对考验。项目经营考核既是对项目经理项目经营能力的检验，也是对项目作为最小经营单元的考验。
- 达成利润目标只能表明项目经理实现了项目价值。超额利润和增量价值才是项目经理创造经营价值的显著体现。

第11章

力出一孔：
项目整体考核贯穿于项目人员考核

项目经营考核从经营的角度审查项目经营结果，但项目的整体考核不仅局限于项目的经营指标，还要兼顾项目管理中的其他部分。同时，项目整体考核和项目经理考核及项目人员考核要实现联动，项目经理要将项目整体考核贯穿于项目人员考核，预防项目整体考核和项目人员考核脱节，否则就会导致项目考核数据失真，无形中将责任完全置于项目经理一人身上，这不利于后续的人员调整。项目经营考核和项目激励也要实现强关联，如干得好，项目奖金就上浮；干得不好，项目奖金就下调。

项目整体考核要尽量做到客观、公允、合理，让大家接受和服气，避免项目组质疑项目考核的公平性和严谨性。项目结算、经营考核、项目总结就是对项目经营的复盘。这里需要解决一个难点问题，就是当不可抗力或突发事件出现而使项目成本、进度、毛利出现较大偏差时，到底要不要剔除这些因素的影响？笔者的建议是，如果的确是不可抗力造成考核结果较差，则需要充分审视和考量，对于那些项目经理、项目组不能控制的因素，可以考虑予以还原和修正。

项目中的人员考核其实是项目管理和人力资源管理的交叉，也属于人力资源绩效考核的范畴，既要依托项目场景来收集员工的绩效表现，确保考核反映了员工真实的工作表现，还要进行相应转换，以解决员工在多项目间轮转、项目和非项目期间评价间断等问题。因此项目人员考核的目的很明确，就是要以项目维度下的人员考核数据作为员工个人绩效考核数据的输入，将员工绩效考核转化为项目中人员考核结果的汇总和综合。

11.1
集体高于个体：项目整体考核决定项目经理及项目人员考核

> **场景案例 23　项目终于迎来结项考核**

背景："WORKBRAIN"项目结项，PMO 组织整体考核。

角色：曹主任、丁经理、王经理（H 公司质量经理）、吴经理、郑经理、洪经理。

> **第一幕：PMO 组织项目整体考核**

曹主任　各位评委，今天请大家对"WORKBRAIN"项目做整体考核。现在大家手里的是项目启动时与项目组签订的绩效协议，我们就按照协议确定的绩效指标和标准进行评价。请财务、质量、人力资源、PMO 的部门代表分别对相关指标进行评价。

丁经理　我先说。"WORKBRAIN"项目回款及时，我们在做项目核算时，算出最终毛利为 33 万元，已经超出原先设定的 30 万元目标，经营考核满分。

王经理　我与客户对接部门做了沟通，对方反馈了正式的项目满意度评价表，整体对项目是非常满意的，客户满意度也是满分。

吴经理　有位项目成员 C 对项目组和项目经理提出了异议，我们经过复查，发现其实是 C 的工作业绩不佳，项目组其他人在帮助他，但是 C 不太领情，还觉得被不公平地对待。这里我象征性地扣 5 分，满分 100，给 95 分。我们也收集了几个项目成员的评分，采取 5 分制，最后的得分是 4.5 分。所以关于人员满意度，人力资源部给予的最终评价是 90 分。

曹主任　项目的总体计划完成率为 100%，虽然个别里程碑有所延误，但项目组赶工弥补了，没有造成实质性的影响。项目进度也是按照合同约定的时间节点进行的。对于计划完成率和进度，PMO 的总体评价是 95 分。

郑经理　这个项目我也一直在跟进，客户对项目的满意度是非常高的。接下

		来应该会延伸一个数据库项目，我们已经开始和客户洽谈了，而这个项目需求是我们和洪经理一起洽谈的，我觉得在客户满意度和经营考核方面应该还要加分。当然现在已经是满分了，加也没办法加了。
曹主任	好，大家都已经给出了相应评定，我汇总一下，总体得分是96分。按照项目管理规定，考核等级是优异（S），对应的激励系数是1.5。大家有没有异议？
丁经理	没有异议。
王经理	同意，没意见。
吴经理	同意。
郑经理	完全同意，如果项目经理都像洪经理这样作业，我们销售就放心多了。
曹主任	好，既然大家都没有异议，项目考核结果就确定了，感谢大家参与。

> 第二幕：PMO 与项目经理沟通考核事宜

曹主任	洪经理，"WORKBRAIN"项目考核结果出来了，考核等级为优异（S），激励系数是1.5。
洪经理	太好了，感谢公司的认可，感谢曹主任的支持，这也是对项目组几个月工作的肯定。
曹主任	这个项目是双标项目，客户满意，公司也满意。还有件事，项目整体考核由我们组织，但项目人员考核需要你给出评价，我们尊重你的意见。
洪经理	在上次项目过程考核中，我对他们已经做了一些评价，现在结项考核，我对项目成员做个总体评价。对项目成员A的评价是优秀，对B的评价是良好，对C的评价是不合格，对借调的项目成员E的评价是良好。
曹主任	你的员工评价都已经做完了？速度够快的。
洪经理	在项目过程中，我随时都在观察大家，谁的工作做得怎么样，我心中都是有数的。其实不用评价，我也能给出大致的考核等级。我和他们也沟通过了，当然C是不满意的，我也知道他找人力资源部申诉了，但是我坚持自己的意见。
吴经理	项目中的人员考核，我们完全尊重项目经理的意见。这件事我也和

项目管理场景技能

洪经理　相关人员了解了情况。我们认同你的意见，那个投诉不成立。

洪经理　那项目中的人员评价，我评价的分数就可以算数了？

吴经理　当然算数，但是我们需要根据项目的整体考核结果，对项目的人员评价做一些微调，因为项目整体考核评价是优异，所以 A、B、E 这三个人的考核等级就可以上浮一级，这样 A 的评价就是优异，B 和 E 的评价就是优秀，C 不调整。

洪经理　好的，我没有意见。

11.1.1　其意自现：项目考核是手段，不是目的

在现实中，项目经理和 PMO 往往认为项目考核徒增烦恼、无功无效，都不愿意去做这件事。大家需要先弄清楚一点，就是项目考核到底是手段还是目的？在笔者看来，项目考核只是手段，并不是目的。项目考核的目的是反映项目的经营结果、管理状况，从而能够优胜劣汰，可惜现实中项目经理经常把项目考核当成程序任务，应付了事。

如果项目考核本身既不能发挥识别作用，又不能达到导向目的，就是劳民伤财，导致大家的注意力方向发生偏移，把精力放在抽查资料、复核等程序性事务上，对评价分数、等级、系数等斤斤计较，进而陷入解释、倾诉、不满等情绪。这就无形中降低了项目考核的功效，没有真正认识到项目考核的目的和作用。

项目考核是项目管理和经营管理、绩效管理的融合（见图 11-1）。考核是手段、工具，而不是目的，以考核促改进才是项目考核的意图，项目经理不能本末倒置。**项目考核就是要发挥指挥棒作用，引导项目管理更加支持经营，为项目管理水平提升提供相应的数据和素材。**

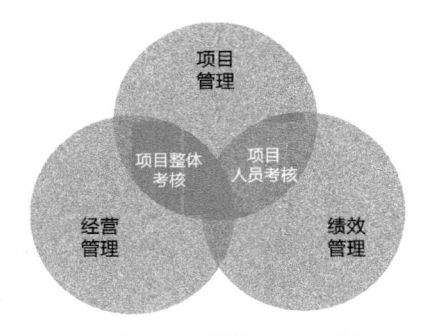

图 11-1　项目管理与经营管理、绩效管理的融合

项目考核应该是一件水到渠成、其意自现的事。如果不是，那么要么考核目的不正，要么业务理解不到位，要么项目管理思路不清晰。大家经常觉得项目考核烦琐，那么该如何让项目考核既准确又省事呢？答案是必须以终为始，从客户满意和实现毛利出发，倒推项目考核内容和要求，将进度、成本、质量三要素嵌入项目过程考核，将投入成本匹配、人效等作为项目结项考核（见图11-2）。

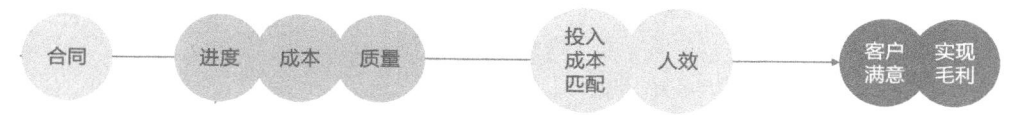

图11-2　项目考核要以终为始

11.1.2　双维考核：经营考核与管理考核并行

项目整体考核是双维考核（见图11-3），经营考核与管理考核缺一不可，不可偏废。项目经营考核决定项目考核大方向，其他辅助考核只起调节作用，最终的输出是评价的分数或等级。但项目整体考核的目的并不是给出分数，而是通过考核筛选出那些在项目经营管理方面做得比较好的项目及优秀的项目经理，然后形成标杆和典型案例，让更多项目经理向标杆学习，因为榜样的力量是无穷的。

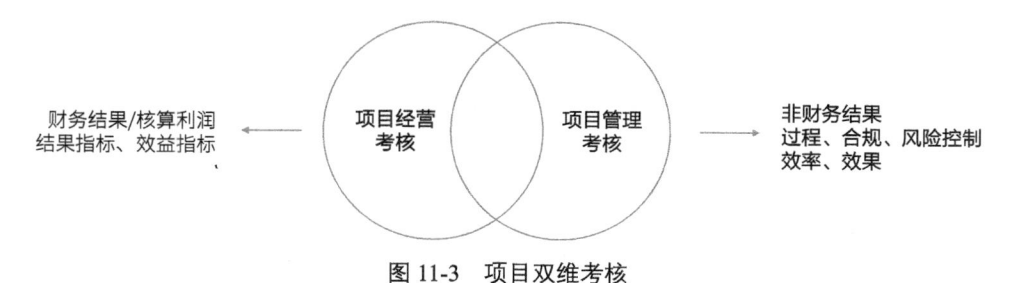

图11-3　项目双维考核

项目整体考核从组织意图的角度来说就是以确定性对抗不确定性。项目经营考核和项目管理考核结果组成项目考核结果二维矩阵(见图11-4)，具体情况如下。

- 经营考核和管理考核均好的项目，就是典型经验或标杆案例，可以当作成功模式推广。
- 经营考核好、管理考核差的项目，需要思考项目管理本身是否无效或缺位。
- 经营考核差、管理考核好的项目，需要排查原因，为什么管理动作到位，经营结果却不好，找到其中的问题点。要么项目本身就底子差、利润少，

项目管理场景技能

要么反映出项目管理动作对项目经营结果并无影响。
- 对于双维考核均差的项目，需要质询和问责。

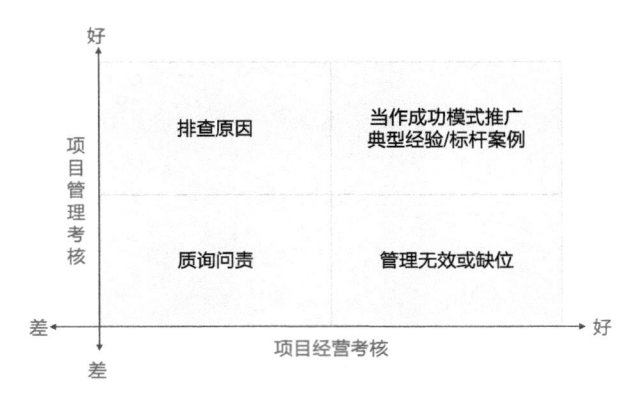

```
         好
         │
项       │  排查原因    │  当作成功模式推广
目       │              │  典型经验/标杆案例
管       ├──────────────┼──────────────────
理       │              │
考       │  质询问责    │  管理无效或缺位
核       │              │
    差 ──┴──────────────┴──────────────→ 好
         差    项目经营考核
```

图 11-4　项目考核结果二维矩阵

项目整体考核要以在立项阶段签订的项目绩效协议为标准，做到有理有据，不能协议是协议、考核是考核，变成"两张皮"。项目整体考核的重点是经营目标，查看项目毛利目标的实现情况及关键的项目管理指标状况。项目整体考核从根本上说是公司对项目成功与否的判定。

需要提醒的是，一般情况下，我们会把项目整体考核和项目经理的个人考核当作同一件事。不同公司情况不一样，但是经验表明，当作同一件事比当作两件事的效果更好，因为项目经理要对项目结果负责。这样做可以避免项目整体考核特别差而项目经理个人考核特别好的怪象。

11.1.3　准确又省事：项目管理考核的策略

项目管理考核要按照项目绩效协议中规定的内容进行评价，重点是管理类的指标考核。可以沿用项目过程考核的主要内容，不建议完全用项目结项考核来代替项目过程考核，两者都要占一定的比重。这样既体现了过程监控，也体现了结果导向，两者相结合才是稳妥的。项目结项考核可以在进度、成本、质量三要素基础上增加满意度等指标，以较为全面地反映项目管理全貌（见图11-1）。

表 11-1　项目结项考核

类型	指标	目标值	实际情况	得分	权重	备注
进度	项目工期偏差					
	项目进度偏差					
成本	成本控制					
质量	需求分析					
	缺陷					
	问题整改					
满意度	客户满意度					
	项目团队员工满意度					

项目过程考核得分：

项目结项考核得分：

项目管理总体考核得分（过程×20%+结项×80%）：

评价等级：□优异（得分≥90）　　□优秀（80≤得分<90）　　□良好（70≤得分<80）

□及格（60≤得分<70）　　□不及格（得分<60）

一些复杂的项目需要按照分类进行项目评价，这就需要形成比较复杂的项目绩效评价报告（见表 11-2）。相关部门分别对客户满意度、产品应用、质量、风险管理、预算及成本、项目人员管理、进度及项目管理等内容进行详细评价。

表 11-2　项目绩效评价报告（示例）

项目标识			
项目名称：		客户名称：	
项目经理：		评价日期：	

项目基本数据

成本			
项目基准成本	最终成本	成本超支	成本变更频次

进度			
里程碑基准	按时完成数目	进度基准	项目总耗时	项目超时

范围		
需求基准数目	最终交付成果	范围变更频次

续表

质量		
质量问题数目	纠正措施数目	质量达标率

各部门按照分工对如下指标进行评价，评估结果采用 3 分制：1—不满意；2—基本满意；3—超出期望，非常满意。

A. 客户满意度评价（销售部门负责）

序号	指标	评分标准	得分	结论及签字

B. 产品应用评价（产品部门负责）

序号	指标	评分标准	得分	结论及签字

C. 质量评价（质量部门负责）

序号	指标	评分标准	得分	结论及签字

D. 风险管理评价（风控部门负责）

序号	指标	评分标准	得分	结论及签字

续表

E. 预算及成本评价（财务部门负责）

序号	指标	评分标准	得分	结论及签字

F. 项目人员管理评价（人力资源部门负责）

序号	指标	评分标准	得分	结论及签字

G. 进度及项目管理评价（PMO 负责）

序号	指标	评分标准	得分	结论及签字

项目管理考核想要既准确又省事，诀窍就是在数据上做文章（见图 11-5）。如果没有数据，考核人员的精力就会被数据收集和鉴别牵扯，项目管理考核非但不会省事，反而会"闹心"和"糟心"。

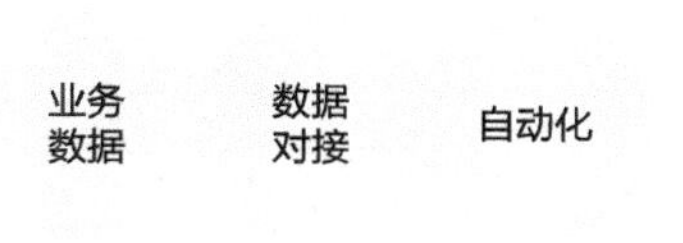

业务数据 → 数据对接 → 自动化

图 11-5　项目考核准确、省事的诀窍

项目管理考核应尽可能抓取业务数据，而不是 PMO 或项目经理额外收集数据。考核抓取业务数据的好处是业务数据是现成的，无须增加太多成本；考核的目的就是反映出业务的真实情况并公允地评价业绩好坏，因此业务数据取自业务，并反馈给业务。

考核数据可以考虑与其他系统进行数据对接（见图 11-6）。项目实施过程中的

项目管理场景技能

数据既包括结果数据,也包括行为数据。项目考核以结果数据为主,可适当将行为数据作为补充,通过小工作量的管理动作即可完成行为数据的采集。如果能够做到自动化就再好不过,如 CRM、PLM、ERP、SCM 等系统能够自动抓取数据,然后利用算法模型统计这些数据,最后利用可视化技术将考核结果形象地展示出来。

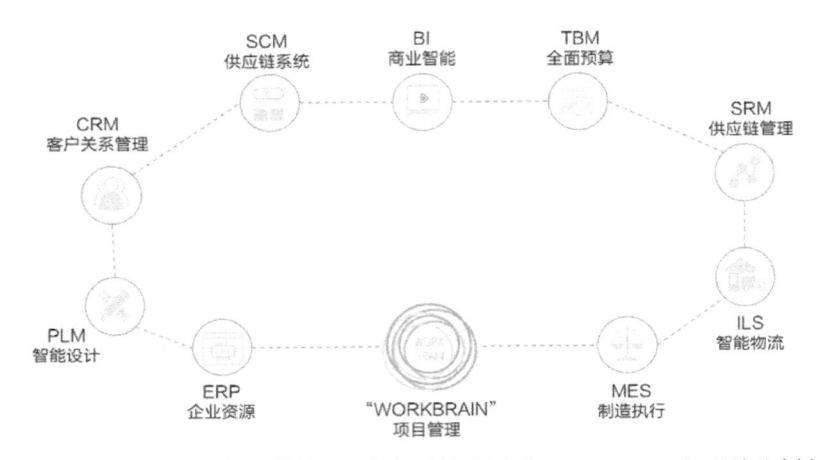

图 11-6 项目考核数据与其他系统数据对接(以"WORKBRAIN"系统为例)

需要提醒的是,此处自动化的本质是抓取数据而非创造数据。

11.2 让数据得罪人:项目经理在项目人员考核中的理性和人情

场景案例 24　项目经理献策项目人员考核

背景:项目中的人员考核"两不管",部门经理和项目经理都在推,HR 正为此苦闷。

角色:曹主任、吴经理、洪经理。

第一幕:关于项目人员考核,HR 遇到了难处

曹主任　吴经理,怎么了?愁眉苦脸的,是遇到什么难题了吗?

吴经理　别提了,我正在为项目中的人员考核头疼呢。让部门经理考核,部门经理说人在项目上,他们不了解情况,不愿意考核。让项目经理

第 11 章 力出一孔：
项目整体考核贯穿于项目人员考核

考核，项目经理说不是他的人，他只知道项目期间的情况，也不愿意考核。两头都指望不上，"两不管"。

曹主任	别郁闷了，我给你出个主意，保证能解决你的问题。
吴经理	真有好主意？快说。
曹主任	前段时间，我组织"WORKBRAIN"项目结项考核，发现洪经理把项目组中的人员都考核好了，做得挺不错的。你跟他聊聊，应该能解决你现在的问题。
吴经理	真的吗？
曹主任	当然，我会骗你吗？现在项目考核归我管，人员考核归你管。这两种考核要整合、联动，不要脱节了。
吴经理	我们现在就去找洪经理。
曹主任	你性子还是这么急。别去客户那儿找他了，下午他要回公司开会，我帮你留住他，到时候我们一起聊聊这件事。
吴经理	下午几点？我把时间空出来。
曹主任	16:30 左右，到时候我们直接到人力资源部找你。

> **第二幕：HR 向项目经理问计**

曹主任	吴经理，我替你把洪经理请过来了，把你想了解的问题也简要跟他说了。你们直接沟通，我就先回避了。
吴经理	你为什么回避？一起聊，这件事也和你们 PMO 相关。
曹主任	好，那我就在旁边学习学习。
洪经理	你们两位领导别调侃我好不好？有事直接说。
吴经理	洪经理，是这样的，项目人员考核一直"两不管"。找部门经理考核，部门经理说这些人都在项目上，不在部门，他们不了解情况，就算让他们去考核，他们也要找项目经理问情况，还不如直接让项目经理考核。找项目经理考核，项目经理说，他们只能考核这些人在项目期间的表现，其余的他们也管不了，最好让部门经理考核。你看多尴尬。
洪经理	这的确是个问题。曹主任跟我说了这件事后，我也在思考，觉得并

项目管理场景技能

不是没有办法解决。

吴经理 我就知道你有办法。

洪经理 项目中的人员考核，其实还是要采集项目经理的考核数据，但现在的问题是项目中人员的状况比较复杂，有可能在项目上，也有可能不在项目上；有可能在一个项目上，也有可能在多个项目上。这就需要我们做好统计工作，工作量比较大。

吴经理 工作量的问题先放一放。你说的统计工作是不是指人力资源部收集这个员工在每个项目中的绩效表现，然后做出综合评价？

洪经理 就是这个意思。

吴经理 问题是该怎么综合呢？另外，关于项目中的人员状态，我们人力资源部又不能完全掌握。

曹主任 这个问题马上就可以解决了。我们公司自己的"WORKBRAIN"系统马上就要上线了，可以直接标识出人员状态。

洪经理 上线了"WORKBRAIN"系统，工作量就不成问题，系统可以直接统计。

吴经理 这真是"打瞌睡就有人送枕头"。有一个细节我想问一下，一个人在多个项目上，我们怎么统计他的绩效考核分数才合适？是取算数平均数，还是加权平均数？

洪经理 吴经理，你跟曹主任商量，这方面他们是专业的。算数平均数简单，但是也有问题，因为项目的大小不一样、难度不一样，项目经理的评价也有松有紧，需要综合考虑。

曹主任 这些都是技术问题，不用担心。你先考虑思路的问题，就是洪经理现在提出这个思路，能不能解决你的问题？

吴经理 能解决我的问题。

曹主任 那你还担心什么？系统上线以后，我们给项目赋权重，设定好规则以后，由系统抓取相应的数据，直接算好了。

吴经理 对，"WORKBRAIN"系统中的个人工作台是可以直接展示的。我的问题总算解决了，太开心了。谢谢洪经理，也谢谢曹主任。

洪经理 不客气。

11.2.1　授权：项目经理考核项目成员

项目经理负责制的检验标准中有一条是考核权。**项目人员考核应该完全授权给项目经理，让考核权成为项目经理的组织正式授权。**项目人员考核既然授权给项目经理，就要尊重和听取项目经理的意见，但是要注意两点。第一点是项目人员考核只能影响项目组内部排名，不宜与其他项目比较，以避免项目经理打分宽严尺度不一的问题。第二点是最好把项目整体考核和项目人员考核关联起来。关联的好处是让项目组心往一处想、力往一处使，荣辱与共。**项目整体考核结果决定项目人员考核的总调，项目整体考核一定高于个人考核，这是 PMO 和项目经理必须坚持的原则。**

之所以建议授权给项目经理进行项目人员考核，是因为现在主流作业方式是项目制，那么在资源线与作业线（项目线）中就要进行矩阵管理，矩阵管理就会带来双头领导。这时传统绩效考核就成了一个难题，如果让部门经理来考核项目成员，部门经理就会推脱，说人在项目上，他并不知道这些员工在项目中的表现，让项目经理去评价。项目经理也会推脱，说他只知道员工在项目期间的表现，对于员工在项目外的表现并不知晓。最后项目中的员工绩效考核谁都指望不上，形成管理真空。

由此可见，项目人员考核的涉及面比较广，具体包括两种思维、两个角色和三个部门（见图 11-7）。两种思维是指到底是用孤立的思维来对待项目人员考核，还是用互联互通的思维来对待项目人员考核。两个角色是指部门经理和项目经理在项目人员考核中的主次之分。笔者建议以项目经理为主，毕竟项目人员都在一线，只有项目经理才了解他们的实际工作表现。三个部门是指业务、PMO、HR 三个部门在项目人员考核上的分工和合作，只有三个部门协同配合，才能确保项目人员考核取得较好的效果。

部门经理不愿意评价项目中的员工绩效，并不是单纯地推脱责任，而是部门经理不在项目一线，的确不了解员工在具体项目中的表现，往往需要再去征询项目经理的意见。与其多一个环节，不如让项目经理直接评价，将数据提交给人力资源部门，再反馈给部门经理。

项目管理场景技能

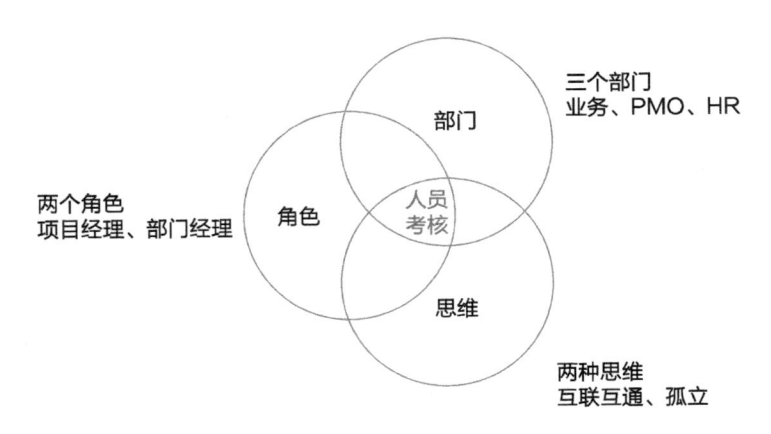

图 11-7　项目人员考核的涉及面

（图中标注：
- 部门：三个部门 业务、PMO、HR
- 角色：两个角色 项目经理、部门经理
- 思维：两种思维 互联互通、孤立
- 中心：人员考核）

在项目型公司中，员工都在项目中工作，人力资源部门要经常查看和分析员工的饱和度。这里有一个很重要的指标，就是员工的空档期，即员工不在项目中工作的时期。如果一个员工总是不在项目中工作，就意味着他没有创造价值（辅助的公共职能部门人员除外）。

项目矩阵式管理肯定会造成员工绩效考核多头管理，PMO 和人力资源部都与此相关，因此经常有这样的范围划分，即项目绩效考核是 PMO 的职责，项目人员考核是人力资源部的职责。这样就在无形中把一件事变成了两件事，违背了项目整体考核贯穿于人员考核的思想。笔者一贯的宗旨是不要把管理做复杂，要简化、务实，越是基层越要简单明了。

当然，在授权给项目经理的同时，需要配套开通另一套机制，那就是允许申诉或复议。项目经理工作在一线，对于管理上的一些技巧和方法其实并不是完全掌握的。允许申诉或复议就是为了避免不必要的麻烦。

11.2.2　殊途同归：人员多项目考核的互置

人员多项目考核也是项目经理应当拓展的技能，因为很多项目成员是多项目并行作业的，这就需要项目成员所在主项目的项目经理或人力资源部综合考虑项目成员在各项目中的表现，跨项目收集评价信息，并据此进行项目人员考核。另外，由于项目的临时性特点，项目成员具有空档，因此人员多项目考核就需要综合多个主体的评价。

其实项目中的人员考核和员工的项目考核是殊途同归的，是两个维度在项目节点上的相聚，两者之间的交会就是项目考核与人员考核的互置（见图11-8）。项目中的人员考核是指评价员工在这个项目中的绩效表现，是一项目对多人。员工的项目考核是考察这个员工在参与的项目中的绩效表现，是一人对多项目。

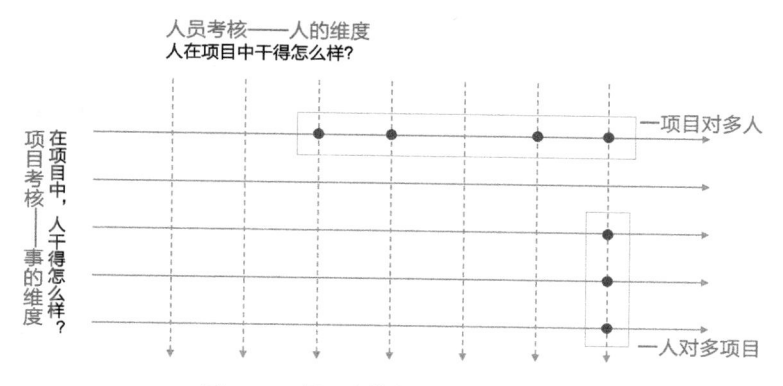

图 11-8　项目考核与人员考核的互置

人员多项目考核需要综合评定一人在多项目中的表现（见图11-9），可以根据员工参与项目的评价结果来折算。当然，折算的方式有很多，如算术平均、加权平均、确定中位数等，其中算数平均是最直截了当的方式，但未必科学，需要样本量（评价数）达到一定规模。

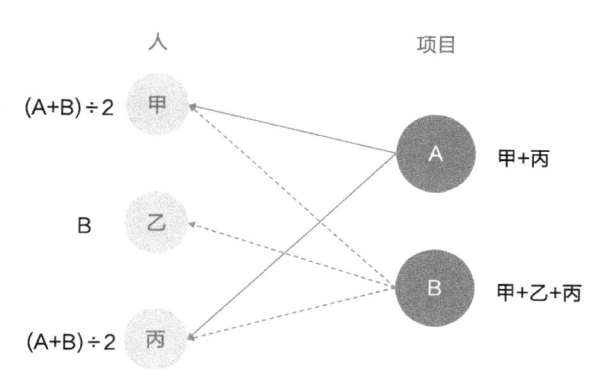

图 11-9　人员多项目考核

对于员工多项目、跨周期的绩效评价，可以收集其每月在各项目中的评价，然后汇总为该员工的月度绩效评价。对项目经理来说，这是一个数据输出再返回的过程。如果员工所在的主项目的比重较大，就要重点参考该项目经理的评价，或者以部门经理作为接口也可以。

项目管理场景技能

11.2.3 输出：项目考核的延展应用

项目经理、PMO 总是感觉项目管理累，是因为没有抓住管理的诀窍。管理效率不高、事情推进不了，一定是时机不对，没有掌握关键点。

项目管理是能够做到举一反三、一通百通的，如项目与人力资源、运营、财务各部门之间很多的数据贯穿，都能够在项目这个小小的应用场景中去实现。

项目考核与项目激励完全可以直接关联，项目考核好，项目激励就上调；项目考核不好，项目激励就下调甚至取消。

项目考核与任职资格也可以关联，影响项目经理任职资格中的项目业绩。项目经理做好的项目越多，晋升得就越快，而无论是职级、职等的晋升还是职位的晋升，都切实影响项目经理的收入。

项目考核在项目经理队伍建设上依然可以发挥作用。在分配项目的时候，优先给予那些绩优的项目经理，让优秀的更优秀。同样，项目中的人员考核数据也可以作为人才盘点的依据。千万不能脱离一线做人才盘点，换句话说，对员工的人才盘点应该是自下而上的，不能是自上而下的，而现实中的人才盘点经常是反过来的。

11.3
积水成渊：项目经理总结、复盘、贡献经验，以沉淀组织知识库

> **场景案例 25　项目经理成就经典案例，助力组织能力建设**

背景："WORKBRAIN"项目结项后，PMO 与项目经理商量总结经典案例。

角色：曹主任、洪经理、吴经理。

曹主任　洪经理，"WORKBRAIN"项目是公司双标项目，你总结一下项目经验，让大家都能够学习，得到一些能量和营养。

洪经理　曹主任，你是一点儿也不放过我（笑）。这个项目大家拼命才干完，结果我们还没喘口气，你又给我们布置作业。

曹主任　这不是布置作业，而是沉淀组织能力（笑）。优秀的项目经理就应

该总结自己的经验，让大家更多地了解和学习，这样我们的整体项目管理水平才能提高。如果所有项目经理都能有所收获，那么公司的项目经理队伍阶梯就逐渐形成了。

洪经理　这就上升到组织任务啦？那我肯定要接受了。你想我怎么总结经验？

曹主任　我也考虑了一下。经验总结、复盘，就是把这个项目不涉及商业秘密的部分完整地展示出来，让大家通过这个案例有所感悟。我们PMO也把这个项目经营分析的试点经验总结出来，项目复盘时，你讲一部分，我给你做一些补充。

洪经理　这样好，我压力会小一些。给我一些怎么总结、复盘的提示吧。

曹主任　就是把这个项目交付的经过给大家讲讲，突出几个亮点：如何在时间紧、任务重的情况下按时、按质完工；客户增加需求，在工作量和成本增加的情况下，你如何带领项目组干出了超额利润。

洪经理　好，我尽力，可是我PPT做得不漂亮，到时还要请你多指导。

吴经理　不是要你写文章，而是要你讲故事。

洪经理　讲故事？我连PPT都讲不好，你还要我讲故事，太有挑战性了吧。

吴经理　别谦虚了，我又不是没见过你讲故事，你绝对是高手。你往那儿一站，故事就有了。大家听了也会有感触的。对了，你可以顺便讲一下怎么把项目的绩效考核和人员考核结合在一做，我可以帮你做补充。当然，为了照顾某些人的面子，不好的地方我们不说，好的方面你可以放开讲。

洪经理　我倒没有那么多顾忌，不好的地方不就是对 C 的处理吗？其实其他项目经理对他也是同样的评价。我想给你们人力资源部提个建议，那些多个项目经理都给出负面评价的人员，其实是不适合公司的，你们人力资源部要通盘考虑一下。

吴经理　好的，我明白你的意思，其实别的项目经理也跟我说过了，我也准备近期处理这件事。

11.3.1　战斗总结：项目复盘沉淀组织能力

项目复盘是项目经理的拓展技能。项目复盘既是对项目成功经验和失败教训

项目管理场景技能

的总结,也是在做知识沉淀,供其他项目经理借鉴和学习,这也是某种意义上的赋能。项目复盘要安排在项目结项和考核之后,更加凸显复盘的必要性及学习的标杆。无论是成功的项目还是失败的项目,对公司来说都具有现实意义和价值。

项目复盘相当于项目经理对项目过程的回顾,总结优点和成功的地方,分析缺点和失败的地方,并将教训展示出来(见表11-3)。一方面为他人提供借鉴,另一方面自己做个梳理,以便承接下一个项目时有针对性地改进。

表 11-3 项目复盘

A. 项目信息

项目名称:		客户名称:	
项目经理:		复盘人:	

B. 自我评价

总体评价:
□非常满意　　□满意　　□不满意
说明理由:

项目目标达成情况及评价:
毛利/核算利润:□未完成　　□完成　　□超出预期
工期进度:□提前完成　　□符合计划　　□有延误但影响不大　　□延误造成较大的负面影响
成本控制:□有所节约　　□符合计划　　□成本超支
质量性能:□低于标准　　□符合标准　　□高于标准

C. 成功经验

为保证项目成功,在计划、预算、分工、进度等方面采取了哪些有效措施?

项目在实施过程中遇到了哪些困难和挑战,是如何克服的?

在团队建设、知识库等其他方面有哪些贡献?

续表

D. 失败教训

在项目中，做得不好/失败的地方有哪些？

吸取了哪些教训？

对项目经营和管理的改进建议有哪些？

项目复盘是非常有效的沉淀组织能力的路径，因为既有成功的经验，又有失败的教训。项目经理的成长不仅要向成功学习，还要向失败反向学习，甚至可以说失败的教训反而让项目经理成长得更快。因为人在身处顺境的时候往往春风得意，是不会反思自己的，只有失败、落魄、跌倒了，才可能惊醒、警醒和反思。

11.3.2 聚沙成塔：项目复盘的机制设计

项目结项只是在技术层面满足规范性要求和归档项目成果，这是最基本的要求，执行公司的相关规定即可。项目复盘才是项目经理要掌握的场景技能，因为**项目复盘是对项目过程和管理得失的理性思考**。只有复盘才能让项目经理重新审视项目作业，才能不断精进，才不会在历史成就中自我陶醉、迷失方向，更不会在失败时郁闷、沉沦。

项目复盘是一个个项目的单项总结，依然是碎片化的，这就需要 **PMO** 来设计项目复盘机制，确保项目复盘持续进行。打个比方，单项目复盘的经验如同一颗颗珍珠，散落在四处，项目复盘机制如同串珍珠的线，将珍珠串起来成为项链和手链，这样就把项目复盘的价值放大了很多，更不会让明珠蒙尘。

设计项目复盘机制需要从两个方面入手。第一，梳理出适合公司项目类型的复盘内容参考框架，列出项目复盘的主题与关键点（见表11-4），供项目经理复盘时参考，帮助项目经理打开思路，作为项目复盘的指导意见。第二，制定项目复

项目管理场景技能

盘的条件要求,如哪些项目必须复盘,哪些可以不用复盘。复盘的项目一定是精选的,重质不重量,在精不在多。

表 11-4 项目复盘的主题与关键点

主题	关键点
总体	- 取得了项目的哪些交付成果? - 未完成的工作或有遗憾的地方有哪些?原因是什么?
合同履行	- 在合同前期招标、谈判、技术交流过程中积累了哪些成功的做法? - 合同履行得如何?怎样改进? - 合同履行过程中的冲突如何处理? - 在合同履行、与客户打交道方面积累了哪些经验?
进度	- 项目实际进度与计划进度的差异有哪些? - 实际进度发生了哪些变化? - 在项目过程中采用了哪些进度控制方法?
成本	- 项目实际成本与计划预算的差异有哪些? - 应该在哪些方面投入更多资源? - 项目预算怎样做才能更准确?
质量	- 项目的质量符合客户要求吗? - 在项目质量方面出现了哪些问题?是如何处理的? - 客户的项目质量要求发生了哪些变更? - 客户对项目最终交付成果是否满意? - 如何更好地理解客户的质量要求?
项目干系人	- 项目运用了哪些项目干系人管理方法?效果如何? - 如何处理客户的投诉? - 项目采取了哪些措施提高客户满意度?
项目沟通	- 项目成员是否充分了解项目目标和客户要求? - 项目组如何迅速、有效地沟通? - 在项目交流中有没有干系人被忽略? - 今后在项目沟通方面有哪些改进措施?
技术与产品	- 项目运用了哪些新技术?它们如何促使项目成功? - 交付项目团队和产品团队如何分工协作?
人员管理与团队建设	- 项目成员是否理解各自的角色? - 是否存在任务负担过重或过轻的情况? - 项目成员之间的协作情况如何?角色分配是否合适? - 项目激励是否有效? - 项目成员在项目中得到了哪些锻炼与成长?

续表

主　题	关　键　点
心得体会	- 项目有哪些成功的经验？又有哪些失败的教训？ - 如果有机会重新做这个项目，应该怎样去做？

关于项目复盘的条件要求，有两种思路。一种思路是仅将项目复盘作为试点、重点、标杆项目的要求，另一种思路是规定所有项目都要复盘。两种思路都可行，各有优缺点。第一种思路能够保证项目复盘的质量，可以作为典型案例为同类项目提供借鉴，但数量相对来说就会比较少。在本章场景案例中，要求项目经理复盘是因为这个项目被界定为标杆项目，所以一开始就和项目经理约定了要做项目复盘，项目经理也认可。另一种思路是追求数量，质量上肯定参差不齐，这就需要 PMO 精选出优质的内容，再进一步优化。笔者更赞同采用第一种思路，因为项目复盘侧重于内容，只有优秀的、标杆的、典型的项目复盘才能让他人汲取营养或吸取教训，其余项目并不具备这样的功效。

本章小结

- 项目整体考核决定项目经理和项目成员考核，要体现整体考核结果对个人考核结果的贯穿和决定性作用。
- 项目整体考核是经营考核和管理考核并行的。经营考核决定方向，管理考核决定调整幅度。
- 项目人员考核是项目中事的维度与人的维度的互置，两者殊途同归。
- 项目考核的结果可以作为项目激励、任职资格、人才盘点等领域的输入。
- 项目总结和复盘是沉淀项目管理组织能力的有效方法。

第12章
利出一孔：
项目经理善用项目激励杠杆效应

在具体谈项目激励之前，我们需要明确以下几点认识。

- **项目激励是触发行为，不是必要行为。项目激励不是工资，并非一定要有、一定要发。**项目激励是触发式的，达到项目激励的要求就启动项目激励，没有达到要求就不启动项目激励，这就是说项目激励不是必选项，而是可选项。因此，在约定项目激励的时候，可以约定拿不到项目激励的情况，甚至强制要求一定比例的项目成员拿不到激励。
- 项目激励决策本质上**是经济决策，不是管理决策**。不要看其他公司正在推行项目激励，我们就跟风、仿效。只有实现了项目毛利目标，达到了经济预期，才发放项目激励。不要把项目激励当作固定成本，变成保健因素，而要把激励变成一种刺激手段和机制。
- 项目激励一定要削弱刚性。项目激励对员工来说是薪酬的一种，但对公司来说，设置项目激励就是要调整薪酬结构，削弱而非增强薪酬刚性，减少不必要的成本。

基于以上认识，我们继续讨论项目激励的效果。项目激励具有如下效果：第一，与项目考核关联，干得好就多拿，干得不好就少拿或不拿。第二，兑现承诺和维护信誉。公司规定了考核和激励，项目组达成项目目标，公司就兑现项目激励。第三，为其他管理动作做输出。项目考核和激励结果要拓展应用于项目经理、项目成员的职级、职等评定、晋级、岗位调整等，甚至应用于优先选择项目、提拔任用、轮岗等。

项目激励如果使用不当，就会变成鸡肋。对公司来说，如果项目激励效果不佳，就是成本浪费。对员工来说，项目激励如果力度不够、分配不公，就起不到激励作用。最尴尬的是项目经理，本来没有项目激励，可能大家凭着责任心还能

第 12 章 利出一孔：
项目经理善用项目激励杠杆效应

拼命工作，但是有了项目激励，反而可能引起不必要的纷争，因此多一事不如少一事。

项目经理一定要善用项目激励的杠杆效应，如果项目激励没有取得放大杠杆的效果，其功效就会大打折扣。项目激励引导项目经理去创造价值，项目经理创造了价值，回报就高，形成了正向循环。项目激励的杠杆效应取决于以下三个影响因素（见图 12-1）。

激励杠杆效应 = 影响因子（总量成本 刺激效果） × 分配规则（逻辑 公允 准确） × 操作方式（时间节点/周期）

图 12-1 项目激励杠杆效应的影响因素

第一个因素是项目激励的影响因子，包括整个项目激励的总量成本是否在公司的可接受范围内；项目激励对员工的刺激效果，如果项目激励占员工总收入的比重较小，那么刺激的效果肯定不尽如人意。

第二个因素是分配规则，包括项目激励分配的逻辑及分配是否公允、准确。员工的普遍心理是不患寡而患不均。如果项目激励不公平，那么还不如不发放。

第三个因素是操作方式，包括在什么时间节点，以什么周期发放。注意，项目激励是否预发要看实际情况。

这三个因素组合在一起，就构成了项目激励的杠杆效应。项目激励从本质上说是经济决策，就是刺激项目经理和项目成员攻坚克难，实现项目目标和创造项目超额利润。

12.1
酬功给效：项目经理兑现项目激励并主导结构化分配

> **场景案例 26** 项目经理遇到激励难题，该如何化解？

背景："WORKBRAIN"项目收尾，项目经理申报了激励方案。可是没钱愁，有钱分不好也愁，如何分配成为摆在眼前的难题。项目经理无奈，问计于 PMO 和 HR。

角色：洪经理、曹主任、吴经理。

项目管理场景技能

> 📋 **第一幕：项目经理找 PMO 落实项目激励事宜**

洪经理　　曹主任，项目激励方案审批通过没？我特意过来问问情况，兄弟们都在等。

曹主任　　洪经理，激励方案已经审批通过了，我正准备去找你。这个项目的激励在原来的基础上乘以 1.5 倍难度系数，再乘以 1.5 倍考核系数，相当于 2.25 倍系数。

洪经理　　这样太好了。

曹主任　　你别急，还有别的惊喜呢。上次徐总说获得超额利润有额外激励，按照徐总指示，这个项目的超额利润是 3 万元，公司拿出 50%激励你们项目组，这样你们的激励就变成 7.44 万元。

洪经理　　这还真是个惊喜，谢谢曹主任（笑）。这钱怎么发呢？

曹主任　　钱我是给你落实了，你拿出一个分配方案，确认后就可以让 HR 发放了。

洪经理　　钱怎么分，公司有没有相应的规定？干活都好说，分钱就怕闹矛盾。本来兄弟们在一起干活，还是比较团结的，别为了分钱搞得大家不开心。

曹主任　　分钱的事情，HR 是专业的，我们可以找他们一起商量。

> 📋 **第二幕：项目经理、PMO、HR 商量激励分配**

曹主任　　吴经理，"WORKBRAIN"项目激励已经审批通过了，但是洪经理发愁怎么分钱。看看，别人为没钱分发愁，他为有钱不知道怎么分发愁。

洪经理　　曹主任，看你说的，分钱分不好，打架的事情还少吗？吴经理，我想听听你的意见。你有什么好的建议？

吴经理　　是的，如果分钱不公允，非常容易引起矛盾。我有个建议，项目激励分配可以采用结构化分配，引用一些项目管理的日常数据。

洪经理　　结构化分配？你详细说说。

吴经理　　首先将项目激励按照项目任务的重要性分配到每个阶段、每个里程碑上，然后按照人员的任务评价、职级、投入工时等综合分配。

	这些数据在我们现在的"WORKBRAIN"系统中都有，可以直接用。
洪经理	这个思路不错，这样我就不用得罪人了，因为平时的任务、工时、评价都是现成的。
吴经理	我们就是想让项目经理不用得罪人，不要为分配的事情和项目成员吵架，那样没意思。结构化分配相当于把工时、绩效评价都折算成系数，然后按照积分分配的方式进行，再分到每个项目阶段进行二次分配。
曹主任	吴经理这个思路挺好，我们就以这个项目的激励分配作为试点，如果大家对这样的分配比较认可，后续我们就可以把结构化分配作为项目激励分配的指导意见。明确了这个思路以后，大家就不会讨价还价了，每个人分多少钱，都是平时干出来的。
洪经理	你们先坐，我去把数据拉一下，看看结果，你们等着我。

📋 第三幕：PMO 与 HR 商议项目经理的个人激励

曹主任	吴经理，趁着洪经理去拉数据了，我有一件事需要跟你商量。
吴经理	你是不是想说洪经理的个人激励？
曹主任	是的。项目经理的个人激励现在基本上有两种情况，一种情况是项目经理把钱看得很重，就给自己多分；一种情况是项目经理为了维护关系，在激励分配的时候总是拿出自己应得的那部分当作补贴，这样项目经理挺吃亏的。我在想，我们应该把项目经理的激励单独拿出来，由公司来决定项目经理的激励，不要让项目经理自己决定。这样也能够让他们在分配项目激励的时候更轻松、更洒脱。
吴经理	我赞同这样的方式，因为让项目经理来分配，极有可能无论怎么分都引起一些异议，不如由公司来操作。我建议，从总额中拿出一部分专门给项目经理，其余的让成员去分配。
曹主任	我也是这个想法。另外，关于超额激励，徐总指示拿出50%，奖励1.5万元，该怎么分配，你有没有好的建议？
吴经理	超额利润的获得，虽然说是集体的努力，但是项目经理肯定起着

项目管理场景技能

　　　　　　最关键的作用。我个人建议至少拿出 50%给项目经理，这样对项目经理才有更大的激励作用。

曹主任　　是的，我觉得这个项目能够获得超额利润，洪经理是功不可没的。50%我都觉得少，可以分 60%~70%。

吴经理　　这块你们定，我们 HR 不发表意见，因为这涉及项目经营。我建议在常规的项目激励中单独拿出 20%作为项目经理的奖励。项目经理在每个阶段中如果有相应的任务，该怎么拿钱还怎么拿钱，或者直接拿出 30%~40%，这样项目经理在各任务中就不用再跟项目成员分钱了。

曹主任　　从长远的角度考虑，在常规项目激励中项目经理拿 20%左右比较合适，专门针对项目管理。然后项目经理干多少拿多少，这也是一视同仁的方式，我觉得更稳妥一点，因为我们这次以这个项目作为试点，这个模式是想稳固下来以后做推广的。如果项目经理单独奖励的比重太高，就会产生一个问题，那就是完全导向纯项目管理。不管项目经理在日常的项目中干不干活，都拿相对额度比较高的激励，长久来看肯定不好。

吴经理　　这点曹主任考虑得周全。我们常说项目激励要从分配制转为悬赏制。我们现在这种做法其实是在悬赏制下拿出一部分给项目经理，这也是一种折中的考虑。我觉得这样更符合我们公司的现状。

第四幕：项目经理和 PMO、HR 敲定项目激励分配

洪经理　　吴经理，我把数据导出来了，按照你的思路，大体的分配比例也出来了，我算了一下，跟我预想的差不多。我觉得这样分配其实还是非常公允的。

吴经理　　对了，刚才你拉数据的时候，我和曹主任商量了两件事。第一件事是把你的个人激励单独拿出来，不让你既做裁判员，也做运动员，这样你就能够更轻松地做项目经理了。

洪经理　　这样好，项目经理的激励由公司来决定，这样更轻松。你们是怎么考虑的？

曹主任　　我们的考虑是在激励总额中拿出 20%作为专项激励，然后你在每

	个项目阶段干多少拿多少，一视同仁。
洪经理	20%太多了，如果我拿这么多，跟兄弟们之间的差距就太大了。
曹主任	洪经理，这不是谦让。这个项目是标杆、试点，这个项目确定的一些思路和标准，未来会成为公司相应的规定。10%太少了，我觉得还是20%合适。
洪经理	从这个角度来讲，的确是。既然要做试点，那我服从安排。
吴经理	还有超额激励那部分，公司奖励 1.5 万元，我们商量的结果是项目经理拿 50%~70%，我想征求一下你的意见。
洪经理	我是这样想的，如果常规的项目激励，项目经理单独拿20%，那么超额激励项目经理就少拿点吧，建议50%。项目经理在获得超额利润方面虽然起关键作用，但是毕竟是大家一起努力的结果。
吴经理	洪经理的觉悟就是高。曹主任，我觉得这样的方向是可以的，我们就按照这个思路进行分配。
曹主任	好的，没问题。洪经理有没有问题？
洪经理	我没问题。两位领导都在，我提一个小的想法，就是项目激励发放能不能快些，及时激励，这样大家的积极性会更高。
吴经理	没问题，马上要发工资了，就和工资一起发。

12.1.1 调向：项目激励的思路转变

为什么把项目激励兑现作为一个技能要求项目经理掌握？这是因为分配权是项目经理必备的抓手之一。分配的前提是能够兑现，而对于兑现这件事，项目经理往往没有太多的话语权和决定权，这时就需要联合财务、人力资源、经营部门去落实。

特别提醒，项目经理的承诺和兑现至关重要，如果已经承诺的项目激励最后不兑现，就会降低士气和失去人心，项目经理以后的工作就会变得异常被动。因此公司不能失信，也不能让项目经理失信。

项目经理分配项目激励有以下两个主导思想。

第一个主导思想是项目激励的获取分享制（图 12-2）。**要先打粮食再分粮食，拿到钱才能分钱，不能先拿钱再干活、先商量好如何分粮再去打粮**。项目经理和

项目管理场景技能

项目成员的物质回报都来自其创造的价值，根据项目经营结果获取利益。**项目激励要鼓励冲锋，奖金是赚来的，不是固有的；是变动的，不是固定的。项目激励分配要体现差距，项目经营得好，项目激励就多，反之就少。**现实中，项目经理做激励方案，可能还没有打到粮食，项目团队就在为如何分粮食而争吵，这就事与愿违了。

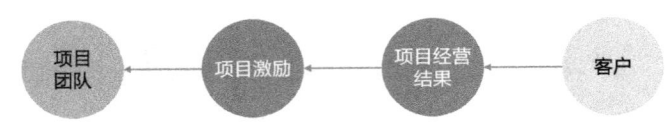

图 12-2 项目激励的获取分享制

第二个主导思想是从分配转变为悬赏。**项目激励应是悬赏，不是分配，钱在事上，为事悬赏，干活拿钱，不干活不拿钱，不是项目组自己商量怎么分钱。**项目激励分配模式是按照人来约定分配比例，造成项目成员的预期收益既定和僵化，最后大概率拿钱不干活（见表 12-1）。

表 12-1 项目激励分配模式

姓　　名	项目角色	分配比例

在现实中，我们经常遇到这样的情况，项目经理采用分配模式做激励，项目还没开始，几个人已经商量好了分配比例。干活的时候，大家越到后期越偷懒。如果激励预发的比例很高，往往大部分激励已发完了，活还没干完，最后没人愿意去干活，因为激励已经到手了。可是项目还需要做，公司没办法，只能额外拿出一部分激励，让大家把项目做完，无形中增加了不必要的成本。

从授予到获取分享、从分配到悬赏是项目激励思想转变的关键点，项目经理务必抓住项目激励的精髓，用杠杆去促进和引导项目团队奋斗。当然，有些公司条件不允许，很难全面推行，那么项目经理是否没有任何操作空间呢？其实不然。项目经理至少可以在自己的核心班底、自己的项目组内实行，这样的激励方式远比传统模式公平、有效，因为人性就是不患寡而患不均。项目经理要维系核心班底，除了依靠个人魅力，一定要在利益上有保障，这种保障不仅体现在利益获取上，还体现在利益分配的公允上，因为只有公允才能长久。

12.1.2 结构化分配：项目激励的公允保证

项目激励分配最好是结构化分配，这一点有不少争议。有的公司认为，既然是项目经理负责制，项目激励就完全交给项目经理，公司不管，他想怎么分就怎么分。而有的公司又规定得很死，不给项目经理调整的余地。笔者的建议是，公司给出项目激励分配的规则和指导意见，在这个规则之内充分尊重项目经理的想法，而超出规则界限时，项目经理必须拟定特别方案，报批后执行。

项目激励要摒弃人人有份的心态，可以让 **10%** 的项目成员拿不到项目激励，进而杜绝"混日子"的行为。同时要锁定关键的分配规则，尽可能地集中，不要分散，好钢用在刀刃上。把 **80%** 的钱放在 **20%** 的关键事项上，把 **80%** 的钱发给 **20%** 的人，不能搞平均主义，不要"吃大锅饭"。

项目激励分配的要素分为事的情况和人的属性两大类（见图 **12-3**），事的情况决定第一次分配，而人的属性决定第二次分配。事的情况包括里程碑、投入/工时及任务考核等，人的属性包括角色、职级、职等等。

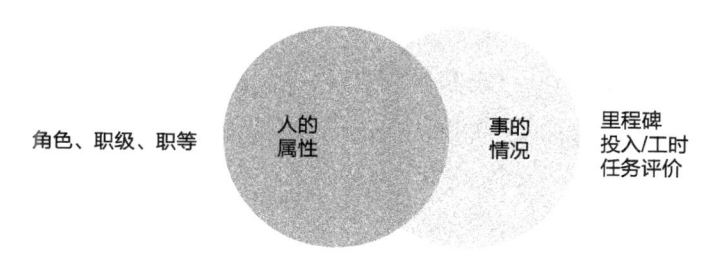

图 12-3 项目激励分配的要素

1. 项目激励第一次分配

第一次分配先将激励按照价值分配的原则分配至项目阶段和里程碑上，锁定每个里程碑的激励额，类似于分包模式，这样可以避免每个阶段的效率与可分配金额倒挂的问题。分配的比例不按照工作量，而按照价值评价来确定。以表 12-2 为例，A、B、C 三类项目的激励在产品设计、过程开发、验证量产三个阶段的分配比重不同，且在每个里程碑的比例也不同，具体比例按照不同类型项目中结构、电控及模具的具体价值来确定。

表 12-2 项目激励的第一次分配（示例）

阶段	里程碑	A类	B类	C类
产品设计	结构设计（TR1）	25%	25%	10%
	模具开发（TR2）	15%	20%	20%
过程开发	样机（TR3）	12%	10%	20%
	EB试产（TR4）	25%	25%	30%
验证量产	PP试产（TR5）	11%	10%	10%
	进入量产（TR6）	12%	10%	10%

项目任务激励随任务考核结果浮动，形成调整过的金额，项目成员根据参与的任务获取个人项目激励。

2. 项目激励第二次分配

项目激励第二次分配是在第一次分配确定的任务激励金额基础上，依据任务具体承接人员的角色、职级、工时及任务评价，采用乘法规则折算分配，计算公式如下：

$$C = R \times Z \times H \times Y / \Sigma(R \times Z \times H \times Y)$$

$$S_{个人} = C \times S_{总}$$

其中，C 为分配系数；R 为角色系数；Z 为职级系数；H 为工时；Y 为任务评价；$S_{个人}$ 为个人任务一次分配奖金；$S_{总}$ 为总任务一次分配奖金。

分配系数是角色、职级、工时、任务评价的综合考量，其中角色、职级是人的属性，工时和任务评价是事的因素。角色系数根据项目各角色的价值评价而定，公司可制定出基本系数，项目经理可根据项目具体情况来微调项目激励第二次分配的角色系数（见表12-3）。

表 12-3 项目激励第二次分配的角色系数（示例）

角色	基准系数	调整后系数	说明
项目经理	2		PMO负责项目经理系数调整，在具体任务中按照任务角色系数计算
结构	2		
电控	1.5		
测试	1		
助理	0.8		

需要特别考量的是项目经理的个人激励，主要是项目经理的项目经营管理的

专项奖励，建议拿出项目奖金包的一定比例（20%~30%），并按照项目管理难度适当调整。对于双项目经理、正副项目经理及项目总监、项目经理等多人搭档情况，建议按照一定比例进行划分。

12.1.3　共赢：项目超额利润分享

项目超额利润分享不同于前述的项目激励，要按照价值创造、价值分配的思路来进行。**如果说项目激励对应的是把事干完，那么超额利润分享对应的就是把事好、干漂亮，创造出超出预期的利润**（见图12-4）。

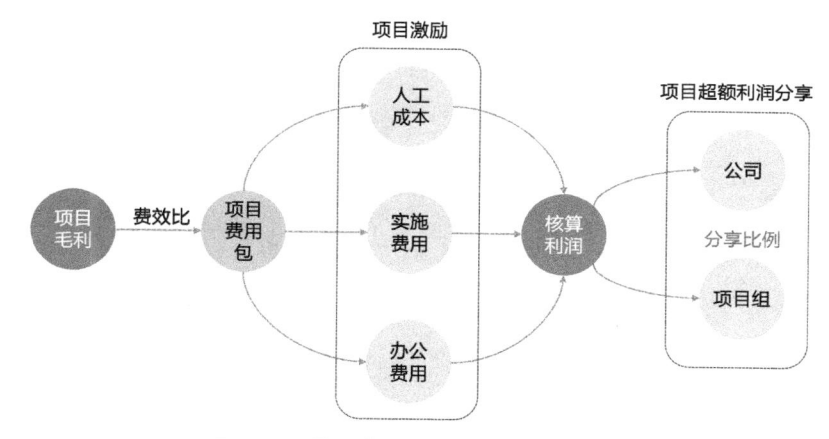

图 12-4　项目激励与超额利润分享的比较

项目超额利润分享是一个收益的分享机制，但是超额利润分享对公司而言存在一定的风险。如果项目实现了超额利润，则公司和项目组分享，这是双方共赢、皆大欢喜的事情。但是如果项目不仅没有超额利润，还可能有亏损，项目组是否愿意与公司共同承担，就考验人性了。

我们前面将项目经理定义为项目的 CEO，这是一种类似于合伙人的思路和机制。但是现实中项目经理并不完全具备合伙人自负盈亏、完全承担经营结果的能力和条件，因此在进行超额利润分享时，要结合公司的实际情况，避免项目盈利则想着分利、亏损则丢给公司兜底的情况。

因此，超额利润分享既可以当成固定机制，也可以当成特别激励。两者的区别在于机制是普适性的，所有项目都适用，而特别激励是一事一议的。要看公司当前的经营导向，如果公司的项目利润率还不错，只是由于项目执行过程中的浪费、窝工导致利润下滑，而这些地方恰恰是项目经理能调节和控制的，就可以推进超额利润分享，止住浪费，减少不必要的花费和成本。在这种情况下推行项目超额利润分享才能达到双赢。但是这种机制有一定的时间边际和效果边际。在刚开始推进的时候，因为当前的项目管理状况不佳，所以设定的超额利润下限本身就很低。正因为起步低、空间较大，所以会将较低的项目利润率快速拉升到行业正常水平。但是经历了几轮刺激，超过行业平均水平以后，就会遇到瓶颈，很难再获得超额利润了，这就是激励的边际效益递减。项目经理和 PMO 必须考虑到这点。

12.2
推而广之：项目激励数据在调岗、晋升方面的拓展应用

场景案例27　PMO 与 HR 合议乘胜追击

背景："WORKBRAIN"项目复盘后，大家反响良好，成为公司项目管理的标杆。PMO 和 HR 感到意犹未尽，想乘势多做一些变革。

角色：曹主任、吴经理、徐总。

第一幕：PMO 与 HR 的探讨

曹主任	吴经理，"WORKBRAIN"项目复盘也做了，激励也发放了。但是我总有点意犹未尽的感觉，想扩大一下战果。
吴经理	我也有这样的想法。这个项目是公司标杆项目，项目管理闭环是完成了，但是在人力资源领域的应用和拓展才刚刚开始。
曹主任	是的，我也想在项目管理方面拓展一下。我们都谈谈想法，相互碰撞一下，然后向徐总汇报，听听徐总的意见。
吴经理	好的，那我就先说我的想法。"WORKBRAIN"这个项目，大家努力奋斗，绩效评价也好，奖金也多，这就是一个正向的循环。我在想，我们能不能用所承接项目的绝对金额这些硬性的指标，实现项目经理职级的上下浮动，就像积分一样，如一个等级对应一年多少金额的交付项目，这样才能可上可下。现在是只能上不能下。

曹主任	我赞同。每年评定项目经理职级、职等的时候，虽然大家都在述职，但说实在话，我们自己心里也清楚，有些项目经理就是凭资历熬上去的，实际的价值、贡献并不是那么大，还堵住了那些真正创造价值的项目经理的上升空间。
吴经理	好，既然你认可这个想法，那我就把这个想法再细化一下。这个思路也适用于项目成员，我们可以按照项目成员在项目期间积累的积分来折算职级、职等。这样硬性的指标大家都服气，免得我们天天为难。
曹主任	这方面你专业，我赞同你的意见。
吴经理	因为有硬性的积分要求，任职资格也变得刚性很多，大家的晋升相对来说就比较公平。这样就解决了我们一直没解决的能上能下的问题，积分达标就上，积分不达标就下，把职级、职等评定从低频行为变成高频行为。当然，这对我们职能管理部门来说也是一个比较大的挑战。
曹主任	我们做职能管理的哪天没有面临挑战？我们把这个思路向徐总汇报一下，听听他的想法。我估计徐总也想做相应的变革，激发组织活力。

> **第二幕：PMO 和 HR 一同向总经理汇报变革思路**

吴经理	徐总，"WORKBRAIN"项目已经完成了管理闭环，大家都挺满意的。我和曹主任沟通了一下，想把战果再扩大一些，有些想法向您汇报。
徐总	好，说说看。
吴经理	我们想在交付项目经理和项目成员现行的任职资格中增加价值创造的内容。拿项目经理举例，不同级别项目经理的任职资格中，我们虽然规定了一些相应的要求，但不太好操作，也不够硬性，使最后的评定仅依赖于述职和主观评价。我想把项目经理每年承揽的交付项目产值作为绝对标准，而且在评级中占很大的权重；把一年评一次变成随时调整，达到分数就上，达不到分数就下。项目成员也一样。这样做，大家都会围绕价值创造开展工作。

项目管理场景技能

徐总　　小曹，你有什么想法？你们商量过吗？

曹主任　是的，这是我和吴经理一起商量的。我完全认可这个想法，因为现在的项目经理晋升有点熬资历，和真实的价值创造不匹配，我们又不能轻易调整，怕引起矛盾，但是长此以往肯定会增加组织的惰性。您经常讲要激发组织活力，我们也在想该怎么去做，在什么事情上需要变革。

徐总　　你们有这样的想法，就说明你们开始站在更高的角度去思考问题。这个想法我完全赞同，你们去做具体的方案，给我看一下，充分征求大家意见后，就可以推行。我讲的充分征求大家的意见，是指多方面沟通，和项目经理、部门经理及业务部门负责人都沟通下，听听不同的意见。沟通的目的是怎么让方案更完善，不是遇到困难我们就放弃。方向就是这个方向，我完全赞同，你们放手去做。

吴经理　好的，我们先把这个想法跟一些人碰碰，沟通沟通，放放风，然后把这个想法完善一下，最后写方案。

徐总　　好的，要做就做成一揽子、一连串的事情。项目经理的贡献就是利润和产值，不仅要和他的任职资格结合在一起，还要和他的晋升、调整等一揽子事情全部关联起来。既然要花精力、花心思去做这件事情，我们就要确保这件事情做得有效果、有成效。大胆些，要有勇往直前的气魄，不要瞻前顾后、前怕狼后怕虎。

吴经理　好的，徐总。

徐总　　对了，小曹，"WORKBRAIN"项目作为标杆项目的效果，我觉得还是不错的。你把在这个项目试点中形成的一套能够沉淀的内容都固化到项目管理体系中，如交底、计划和预算评审、考核、激励、项目复盘等。这些虽然都是常规的动作，但从我的角度来看，如果所有项目都做到了，整体项目管理水平就会提升很多。

这个项目的亮点不少。第一，面临着各种挑战和变化，小洪和项目组依然能够紧咬项目目标不松动，这就是经营型项目经理的样子。第二，把经营分析模型运用在项目中，虽然目前看起来还是简单了一些，但是也取得了很好的效果。第三，结构化的激励分配效果还是不错的，要把它作为项目激励分配的主导模式。

| 曹主任 | 是的,我也准备把一些好的做法及时修订到项目管理制度中,让大家能够跟进。

项目管理的数据除了为考核、激励输出,还可以为与项目相关的其他专业领域输出,如晋级、晋升、调岗等。如果一定要比较考核和激励的数据信度,那么**激励数据的信度更高**,因为大家对考核有时是比较淡然的,会给人情分、面子分,但是涉及项目激励分配,就会认真得多,就算有水分也不会太离谱。从某种意义上说,激励数据的信度高于考核数据的信度,这也是笔者将拓展应用放在激励章节详细阐述的原因。

12.2.1 能上能下:项目经理的任职资格

通常,项目经理任职资格(见表 12-4)包括学位、专业、经验、任职经历、绩效表现等要求,这些要求中有硬性的部分,也有软性的部分。对项目经理硬性的要求主要包括承接项目的数量、绩效表现等。在实践中,这样的规定看似具体,但依然不够细致。有了项目考核、经营数据,这样的规定就可以变得更有颗粒度和操作性。

表 12-4 项目经理任职资格(示例)

职级	职位	学位	专业	经验	任职经历	绩效表现	人才培养	培训学时	外部资格
5/6级	资深项目经理	博士硕士学士	计算机及相关专业	4年6年8年	- 至少 6 个大中型或重大项目的管理经验 - 评价为 A 的项目不少于 85%,近 1 年内不得有 C 及以下的评价	连续两年绩效考核结果为 A 及以上	培养 1 名高级项目经理	- 每年提供 16 课时以上培训 - 参加培训学时不低于 16 课时	- 工信部系统集成资深项目经理证书 - 高级工程师
4级	高级项目经理	博士硕士学士	计算机及相关专业	3年5年6年	- 至少 4 个大中型或重大项目的管理经验 - 评价为 A 的项目不少于 85%,近 1 年内不得有 C 及以下的评价	连续两年绩效考核结果为 A 及以上	培养 1 名项目经理	- 每年提供 12 课时以上培训 - 参加培训学时不低于 12 课时	- 工信部系统集成项目经理证书 - 高级工程师

项目管理场景技能

续表

职级	职位	学位	专业	经验	任职经历	绩效表现	人才培养	培训学时	外部资格
3级	项目经理	博士 硕士 学士	计算机及相关专业	1年 2年 3年	- 至少3个中小型项目的管理经验 - 评价为A的项目不少于70%，近1年内不得有C及以下的评价	上年度绩效考核结果为A及以上，交付收入×万元	培养1名后备项目经理	每年提供8课时以上培训，参加培训学时不低于10课时	工信部系统集成项目经理证书

可以考虑将项目经理的任职经历及绩效表现转化成相应的积分，这样就比原先笼统规定的项目数量、规模、等级更细致，更便于实施和操作。项目积分即贡献值，是对项目经验和贡献的量化，具体以项目角色、工时、职级、绩效计算分配系数，再和项目产值结合，算出项目贡献值，具体公式如下。

$$V = \sum (P_n \times C_n)$$

其中，V 为项目贡献值；P 为项目产值；C 为分配系数；n 为项目经理参与的项目。

项目贡献值要求按照职级和职等分类划分，PMO要定期根据公司同类项目经理的项目负荷情况进行调整，或者根据行业、区域等同业数据更新。项目贡献值的参考标准按照原始项目数据推算，再根据难度系数、项目考核后续折算成项目经理各职级的项目贡献值要求，这也是项目经理所在职级的最低要求，如表12-5所示。

表12-5 项目经理各职级的项目贡献值要求

职 级	职 位	项目贡献值（分/年）
5	项目总监/资深项目经理	5000
4	高级项目经理	2000
3	项目经理	1000

例如，规定项目经理从3级晋升4级需要承接4个以上A类项目，A类项目的定义是战略项目或产值超过500万元的项目，还是比较笼统的。我们可以将其转化为积分，如项目经理甲承接了5个项目，按照难度系数等算出最终积分分别为350、450、600、400、550分。如果按照原先的算法，项目经理甲就不符合晋级的硬性要求，因为A类项目只有2个。但是如果按照项目贡献值的算法，项目

经理甲承接了 5 个项目，这 5 个项目的总积分为 2350 分，就满足晋级要求了。

同样的道理也适用于项目成员（见表 12-6）。规定交付工程师 2 级升 3 级的硬性要求是参加 3 个以上 B 类项目（产值超过 100 万元但低于 500 万元的项目）。项目成员乙参加了 5 个项目，其中 3 个是 C 类项目，2 个是 B 类项目。如果按照原来的算法，成员乙不能晋级，但是按照项目贡献值的算法，项目成员乙的积分为 40、25、50、35、15 分，总积分为 165 分，也符合晋级要求。

表 12-6 项目成员各职级的项目贡献值要求

职级	职位	项目贡献值（分/年）
5 级	专家级交付工程师	600
4 级	高级交付工程师	300
3 级	中级交付工程师	150
2 级	初级交付工程师	100
1 级	助理交付工程师	30

此处需要说明的是，项目经理可以按照他所承接的项目折算出项目的总体分数，如承接产值 600 万元的项目就折算成 600 分。但是项目成员不能按照项目经理这样的逻辑去折算，因为项目成员参与项目有深有浅，时间有长有短，任务有轻有重。只有按照结构化分配的比例折算出积分，才能客观、公允地展现项目成员的实际工作量和价值，这样才更加合理。

正因为有了项目经营核算、激励结构化分配等数据，项目经理、项目成员等项目交付相关角色才有了能上能下的可能性。职级、职等评定不再依赖述职的方式来获取这些信息，可以直接抓取相关系统中的数据转化为积分，这样就能够将职级、职等评定从低频行为转化成实时、动态的高频行为，甚至在系统中自动调整。

12.2.2 将军是打出来的：项目经理的职业空间

项目经理的职业空间包括纵向的深度和横向的宽度（见图 12-5）。如果将项目经理划分为管理型项目经理和经营型项目经理，管理型项目经理可以向技术支持经理、解决方案经理转型，但只有成为经营型项目经理，项目经理的职业空间才能真正打开。因为经营型项目经理不仅可以兼容技术属性的其他相关岗位，还可以打开领域通道，得到带有门槛的高级岗位，如产品经理、结构工程师（SE）、

项目管理场景技能

技术服务总监等。

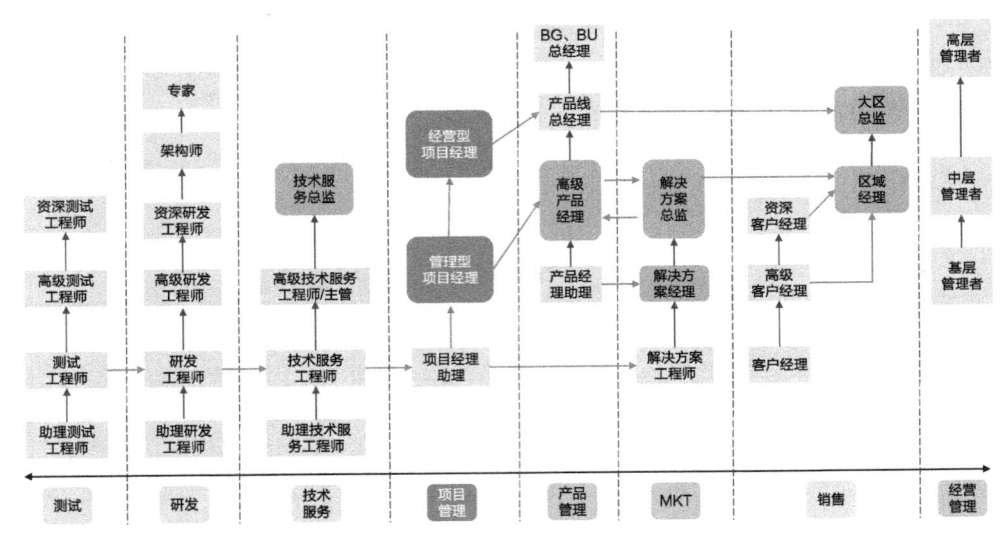

图 12-5　项目经理的职业空间

此外，项目经理已经具备了基层管理人员的基本素质和要求，只要从**管理型项目经理向经营型项目经理成功转型**，就能触及高层的视野和圈子，这也是笔者主张项目经理从项目管理走向项目经营的重要原因。越往上走，空间越大，越有**发展前景**。项目经理在大部分公司中的定位是职能主管型，还不能算职业经理人，并不在经营层。只有突破到经营型项目经理，才能触及经营角色和事项，成为公司更稀缺的人才（见图 12-6）。

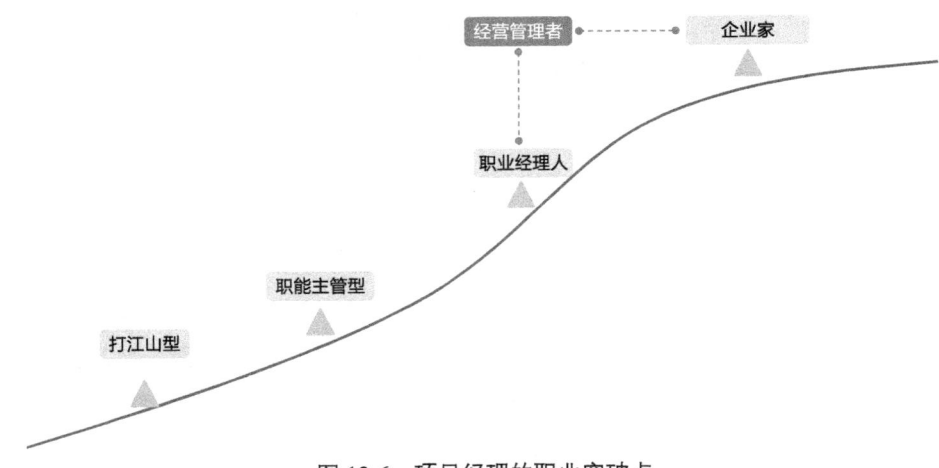

图 12-6　项目经理的职业突破点

第 12 章 利出一孔：项目经理善用项目激励杠杆效应

项目经理要快速成为经营角色，切实可行的方法是**在项目场景中做到项目经营**，把项目当成一个经营单元，并在项目场景中不断捶打和磨炼自己的经营管理能力，从单项目经营走向项目集和多项目经营，不断积累经营管理能力，为后续的职业发展奠定基础。

项目经理与其担心自己的职业前途，倒不如先担心自己职业技能的广度和厚度。换句话说，项目经理的职业发展是以项目经理的能力提升为基础的。并不是公司为项目经理打开职业通道，静等项目经理技能提升，而是项目经理的能力提升在前，达到价值溢出的状态，才有机会晋升到更高的层次和位置。

现实中大部分情况是，并没有什么不可逾越的障碍来阻碍一个人的成长，经常出现的情况是一个人总是感叹怀才不遇，机会来临时又没有准备好。说句偏激的话，**哪有什么怀才不遇，如果真的有才，一定会抓住机会，因为洞察机会和顺势而为也是项目经理的才能之一**。如果项目经理连抓住机会的能力都不具备，就丧失了很多晋升的可能性，因为越是高层，对洞察和研判机会的能力要求越高。可以说，**从项目管理走向项目经营是项目经理晋级的必经之路，因为对公司来说，经营永远大于管理**。

本章小结

- 项目激励的本质是经济行为，项目经理要善用项目激励的杠杆效应，从分配模式转为悬赏模式，倡导获取分享制。
- 项目激励的结构化分配是依据价值分配的第一次分配和依据任务量及评价的第二次分配的结合。
- 项目超额利润要由公司与项目组分享。
- 要鼓励项目经理走向项目经营，就要在项目经理的任职资格中增加和强化与经营相关的指标。
- 只有成为经营型项目经理，项目经理的职业空间才能真正打开。

结语：
路虽远行则将至，事虽难做则必成

场景案例28　项目管理变革终迎春暖花开

背景：项目管理变革推进了3个月，PMO和财务、HR做阶段总结，感慨很多。

角色：曹主任、丁经理、吴经理、徐总。

第一幕：项目管理"铁三角"交流变革效果

曹主任　吴经理、丁经理，公司的项目管理变革推进了3个月。都说变革难，以前没什么体会，只有自己躬身入局，才感受真切。变革真难，困难重重、问题不断，好在总算推进了不少。

丁经理　是的，变革从来就不容易，但是总体来说效果还是不错的。项目管理变革又不是一天两天就能结束的，需要持续推进，我们要做好打持久战的准备。

吴经理　任重道远。

曹主任　两位，我想把这3个月的项目管理变革复个盘，总结一下，看后面我们怎么继续推进。

丁经理　可以，我们分别说说。

吴经理　我们人力资源这边，项目经理的场景技能训练营举办了3期，有60多人参加，包括后备项目经理。从实施效果来看，比原先宽泛的培训好很多，项目经理的反映也不错，参与度、互动都比以往高。另外，通过这个训练营，我们发现了不少好苗子。我盘点了一下，现有项目经理30多人，后备项目经理差不多60人。

曹主任　好，终于要摆脱项目经理严重缺人的状态了。

结语：
路虽远行则将至，事虽难做则必成

丁经理　　我也来说说财务这边。项目级核算基本上实现了，虽然数据还没那么精准，但是现在成本核算到项目级没有问题。成本分摊跟HR也沟通了，直接对接就行了，问题也不大，项目结算的及时性也还可以。最近几个项目最后核算的结果，公司和项目经理都挺认可的。

曹主任　　是的，幸亏当初向徐总请求上线"WORKBRAIN"系统，如果不上线这个系统，项目、财务和人力资源一体化就无法实现。虽然在前期我们花了很多精力，但是后期省了很多力气，否则我们三个部门都要增加好多人手，效果还没有现在好。

吴经理　　是的。公司今年是经营导向的，我们作为职能部门要跟公司的大方向保持一致。职能部门今年没有对外招聘，没有增加人员，可是我们的工作量增加了不少，这只有借助数字化系统才能搞定。

曹主任　　我们写个项目阶段总结报告，一起向徐总汇报，也看看徐总对阶段成果是否满意，后面还要继续推进。你们把刚刚讲的内容、相关的数据发给我，我来写汇报材料。

丁经理　　好的，没问题。我下午就发给你。

吴经理　　我要晚一点，明天再发给你。下午我有好几个会，来不及了。

曹主任　　没问题，我写好以后发给你们看看，然后我们找时间向徐总汇报。

📋 **第二幕：项目管理"铁三角"正式向总经理汇报**

曹主任　　徐总，我们今天特意就项目管理变革项目向您做阶段汇报。您当初给这个项目定了三个目标，第一是项目管理一体化，第二是项目管理数字化，第三是项目经理团队及组织能力建设。这三方面的工作都在稳步推进，初步的效果已经显现出来了，具体内容和数据由我向您详细汇报……

徐总　　　听完我很兴奋，这些我也侧面了解了。现在公司的项目管理变化挺大的，无论是业务部门还是项目经理对你们的工作都积极支持。虽然过程中有很多问题，但是你们都克服了，效果还是不错的，日益凸显出项目管理对公司经营发展的价值。

丁经理　　徐总，公司经营最终还要落在项目上，现在预算、核算、结算都

项目管理场景技能

| | 能做到项目级了，数据还是比较准确的。项目管理可以用数据说话了。这是我们财务部特别喜欢的，虽然刚开始辛苦，但现在的确给我们带来了便利。 |

吴经理　　是的，我们人力资源部一直为项目经理缺人、后备队伍储备不足发愁。通过项目经理场景技能训练营，我们不断识别和挖掘具备潜力的项目经理。现在后备人选比原来增加了三倍，项目经理阶梯也逐渐形成。最关键的是现在有数据支撑，我们对项目经理的评价不再依靠述职，而是通过数据客观、公允地反映出来。项目经理干得好不好，现在的场景技能训练营和"WORKBRAIN"系统都能反映出来。

曹主任　　现在我们用"WORKBRAIN"系统，越用越喜欢，越用越有底气。这对项目经理的作业也非常有帮助。洪经理现在介绍"WORKBRAIN"系统的功能、配置、卖点都非常得心应手，我有一次去听他给客户介绍这个系统，他讲得特别传神，客户提问也经常用我们公司自己的例子回复，客户感受非常不一样。真是实践出真知。

徐总　　那是肯定的。自己的系统自己都不用，怎么推荐给客户？就是因为我们自己用了，我们才知道哪些功能好用，哪些功能不好用，才有感觉。我们自己就是做项目管理数字化转型的，我们既是生产者，也是消费者，这样的角色重叠对我们的产品打磨、用户体验提升都能起到非常好的促进作用。项目管理数字化转型是大趋势，我们要坚定地走下去。

曹主任　　大家现在都尝到了甜头，你现在不让大家用，大家都不同意。

徐总　　大数据、人工智能可以让项目管理走上快车道，我们不能停留，还要继续往前。项目管理变革目前取得了很好的效果，后面的步子可以迈得更大一些。一些新的想法、需求都可以在自己家里实验，实验成功了就让产品经理更新迭代到对外发布的版本上。

曹主任　　徐总的意思是，我们自己就做我们产品的试验田，大家共建这个系统？

徐总　　是的。能把产销完美结合起来挺好的，这是我们独特的优势。你们也考虑一下接下来的变革措施，大家一鼓作气，把公司经营得更好。

结语：
路虽远行则将至，事虽难做则必成

曹主任　　好的，徐总，我们继续向前推进。

> 第三幕：对项目管理深化变革的思考

曹主任　　上次我们向徐总汇报后，我想了一下后面的事情。我们现在实现了项目管理点的串联，接下来的变革我觉得有两个方向，第一个方向是把点串得更多，面扩大一些。第二个方向是在一些关键的地方更深一些。

丁经理　　你详细说说。

曹主任　　我先说多串点、扩大面的事情。现在很多数据都有了，项目核算、考核、激励目前都完成了。我们是不是可以考虑把项目经理的任职资格、晋升变革再往前推一步？我们以前一直在讲项目经理和项目成员双向选择，现在有一些基础了，项目经理的标签基本上也打过了，以后在系统里就能够实现项目自动推荐，无论是项目经理还是项目成员，都可以根据过往的项目经历、绩效去选择，这样就不用每次都人为调配了。还有，现在的项目核算依然在财务系统中完成，接下来是不是考虑在"WORKBRAIN"系统中完成？财务系统直接抓取"WORKBRAIN"系统中的数据，不要给现有的财务系统造成太大的运算负担。毕竟财务系统是外采的，"WORKBRAIN"系统是我们自己的，改写、扩容也方便，这样也能减少公司的运营成本。

丁经理　　这点我赞同。我说说我的想法。我们现在做预算依然是申请制的，项目经理报预算，然后审核。现在有了项目经营的基本数据，我们是不是可以尝试一下原先我们设想的项目费用包模式？以前条件不具备，现在具备了一些条件。

曹主任　　我也是这么想的。我们项目管理一定要走向项目经营。你们财务部每次都在公司层面做经营分析，但是到了项目层面，又要花很多精力来对接。如果"WORKBRAIN"系统中实现了项目经营这个功能，就能够跟你们财务部无缝衔接，"WORKBRAIN"系统就从项目管理系统升级为项目经营系统，那样就厉害了。

吴经理　　我也说说我的想法。第一点，项目经理、项目成员的职级、职等评定数据都在 HR 系统中，可是这些数据还是静态的，也比较滞

项目管理场景技能

后。我想在"WORKBRAIN"系统中直接增加职级、职等内容，这样就有了一致的数据。非项目人员的任职资格留在 HR 系统中，项目人员的都放到"WORKBRAIN"系统中，这样更高效。第二点，现在项目考核和人员考核的数据贯穿实现了，人才盘点和人效比对就有了基础。我以前最怕做人才盘点，现在人才盘点应该是自动化的，直接用数据说话，这样大家也服气。第三点，项目经理场景技能训练营虽然效果不错，但是我觉得还不够。我们应该探讨把项目经理场景技能直接转化成"WORKBRAIN"系统中的工具，大家直接使用就行了，直接把组织能力数字化，把技能和能力嵌入系统，然后用算法做迭代，这样就相当于给每位项目经理都配了 AI 助手。

曹主任 这个想法好。找个时间，我们跟项目经理和产品经理聊聊。项目管理数字化后，我对项目管理体系建设和制度化的认识不一样了。我们把体系直接转为系统架构，把规则嵌入系统，这样就不用反反复复地向项目经理宣传和培训，让大家直接操作就行了，为项目经理节省了很多时间。你看我们展望的内容，到后面我才感受到赋能项目经理的味道，之前还是在说功能和管理。我们一直这么做下去，一定会让项目经理感受到我们对他们切切实实的赋能。

丁经理 是的，要做的事情有很多。今天我们谈了这么多，再过一年，我们的想法会更成熟，我们对项目管理的认知又会提高到一个新境界。

曹主任 前途肯定是光明的，我们向光而行。路虽远，行则将至。加油！

吴经理 加油！

丁经理 加油！

> 道虽迩，不行不至；事虽小，不为不成。
> ——《荀子·修身》

管理是一个慢变量，项目管理也一样。 项目管理和其他职能管理有较大的不同，因为项目管理更像一个框架，它涉及人、事、财等各种因素。项目管理不仅是项目经理或 PMO 的事情，其实更是整个公司的事情，只是落在具体的部门和

结语：路虽远行则将至，事虽难做则必成

人身上而已。项目管理牵一发而动全身，这对项目经理的能力要求很高。项目经理从接手项目、实施交付、客户验收，到公司结项，一路过五关斩六将，谈何容易。

项目经理是一个比较特殊的角色，既不能视为技术岗位，又不能当成纯粹的管理岗位。项目经理在项目管理过程中既管技术，也管事情，还要管人，这是一个融合岗位。上面千根线、下面一根针，所有的管理、经营等要求最后都落在小小的项目场景中，落在项目经理身上。

大家虽然对项目经理有很高的期望和要求，但是笔者呼吁大家要善待项目经理，项目经理更要学会善待自己。无论我们面临的困难多么艰巨，以及未来我们将迎来多少挑战，我们项目经理在项目旅途中、在职业发展历程中，都要满怀信心，因为路虽远行则将至，事虽难做则必成。

有的项目经理遇到困难就会犹豫、退缩、唉声叹气，甚至被困难吓倒；有的项目经理则遇强则强，然后一路高歌猛进，就算被打入谷底，依然保有信心和毅力，进而冲出谷底，迎来新的境界和局面。从笔者自己的经验来说，**无论是成功的项目还是失败的项目，对我们来说都是恩典，足够我们去反照己身、汲取营养、吸取教训**，因为项目经理的能力成长包括技能训练一定是实践的、实操的，在具体的项目中磨炼自己，而不是夸夸其谈。当然，我不排斥项目经理去做一些认知和心理上的突破，但是我更建议大家更多地在事上磨、在干中学，没有什么比现实更能让我们成长。纸上得来终觉浅，绝知此事要躬行。

场景技能的学习和训练只是项目经理工作中的一个方面，项目经理的人生不要枯燥、单调，应该更加丰富多彩。在项目中，我们会有各种各样的经历，而这些经历对项目经理来说都是非常宝贵的财富。**这些得与失、成与败、苦与甜、悲与欢都在熬炼项目经理的内心，使"心法"和"拳法"融合。**

本书谈场景技能，以"拳法"为主，但也试图将一些"心法"融入其中。项目经理在阅读的过程中更要关注自己的感受、感悟，进而觉醒，按照心中的理想塑造一个更好的自己，既活在当下又目光远大，既脚踏实地又心系星辰。

致谢暨展望

感谢电子工业出版社刘淑丽老师、刘淑敏老师，本书从选题、目录、样章，到论证、写作计划，再到初稿写作，都在两位老师的悉心指导下完成。我们时而探讨、偶尔争论、经常碰撞，使我感悟颇多且受益匪浅，感受到出版人不一样的风采。她们对本书的策划、校对、出版付出的诸多心血，以及认真负责的态度和严谨务实的精神深深影响着我。没有她们的鼓励和鞭策，本书也不会这么快地问世。

感谢关注我的同人和"粉丝"，你们关注的刹那、点赞的瞬间、互动的片刻都给了我莫大的鼓舞。你们的鼓励和支持让我在项目管理探索的路上更有动力，决心更加坚定。大家的相伴和一路同行使我感到十分温暖。

感谢工作中的伙伴李森、洪海生、曹帅、丁磊、吴倩，正因为与他们的碰撞，我才萌生了"WORKBRAIN"系统、项目管理结构化能力、场景技能、项目管理"铁三角"等想法，并勇敢地付诸行动。不管未来如何，敢于行动就是迈向成功的第一步。场景案例中项目经理、PMO、财务、HR等角色都是以伙伴们为原型的，以示感谢和纪念。

场景技能只是开始，后期我会陆续撰写《打造"懂业务、会管理、有数据"的项目管理"铁三角"》《与CEO同频共振：从项目管理走向项目经营》《项目经营超脑——项目管理数智化转型实战》《项目即道场：项目经理的修心之旅》等系列图书，敬请大家关注。

反侵权盗版声明

电子工业出版社依法对本作品享有专有出版权。任何未经权利人书面许可，复制、销售或通过信息网络传播本作品的行为；歪曲、篡改、剽窃本作品的行为，均违反《中华人民共和国著作权法》，其行为人应承担相应的民事责任和行政责任，构成犯罪的，将被依法追究刑事责任。

为了维护市场秩序，保护权利人的合法权益，我社将依法查处和打击侵权盗版的单位和个人。欢迎社会各界人士积极举报侵权盗版行为，本社将奖励举报有功人员，并保证举报人的信息不被泄露。

举报电话：（010）88254396；（010）88258888
传　　真：（010）88254397
E-mail：　dbqq@phei.com.cn
通信地址：北京市万寿路 173 信箱
　　　　　电子工业出版社总编办公室
邮　　编：100036